藏传佛教爱国主义教育工作读本

朱晓明 主编

中国藏学研究中心宗教研究所 编著

中国藏学出版社

目　录

历史基础篇

实践任务篇

导 论

坚持爱国进步，共建和谐社会

第一节 编写本书的目的

党的十六大以来，以胡锦涛同志为总书记的党中央，统揽全局，高瞻远瞩，对宗教工作提出了一系列重大战略思想，指出政党关系、民族关系、宗教关系、阶层关系、海内外同胞关系，是涉及党和国家工作全局的一些重大关系，也是统一战线需要全面把握和正确处理的关系。

2006 年 11 月召开的全国藏传佛教工作座谈会强调，要从全局和战略的高度充分认识做好藏传佛教工作的重要性，明确提出“做好藏传佛教工作事关西藏和其他藏区的发展稳定，事关民族团结和国家统一，事关党同人民群众的血肉联系，事关构建社会主义和谐社会的大局。我们一定要以战略的眼光和全局的高度来对待藏传佛教工作。”会议提出，新世纪新阶段藏传佛教工作的指导思想是：以邓小平理论和“三个代表”重要思想为指导，牢固树立和落实科学发展观，为西藏和其他藏区实现跨越式发展和长治久安服务，为维护祖国统一和国家安全服务。紧紧围绕构建社会主义和谐社会的战略任务，全面贯彻党的宗教工作基本方针、深入开展反分裂斗争。这是党中央强调正确认识和处理宗教关系在西藏和其他藏区工作中的具体体现，为做好新世纪新阶段藏传佛教工作指明了前进方向，提出了新的更高的要求。

做好新世纪新阶段的藏传佛教工作，要最大限度地团结、引导藏传佛教信教群众和宗教人士。在西藏和其他藏区，信教群众和不信教群众都是我们党执政的群众基础和建设中国特色社会主义、构建社会主义和谐社会的重要力量。这个判断，是以胡锦涛同志为总书记的党中央对藏传佛教工作的重要理论创新。达赖集团企图利用信仰上的差异制造党同群众在政治上的对立，我们则要从构建社会主义和谐社会的大目标出发，抓住爱国进步与分裂倒退这对主要矛盾，坚持同宗教界“政治上团结合作、信仰上互相尊重”，最大限度地把宗教界人士和信教群众团结到党和政府周围。

藏传佛教僧尼是中华人民共和国的公民，是西藏和其他藏区专门从事宗教活动的一个社会群体。在社会主义条件下，广大藏传佛教僧尼拥护党的领导，拥护社会主义制度，成为爱国统一战线的重要组成部分，成为党和政府联系广大信教群众的纽带。僧尼的政治素质、道德素质、法律素质如何，关系到对信教群众的影响，关系到藏传佛教的未来面貌。在新的历史条件下，怎样正确认识和处理宗教与社会的关系、宗教与党和政府的关系，处理好爱国与爱教、权利与义务、个人与集体、信仰与政治、信教与守法等关系，做一个“政治上靠得住，学识上有造诣，品德上能服众”的宗教教职人员，需要僧尼们去观察、思考、实践和选择，同时也需要学习、教育和引导。这本《藏传佛教爱国主义教育工作读本》，适合西藏及藏区基层干部、尤其适合从事民族宗教工作的干部阅读参考，适合向藏传佛教僧尼进行宣讲，以帮助他们树立正确的祖国观、荣辱观、价值观、道德观、法制观，从而打下扎实的政治基础、道德基础和法律基础，并提高自我修养，对于促进僧尼在政治上、学识上、品德上的全面发展具有重要意义。

第二节　本书的基本框架、基本观点

一、基本框架

本读本分为三个部分，共十六章。

第一部分是基本政策，包括六章。第一章是实践基础，讲中国共产党的宗教政策在西藏和其他藏区的实践历程，通过和平解放、民主改革、社会主义建设、改革开放和新世纪新阶段各个时期贯彻执行党的宗教政策的实践，阐明党的宗教政策既一脉相承又与时俱进的发展历程。第二章至第五章，分别阐述了党的宗教工作的基本方针和基本任务的四项基本内容，即全面贯彻党的宗教信仰自由政策，依法加强对宗教事务的管理，坚持独立自主自办、抵御境外势力利用宗教进行渗透，积极引导宗教与社会主义社会相适应。第六章讲党同宗教界的爱国统一战线，阐述党在与宗教界的关系上，坚持政治上团结合作，信仰上互相尊重的基本原则。

第二部分是历史基础，包括四章。第七章，讲近代以来西藏人民维护祖国统一、反对分裂的斗争。西藏自古以来是中国不可分割的一部分。在长期的历史发展中，藏族与汉族及其他兄弟民族共同缔造了我们伟大的祖国。近代以来，西藏僧俗民众在反对帝国主义侵略西藏的斗争中，弘扬了爱国主义的光荣传统。第八章，讲中国佛教的爱国传统和同属大乘佛教的汉藏佛教历史上友好交往的深厚渊源。第九章，讲藏传佛教中的爱国主义传统，用大量历史事实说明：维护祖国统一、民族团结、宗教和睦是历史发展的主流，也是藏传佛教的光荣传统。第十章，讲藏传佛教在社会主义条件下的新发展和藏传佛教僧尼在新世纪新阶段面临的新任务。

历史阐述部分，贯穿了爱国主义的主线。爱国主义是中国历史发展的必然趋势和客观规律，是藏传佛教生存发展的必然要求和光荣传统。爱国不是一个抽象的概念，而有着具体的、历史的内容。在现阶段，爱国主义和社会主义是一致的。爱国，就要爱中国共产党领导的社会主义祖国。在新的历史时期，坚持爱国进步、反对分裂倒退仍然是藏传佛教面临的主要任务。

第三部分是实践任务，包括六章。第十一章，讲藏传佛教寺庙爱国主义教育，回顾其历史背景、主要进程、社会效益和基本经验，认识寺庙爱国主义教育面临的新任务、新要求。第十二章到十六章，分别讲藏传佛教教义中所蕴含的爱国进步的思想内涵（第十二章），讲加强爱国宗教力量建设（第十三章），讲藏传佛教民主管理的组织和制度建设（第十四章），讲开展法制教育、建设平安寺庙（第十五章）和在建设社会主义和谐社会中发挥宗教的积极作用（第十六章）。

三个部分、十六章，紧密结合藏传佛教实际，贯穿了爱国主义、社会主义主线，突出了基本政策、基本观点、基本法律和基本任务。

二、了解中国共产党对待宗教的科学态度

中国共产党是领导全国各族人民建设中国特色社会主义事业的领导核心，是执政党。共产党人是唯物主义者，不信仰宗教，但同时又坚持以科学的观点和方法对待宗教，努力认识和掌握宗教的特点和发展规律，因势利导，做好宗教工作。

在对待宗教问题上，党内一些同志和一些宗教界人士的思想上长期存在着两个“结”。一些干部心里有个“结”，认为我们是无神论者，我们执政了，为什么还要实行宗教信仰自由的政策；一些宗教界人士心里也有一个“结”，认为共产党不信教，怎么会让我们有宗教信仰自由，对政策总是担心、怕变。因此，解开这两个“结”，从理论上讲清楚中国共产党虽然不信教，但是会按照宗教自身的客观规律做好宗教工作，团结广大宗教界人士和信教群众，致力于全面建设小康社会的共同目标。

2000年，为迎接新千年的到来，“全球宗教和精神领袖峰会”在美国纽约召开。中国组成了包括佛教、道教、天主教、基督教和伊斯兰教在内的国内五大宗教领导人组成的“中国宗教代表团”出席会议。其中，在中国佛教界的代表中就有藏传佛教的活佛。有外国人问我们的宗教人士，说中国共产党怎么能让你们五个不同的宗教组成一个代表团来出席会议？我们这位宗教人士回答得很有水平，他说，共产党虽然不信教，但执行的是宗教信仰自由政策。正是由于共产党不信仰某一个宗教，所以才能“一碗水端平”，平等地对待我们每一个宗教，加强不同

宗教之间的团结，使不同的宗教能够一起组团来参加会议。

三、认识宗教的三个主要特点

在新的历史时期，党中央坚持以科学的、历史的观点认识宗教，提出观察宗教问题必须把握三个主要特点：

第一，长期性。宗教是人类社会发展到一定阶段而产生的社会历史现象，有其自身发生、发展和消亡的规律。但是，作为一种社会现象，宗教将在社会主义社会长期存在。周恩来说："信仰宗教的人，不仅现在社会主义的国家里有，就是将来进入共产主义社会，是不是就完全没有了？现在还不能说得那么死。"进入新世纪之后，中央领导人又进一步指出："宗教走向最终消亡可能比阶级、国家的消亡还要久远。"

宗教存在的长期性是由其根源存在的长期性决定的。新中国成立后，随着剥削阶级和剥削制度的消灭，社会主义制度的建立，宗教赖以存在的阶级根源基本消除，但它赖以存在的社会、认识等根源等仍然存在。在社会主义初级阶段，生产力水平、人们改造自然和征服自然的能力还不高；文化、教育、科学事业还不够发达，精神文明基础还比较薄弱，人们对自然和社会的认识还有局限；在复杂的国际环境中还存在着一定范围的阶级斗争，敌对势力还会利用宗教进行渗透活动。同时，由于宗教具有很强的适应社会的能力，在人类漫长的历史发展过程中，形成了比较完备的组织制度，比较系统的宗教教义、戒律、仪式等，属于离经济基础较远的社会意识形态，具有较强的稳定性，这些都决定了宗教在社会主义社会存在的长期性。宗教存在的长期性决定了中国共产党要对宗教采取长期稳定的基本政策，积极、谨慎、稳妥地对待宗教问题，按宗教规律去做宗教工作，不能用简单的方法去处理复杂的宗教问题。

第二，群众性。宗教是一种群众性的社会现象。宗教的存在，是以大量群众信奉为前提的。由于宗教的这种群众性，它往往构成一种非常强大的社会力量，处理得好，可以对社会发展和稳定产生积极作用；处理得不好，就会产生消极作用，甚至产生很大的破坏作用。关键看能否有效地管理和引导，减少消极因素，发挥积极因素。

在西藏和平解放时期，党的宗教工作主要体现为在实现和平解放的过程中实行宗教信仰自由政策，没有触及西藏的社会制度；通过开展上层人物的统战工作来做影响群众的工作。民主改革时期，党对宗教问题的处理主要是，按照政治统一和政教分离原则对西藏寺庙进行民主改革，废除西藏寺庙的封建压迫剥削制度和封建特权。在坚持实行宗教信仰自由政策、保护爱国守法寺庙、僧尼的正当权益和正常宗教活动的同时，使劳动人民群众获得了翻身解放。改革开放之后，党一方面仍然从统一战线的角度出发，开展宗教界代表人士的工作，同时，更多地面对信教群众，把宗教作为群众工作的一个重要方面和内容来对待。

第三，复杂性。宗教与一定社会的经济、政治、文化问题交织在一起，对社会的发展和稳定产生重大影响。宗教常常与现实的国际斗争和冲突相交织，是国际关系和世界政治中的一个重要因素。对国际关系和世界政治产生不可低估的影响。

在藏传佛教中，这种复杂性体现得尤其深刻。历史上，藏传佛教曾经与政治紧密地联系在一起。民主改革后，逃亡到国外的达赖集团在西方反华势力支持下，图谋将西藏从祖国分裂出去。面对这种情况，每一个爱国僧尼，要坚定爱国主义立场，始终坚持中国共产党的领导，坚持社会主义制度，坚持民族区域自治制度。要十分珍惜西藏和其他藏区宗教领域来之不易的稳定形势，防范和化解潜在的不安定因素，努力维护和发展宗教领域稳定、和顺的局面。

宗教的这三个特点是相互联系、相辅相成的。认识宗教问题，最根本的是认识宗教存在的长期性；做好宗教工作，最根本的是认识宗教的群众性。深刻领会这两个“最根本”，对正确认识新形势下的宗教问题、切实做好新世纪的宗教工作，具有特别重要的意义。

四、把握宗教适应社会发展的基本规律

在人类社会中，宗教处于什么位置？宗教与社会其他方面之间存在

什么关系？宗教适应社会发展的需要，随社会形态演变而不断发展变化，存在哪些规律呢？具体地说有三个规律，即宗教适应社会经济基础发展变化的规律；宗教随着社会形态发展变化而变化的规律；宗教在政治影响下存在和发展的规律。从宗教演变的过程、态势、趋势，可以看出，宗教一定要适应经济基础、社会发展和政治制度的客观要求。一部世界宗教发展的历史，在很大程度上可以说是宗教适应社会发展和时代进步的历史。宗教与社会之间关系的变化规律深刻地揭示了藏传佛教只有与社会主义社会相适应才能够生存和发展，才能够在社会主义社会中得到应有的地位和美好的前途。

第三节　学习本书的意义

本书融政治性、知识性、综合性和实践性于一体，涉及内容广泛，现实性、针对性都很强。只有明确学习这本教材的重要意义，掌握科学的学习方法，把学习和实践结合起来，才能取得良好的宣讲效果。

人的素质是一个多层次的有机统一体。政治素质、道德素质和法律素质是这个有机体中不可缺少的基本素质，它体现着人们协调各种关系、处理各种问题时所表现出的是非判断能力和正确行为能力，是政治素养、道德品格和法律意识的综合体，决定着人们在日常生活中的行动和方向。

通过学习和宣讲，本书对于僧尼的教育和成长具有重要意义：

一是有助于当代僧尼认识立志、树德和做人的道理。引导宗教与社会主义社会相适应，发挥宗教在构建社会主义和谐社会中的积极作用，对当代藏传佛教僧尼的政治素质、道德素质和法律素质提出了更高的要求。学习这本教材，能够帮助广大僧尼明确自身成长所面临的机遇和挑战，明确自身肩负的新的任务，明确自己努力的方向、前进目标以及成长成才的途径和方法。

二是有助于当代僧尼掌握丰富的政治、道德和法律知识，为提高政治觉悟、道德水准和法律素养打下知识基础。这本教材用深刻的道理和多方面的综合知识，对僧尼进行理想信念、爱国主义、人生价值、道德修养和法律基础等方面的教育。通过对本教材的学习宣讲，有助于僧尼比较系统地掌握许多提高修养、启迪智慧的知识，掌握修身养性、陶冶气质的方法，从而促进僧尼政治素质、道德素质和法律素质的提高。

三是有助于当代僧尼摆正政治与宗教、德与才的位置，做到德才兼备，健康成长。2006 年 8 月，胡锦涛总书记在关于教育的一次谈话中指出："全面实现素质教育，核心是要解决好培养什么人、怎样培养人的重大问题，这应该成为教育工作的主题。要坚持育人为本、德育为先，把立德树人作为教育的根本任务，努力培养德智体美全面发展的社会主义建设者和接班人。要加强爱国主义教育，深入开展理想教育，引导学生树立正确的世界观、人生观、价值观，增强学生热爱祖国、服务人民的使命感和责任感。"这是科学发展观在育人上的运用和体现，也是在藏传佛教僧尼中开展政治、道德和法律素质教育的指路明灯。

政治素质、道德素质和法律素质是当代僧尼必须具备的基本素质。僧尼们只有摆正政治与宗教、德与才的关系，始终把国家利益和中华民族的整体利益放在第一位，不断加强政治、道德和法律修养，才能促进自身健康成长。

第四节　学习本书的方法

一是注重学习基本观点、基本政策。这里所说的基本观点、基本政策，是党中央把马克思主义基本原理与中国实际相结合，提出的治国理政和建设中国特色社会主义的基本观点、基本政策，特别是党关于社会主义时期宗教问题的基本观点、基本政策。这是贯穿本教材的主线，也是学习本教材的重点。在学习和宣讲中，既要注意掌握书中的结论，更要着重把握分析问题的基本立场、观点和方法，并用来分析纷繁复杂的社会现象，认识和解决人生和成长中的重大问题。

二是注重学习和掌握基本知识。本书包括丰富的人生道理、伦理道德和法律知识。这些知识是人类在长期社会实践中形成的精神文明成果。学习本书要注意汲取和把握这些积极成果，鼓励僧尼加强自身修养，提高精神境界，培养法律素质。在此基础上，提倡广泛学习宗教经典和其他方面的知识，拓宽自己的知识领域，提高自己的文化水平。

三是注重联系实际。学习只有联系实际，才会深入人心，才会生动具体。本书的内容来源于现实生活，又对现实生活具有指导意义。在宣讲的过程中，一定要密切联系全国和各个藏区改革开放和社会主义现代化建设的实际，密切联系僧尼的学习、工作和生活实际，真正领会和掌握本书的主要内容和精神实质，引导僧尼积极主动地向各条战线的英雄模范人物学习，向人民群众学习，向坚持爱国进步的寺庙和僧尼学习，从实际生活中汲取丰富的精神营养，在社会实践中加深对政治理论、思想道德和法律知识的理解。

四是注重知行合一。本书具有鲜明的实践性。学习和宣讲本书要把知与行结合起来，把学习规范和遵守规范结合起来，使书上讲的东西转化为僧尼能够理解和掌握的知识，使知识转化为内在素质，使内在素质转化为实际行动。只有通过个人的主观努力和亲身实践，在学中做，在做中学，不断增强自我教育、自我约束、自我激励的能力，慎独自守、防微杜渐，才能实现提高政治、道德和法律素质的学习目的。

基本政策篇

第一章

中国共产党的宗教政策在西藏和其他藏区的实践

1951年5月23日，《中央人民政府和西藏地方政府关于和平解放西藏办法的协议》（以下简称《十七条协议》）正式签订，西藏宣告和平解放，从此开辟了西藏从黑暗走向光明、从落后走向进步、从专制走向民主、从贫穷走向富裕、从封闭走向开放的历史新纪元。

五十多年来，中国共产党在西藏实行宗教信仰自由政策，尊重和保障西藏各民族人民按照自己的意愿进行正常的宗教活动和参加重大的宗教和民间节日活动的自由，藏传佛教各教派的信仰特点和宗教传统得到尊重和保护，得到了西藏僧俗群众的赞誉。

中国共产党的宗教政策在西藏有一个发展演进的过程。在西藏和平解放初期，中国共产党慎重提出“尊重西藏信教群众的宗教信仰、保护藏传佛教寺庙、维持原有宗教制度”的宗教政策；到民主改革时期确定了“废除宗教封建特权和剥削压迫制度，推翻政教合一的封建农奴制度，实现政教分离”的政策；改革开放以后实践“继续贯彻落实宗教信仰自由的政策和积极引导宗教与社会主义社会相适应”的政策。这种发展和演进，反映了中国共产党的宗教政策一脉相承的历史延续性和与时俱进的时代特征。一脉相承的“脉”，是宗教信仰自由政策，这是贯穿始终的基本政策；与时俱进的“进”，体现了宗教随着时代发展、社会进步的脚步前进。

第一节　和平解放西藏时期的宗教政策与实践

和平解放以前，西藏实行政教合一的社会制度，藏传佛教成为占统治地位的社会意识形态，支配着西藏广大信教群众的精神生活。

新中国成立后，根据西藏宗教的群众性、民族性、长期性和复杂性特点，考虑到政教合一制度下宗教在西藏具有的广泛而深远的影响，以毛泽东为核心的中国共产党第一代中央领导集体，在执行和平解放西藏方针、开展人民解放军进军西藏的准备工作中，借鉴红军长征经过藏区时处理宗教问题的成功经验，根据当时西藏的实际情况，制定和实行了尊重西藏信教群众的宗教信仰、保护藏传佛教寺庙、维持原有宗教制度的宗教政策。

1950 年 1 月 15 日，邓小平同志在重庆向十八军师以上主要领导干部传达中央关于向西藏进军的命令时指出：西藏是少数民族地区，政治、经济、文化等方面均有特殊性，政策性很强。解放西藏有军事问题，需要一定的军事力量，但军事和政治比较，政治是主要的。政策问题极为重要，原则是民族区域自治，政教分离，团结达赖、班禅两派。① 同年 5 月，中央同意由西南局拟定的关于解放西藏的四条方针，即：驱逐英美帝国主义势力出西藏，西藏人民回到中华人民共和国祖国大家庭来；实行西藏民族区域自治；西藏现行各种制度暂维持原状，有关西藏改革问题将来根据西藏人民的意愿协商解决；实行宗教自由，保护喇嘛寺庙，尊重西藏人民的宗教信仰自由和风俗习惯。同时，西南局根据中央的指示精神，提出同西藏地方政府进行和平谈判的十项条件（亦称“十大政策”），并向西藏宗教界人士广泛宣传十大政策的基本原则。这十大政策中第四条为：实行宗教自由，保护喇嘛寺庙，尊重西藏人民的宗教信仰和风俗习惯。②

1950 年，西南局、西南军区及第二野战军联合发出的《解放西藏进军政治动员令》中明确规定：忠实正确地执行《中国人民政治协商会

① 赵慎应：《张国华将军在西藏》，北京：中国藏学出版社，1998 年版，第 3 页。

② 西藏自治区党史资料征集委员会：《中共西藏党史大事记（1949～1994）》，拉萨：西藏人民出版社，1995 年版，第 12 页。

议共同纲领》（以下简称《共同纲领》）规定的团结友爱互助的民族政策，尊重少数民族的宗教信仰和风俗习惯，严格执行三大纪律、八项注意和约法三章，深入进行调查研究和宣传工作，了解当地人民生活状况和当地人民的疾苦，并积极帮助他们解除疾苦和困难。1950 年 9 月，在西康省甘孜召开的中国共产党西藏工作委员会扩大会议上形成《关于解放昌都有关政策的指示》，具体规定了尊重西藏藏族群众宗教信仰自由的政策。该指示严禁部队借宿和参观喇嘛寺庙，如有伤员需要借住，亦需要事先取得寺庙主持人的许可，不得损坏寺内的一切建筑、经典、佛像、法器等，不得干涉僧众举行的宗教仪式。①

人民解放军在解放昌都的战役中，根据《关于解放昌都有关政策的指示》精神，积极宣传并严格执行党的宗教政策，切实尊重当地群众的宗教信仰，消除了当地信教群众中存在的误解，对取得昌都战役的胜利起了重大作用。昌都解放后，西南军政委员会和西南军区司令部在进军西藏各项政策的布告中明确规定：人民解放军入藏之后，保护西藏全体僧侣、人民的生命财产。保障西藏全体人民之宗教信教自由，保护一切喇嘛寺庙。对于西藏现行政治制度及军事制度，不予变更。各级僧侣、官员、头人等照常供职。② 1951 年 1 月，人民解放军十八军政治部制定并下达《进军守则》，对进入西藏的人民解放军应当遵守的党对西藏的宗教政策作了具体规定，即：保护喇嘛寺庙，一切宗教设施不得乱动；不得在群众中宣传反迷信或对宗教不满的言论；不住寺庙，不住经堂；如有喇嘛参军，概不收留，并劝说返回寺庙；平时参观寺庙，必须先行接洽，去参观时不得随意摸弄佛像、不得吐痰等。③ 由于进入西藏的人

① 西藏自治区党史资料征集委员会：《中共西藏党史大事记（1949～1994）》，拉萨：西藏人民出版社，1995 年版，第 17 页。

② 西藏自治区概况编写组编：《西藏自治区概况》，拉萨：西藏人民出版社，1984 年版，第 625 页。

③ 西藏自治区党史资料征集委员会：《中共西藏党史大事记（1949～1994）》，拉萨：西藏人民出版社，1995 年版，第 23～24 页。

民解放军模范地执行了党对西藏宗教的政策，切实尊重西藏广大藏族群众的宗教信仰，保护宗教活动场所，使西藏宗教界人士和信教群众消除了疑虑，得到了包括信教群众在内的西藏人民的信任和拥护，为实现西藏和平解放奠定了广泛的群众基础。①

《十七条协议》中，明确规定了中国共产党对待西藏宗教的基本政策，即："实行《中国人民政治协商会议共同纲领》规定的宗教信仰自由的政策，尊重西藏人民的宗教信仰和风俗习惯，保护喇嘛寺庙。寺庙的收入，中央不予变更。""对于西藏的现行政治制度，中央不予变更。达赖喇嘛的固有地位及职权，中央亦不予变更。各级官员照常供职。""班禅额尔德尼的固有地位及职权，应予维持。"②《十七条协议》是中国共产党党创造性地运用马克思主义民族宗教理论，正确解决特殊而复杂的西藏民族宗教问题的一个成功范例。

为了更好地贯彻执行《十七条协议》关于宗教信仰自由、尊重西藏人民的宗教信仰、保护喇嘛寺庙、保持西藏原有宗教制度不变等宗教政策，西藏和平解放后，进藏人民解放军和工作人员严格遵循《共同纲领》和《十七条协议》，模范执行党对西藏宗教的基本政策，切实尊重西藏广大藏族群众的宗教信仰，保护当地的经幡、经塔、玛尼堆和寺庙等，不干涉正常的宗教活动，维持西藏原有宗教制度不变，以忠实执行党的宗教信仰自由政策的实际行动，教育和影响西藏广大信教群众，博得了包括信教群众在内的西藏人民的称赞和支持。

第二节　实行民主改革、政教分离的政策与实践

中央政府根据《十七条协议》所规定的"有关西藏的各项改革事

---

① 潘建生、史云峰：2005年度中国藏学研究中心公开招标课题成果《五十年来党对西藏宗教工作的政策和实践》。

② 中共中央文献研究室、中共西藏自治区委员会：《西藏工作文献选编（1949～2005年）》，北京：中央文献出版社，2005年版，第43～44页。

宜，中央不加强迫。西藏地方政府应自动进行改革，人民提出改革要求时，得采取与西藏领导人协商的办法解决”① 的精神，在《十七条协议》签订后长达8年之久的时间里，中央采取了维持西藏原有政治制度和宗教制度不变的政策，未强迫西藏地方政府和西藏宗教界在条件不成熟时进行改革。②

1959年，西藏上层统治集团中的一些人在外国势力的支持下，发动了武装叛乱。面对这一严峻形势，中央决定在平息叛乱的同时，在西藏进行民主改革，推翻了政教合一的封建农奴制度。从藏传佛教自身发展应当顺应西藏社会发展进步要求出发，中央提出对西藏寺庙进行民主改革，废除寺庙的封建压迫剥削制度和封建特权，使政教彻底分离，废除寺庙的封建隶属关系和内部等级制度，建立寺庙民主管理制度，同时坚持实行宗教信仰自由政策，保护爱国守法寺庙的正当权益和正常宗教活动。在制定和实施对西藏寺庙进行民主改革方针政策时，严格区分宗教信仰与寺庙的封建特权和封建剥削制度这两种不同性质的问题，废除寺庙的封建压迫剥削制度和封建特权，实行政治统一、政教分离，不准宗教干预行政、司法和教育的政策。

经过宗教制度的民主改革，藏传佛教界爱国人士拥护党的领导，拥护社会主义制度，成为爱国统一战线的重要组成部分。在西藏民主改革以后，中央特别注意尊重和保护藏族人民的宗教信仰自由和正常的宗教活动，按照大多数僧尼的意愿和人民群众宗教信仰的需要，有关西藏宗教的文物、古迹、寺庙都得到了妥善保护。国务院还将布达拉宫、拉萨三大寺、大昭寺、日喀则扎什伦布寺等列为国家重点文物保护单位。这些寺院的壁画、雕塑、塑像、唐卡、经卷、法器，包括经堂、殿宇等宗教文化的载体，都尽力保护或修缮恢复。政府对各教派实行一视同仁、

① 西藏自治区概况编写组编：《西藏自治区概况》，拉萨：西藏人民出版社，1984年版，第628页。

② 参见潘建生、史云峰：2005年度中国藏学研究中心公开招标课题成果《五十年来党对西藏宗教工作的政策和实践》。

平等对待的政策；寺庙僧人通过民主选举，建立民主管理委员会或民主管理小组，自行管理宗教事务，自行开展佛事活动。自此，西藏广大僧俗群众才真正获得了宗教信仰自由和基本的人权。

20世纪六七十年代，西藏同全国其他地区一样，经历“文化大革命”的“十年动乱”，党的宗教工作遭到破坏。这场动乱过去后，中央政府拨乱反正，恢复和落实了包括宗教信仰自由政策在内的各项政策。

第三节　拨乱反正，恢复党的宗教政策

1978年，党的十一届三中全会以后，以邓小平为核心的中央第二代领导集体，总结了西藏和平解放以来中国共产党处理宗教问题上正反两个方面的经验，吸取教训，结合正确处理改革开放和社会主义现代化建设新时期西藏宗教问题的实际，恢复并丰富了中央第一代领导集体关于西藏宗教工作的正确方针和政策，完成了西藏宗教工作在理论和实践上的拨乱反正，使西藏宗教活动逐步正常化，加强了党与西藏广大信教群众和宗教教职人员之间的联系，增进了信教和不信教群众之间的团结，维护了安定团结的政治局面。

20世纪80年代以来，中央政府先后拨巨款用于西藏寺庙、灵塔祀殿等宗教场所的维修，抢救维修了年久失修的一批著名寺庙。著名的拉萨三大寺、扎什伦布寺、萨迦寺、大昭寺、桑耶寺、夏鲁寺和其他许多中小寺庙均得到不同程度的修复，各寺所藏经卷和典籍获得了很好的保护，文物古籍得到及时抢救、整理和出版。1985年，国家又拨专款修复五世至九世班禅灵塔。1988年12月，班禅东陵扎什南捷修复工程全部竣工，十世班禅亲自主持了落成开光典礼。十世班禅圆寂后，为了满足广大僧俗群众的愿望，1990年6月，国务院批准在扎什伦布寺修建十世班禅金质灵塔祀殿。1993年，十世班禅金质灵塔祀殿修建工程全部结束。

在维修工程中，投资最多、难度最大的是对举世闻名的布达拉宫的

维修。1988 年 10 月，国务院决定拨专款维修布达拉宫，并专门成立维修领导小组，组织专家和民族、宗教界人士，在尊重科学、尊重传统、尊重民族风格、尊重宗教的原则下，以“保持原貌”、“整旧如旧”为宗旨，开始了历时五年的紧张施工。1989 年到 1994 年间，国家先后拨出 5500 多万元以及大量黄金、白银等贵重金属，并组织了一支以藏族工匠和管理人员为主的工程技术队伍，对布达拉宫进行了首次重点维修，这在中国文物保护史上是空前的。2002 年 6 月，建国以来西藏最大的文物保护维修工程——布达拉宫、罗布林卡、萨迦寺三大重点文物保护单位维修工程正式开工，总投资 3.3 亿多元人民币。

1984 年，西藏自治区政府拨出专款 50 万元，资助西藏佛协开办拉萨印经院。1990 年，政府又资助 50 万元，在拉萨木如寺开始刻制藏文《大藏经》拉萨版。1985 年，西藏佛教协会创办藏文版《西藏佛教》，专门登载佛学研究和有关寺庙历史的研究文章，并先后整理出版了《德吴宗教源流》、《娘氏宗教源流》、《道次师承传》、《甘珠尔目录》、《土观宗派源流》等宗教著作。目前，国家还拨出巨款，由中国藏学研究中心组织著名专家学者对《大藏经》藏文版进行全面、系统的校勘。

在落实西藏宗教人士政策的工作和团结教育西藏宗教界爱国人士方面，按照中央确定的对西藏宗教界人士的政策，平反“文化大革命”期间制造的西藏宗教界人士的冤假错案，合理安排西藏宗教界爱国人士的工作，恢复西藏的佛学教育，争取、团结和教育西藏宗教界人士。至 1978 年底，被停止工作的民族、宗教界上层爱国人士中的 90%重新安排了工作。1980 年，班禅额尔德尼再次当选为全国人大常务委员会副委员长。同年 12 月，班禅额尔德尼在中国佛教协会第四次代表会议上被选为名誉会长，帕巴拉·格列朗杰和结巴堪苏·坚白赤列被选为副会长。1981 年恢复了中国佛教协会西藏分会。1982 年 10 月，中国佛教协会西藏分会第四届代表大会在拉萨召开，帕巴拉·格列朗杰被聘请为名誉会长，结巴堪苏·坚白赤列被选为副会长。1982 年 6 月至 8 月，班禅副委员长到西藏视察工作，并以藏传佛教活佛的身份进行佛事活动，在拉萨、日喀则两地受其摸顶的信教群众达 30 万人次。西藏各地区纷纷落实党对西藏宗教界人士的政策，平反冤假错案、落实经济政策、给予经济退赔，对调查核实的在寺庙民主改革时期赎买的寺庙牲畜、宗教界人士的牲畜，分别支付赎买金。①

藏传佛教寺院教育已有上千年的历史，各教派都有各自的学经和学位晋升办法。

十一届三中全会以来，随着各项政策的落实，传统的学经制度得以恢复，三大寺等再次成为寺院学经的中心。除了各大寺院相继开办了学经班以外，还陆续建立了各级佛学院。1983 年，中国佛教协会西藏分会在拉萨开办了西藏佛学院，由著名活佛和佛教学者任教，培养西藏佛教人才。1987 年 2 月，十世班禅大师亲自主持在北京创办了中国藏语系高级佛学院并担任院长。藏传佛教学经制度逐步得到恢复，陆续培养了一批年轻的、具有一定佛学知识的人才。学经制度从过去的经院式的模式逐渐转向学院式方向发展。

1986 年，开始恢复给僧人授予格西学位的拉萨传召大法会。1986 年和 1987 年的传召大法会中三大寺共有 17 名高僧考取了拉让巴格西学位。但是，1988 年举行传召大法会时，由于少数分裂主义分子的干扰、破坏，制造了骚乱事件，破坏了法会的正常进行，扰乱了正常的宗教秩序，严重影响了拉萨传统祈祷大法会的正常进行，考取拉让巴格西学位的活动也受到了阻碍。

2001 年，在中央有关部门的领导下，中国藏学研究中心就藏传佛教学经和僧人学经现状进行了专题研究，完成了《藏传佛教僧人学经和学位晋升问题专题研究报告》。在此基础上，于 2002 年草拟了《藏传佛教高级佛学院学位授予办法》，该办法已在中国藏语系高级佛学院正式实施。2004 年 8 月，中国藏语系高级佛学院在拉萨召开了藏传佛教学

① 参见潘建生、史云峰：2005 年度中国藏学研究中心公开招标课题成果《五十年来党对西藏宗教工作的政策和实践》。

衔工作指导委员会第一次会议和藏传佛教高级学衔评审委员会第一次会议，由27位高僧、活佛等组成的藏传佛教学衔工作指导委员会宣告成立。同年9月，中国藏语系高级佛学院正式招收了学衔班，来自西藏、青海、四川、甘肃、云南等藏区的学僧成为首届高级学衔班学员。2005年10月，首届高级学衔班学衔辩经和论文答辩在北京隆重举行。11名学员分别获得"拓然巴"学位，标志着具有现代特色的藏传佛教新的学衔——"拓然巴"学位制度正式诞生。建立和实施藏传佛教高级学衔制度有利于培养藏传佛教界优秀人才，促进藏传佛教各寺院宗教学业的发展与交流，充分体现了新中国宗教政策的优越性。

2003年2月，西藏自治区制定出台了《西藏自治区藏传佛教僧人学经晋升格西拉让巴学位管理暂行办法》。2005年6月，在大昭寺举行了1987年以来的第一次拉让巴格西学位的终考和颁证仪式。来自拉萨三大寺和热堆寺的6位僧人经辩经考试，正式被授予了新的拉让巴格西名号。

活佛转世是藏传佛教特有的传承方式，自13世纪噶玛噶举派创建后，各个教派相继仿效，成为藏传佛教的一个传统。为了尊重藏传佛教这一独特的传统，中央政府批准恢复按照宗教仪轨和历史定制认定活佛转世的做法。

1981年，噶玛噶举派黑帽系十六世噶玛巴活佛圆寂，1992年，国务院宗教局批准认定其转世灵童。随后，热振活佛、琼布活佛等都是宗教界人士按宗教仪轨和历史定制，经过认真寻访、认定，最后报经政府批准后继任的。

伟大的爱国主义者、杰出的藏传佛教领袖十世班禅大师于1989年1月28日在西藏圆寂，国务院即于1989年1月30日作出了《关于第十世班禅大师治丧和转世问题的决定》。经过6年的灵童寻访工作，于1995年11月29日，按照藏传佛教仪轨和历史定制，经金瓶掣签，出生于藏北嘉黎县的6岁灵童坚赞诺布，被认定为第十世班禅额尔德尼转世真身，中央人民政府特准坚赞诺布继任为第十一世班禅额尔德尼。12

月8日，第十一世班禅坐床典礼在日喀则市扎什伦布寺举行，国务院向第十一世班禅额尔德尼颁授了金册、金印。

第十世班禅转世灵童的寻访和认定工作的圆满完成，尊重宗教仪轨、历史定制，坚持国内寻访、金瓶掣签、中央批准，为新中国成立以后对藏传佛教大活佛转世的管理立下了规矩。

第四节　开展寺庙爱国主义教育，依法加强管理

西藏和其他藏区在开放搞活的过程中，受到达赖集团加紧利用宗教向境内进行渗透的严重干扰和破坏，20世纪80年代下半期，在拉萨连续发生了严重骚乱事件。实践说明，在贯彻实行宗教信仰自由政策的同时，必须认真研究出现的新情况、解决新问题，依法加强对宗教事务的管理，使宗教活动在国家宪法、法律法规和政策规定的范围内进行。1991年2月5日，中共中央、国务院下发《关于进一步做好宗教工作若干问题的通知》，在总结改革开放以来十余年党的宗教工作经验基础上，正式提出依法对宗教事务进行管理的政策要求。《通知》指出："正确对待和处理宗教问题，是我国社会主义建设事业中的一个重要课题，是建设有中国特色社会主义的一个重要内容。……依法对宗教事务进行管理，是指政府对有关宗教的法律、法规和政策的贯彻实施进行行政管理和监督。政府依法保护宗教团体和寺观教堂的合法权益，保护宗教教职人员履行正常的教务活动，保护信教群众正常的宗教活动，防止和制止不法分子利用宗教和宗教活动制造混乱、违法犯罪，抵制境外敌对势力利用宗教进行渗透。对宗教事务进行管理，是为了使宗教活动纳入法律、法规和政策的范围，而不是去干涉正常的宗教活动和宗教团体的内部事务。"1994年1月31日，为使我国各级政府有关部门对宗教事务的管理有法可依，国务院颁布了《宗教活动场所管理条例》和《中华人民共和国境内外国人宗教活动场所管理规定》。同年7月召开的中央第三次西藏工作座谈会明确指出："目前，西藏的寺庙、僧尼数量基本满

足了信教群众正常宗教生活的需要，要耐心地做工作，不能放任自流。要认真贯彻执行国务院颁布的有关法规，依法加强对宗教事务的管理。要建章立制，实行寺庙定员，加强对寺庙尤其是有影响的大寺庙的管理，加强对僧尼的爱国主义教育和法制教育。”

自党的十三届四中全会以来，西藏自治区各级党委和人民政府按照实施依法治藏、加强社会主义法制建设的新要求，切实贯彻执行党中央关于加强对西藏宗教事务进行管理的政策要求，逐步扭转了西藏寺庙管理混乱的局面，维护了正常的宗教活动秩序。1989 年 9 月 21 日，西藏自治区党委、自治区人民政府发出《关于加强寺庙管理，进行寺庙整顿的意见》。该《意见》明确指出了当时西藏寺庙存在的问题，决定对全区开放寺庙进行清理整顿，对僧尼进行爱国主义、反对民族分裂的教育和普法教育，并组成工作组进驻寺庙，帮助寺庙建立健全教务、僧尼管理、财务、治安、文物管理等方面的制度，实行分级管理全区的宗教活动场所，层层落实，责任到人，抓好寺庙定员工作，并加强了对寺庙民主管理委员会的领导，把宗教活动逐步纳入我国宪法、法律和政策允许的范围。① 1990 年 12 月 17 日西藏自治区党委作出的《关于认真贯彻全国统战工作会议精神、进一步加强西藏统一战线工作的决定》，要求依法加强对寺庙的管理，认真贯彻《寺庙民主管理章程》，坚持政教分离原则，一切宗教活动都必须在宪法和法律允许的范围内进行。1990 年以后，西藏寺庙基本上趋于平稳，越来越多的寺庙加强了内部民主管理，自觉开展以寺养寺活动，取得了明显成效。1991 年 10 月 19 日，西藏自治区党委、自治区人民政府制定实施了《关于认真贯彻〈中共中央、国务院关于进一步做好宗教工作若干问题的通知〉的意见》。该《意见》要求采取教育、疏导、行政和法律手段，区别不同情况，依法对西藏宗教事务进行管理。《意见》指出：从整体上讲，西藏维修开放

---

① 中共西藏自治区委员会党史研究室编著：《中国共产党西藏历史大事记（1949～2004年）》，第 2 卷，北京：中共党史出版社，2005 年版，第 548 页。

的宗教活动场所已满足了信教群众正常宗教活动的需要，要加强对寺庙和僧尼的管理。依法加强对西藏宗教事务进行管理，要注意划清正常宗教活动和利用宗教进行违法犯罪活动的界线。同年 12 月 9 日，西藏自治区人民政府颁布《西藏自治区宗教事务管理暂行办法》。该《暂行办法》规定：政府尊重和保护公民的宗教信仰自由，各种宗教、各教派、各宗教活动场所一律平等；各宗教团体、宗教活动场所的一切活动必须在国家宪法、法律、法规和政策范围内进行。这一《暂行办法》对西藏各宗教活动场所的定编定员、吸收僧尼、与外省区之间宗教职业人员的往来、境外藏胞回国参加宗教活动、佛教协会的工作等，都依法作出了明确规定，在推进社会主义条件下的西藏寺庙管理法规的立法工作和依法管理西藏宗教事务方面，迈出了新的步伐。

2002 年 10 月 3 日，西藏自治区党委、区人民政府作出的《关于贯彻〈中共中央、国务院关于加强宗教工作的决定〉的意见》，明确要求结合藏传佛教实际，制定《宗教事务条例》的实施细则、《僧人学经学位晋升办法》、《加强流散僧尼管理的办法》等，把对西藏宗教事务的管理纳入法制化轨道。2004 年 11 月 30 日，国务院颁布了《宗教事务条例》，并于 2005 年 3 月 1 日起正式施行。《宗教事务条例》是中国共产党和国家几十年来宗教工作实践经验的总结和宗教政策的制度化、法制化。这一行政法规的颁布实施，为推动西藏宗教工作进一步走上法治化轨道、维护正常的宗教活动秩序和西藏广大信教群众的宗教信仰，提供了重要的法律保障。

在依法管理西藏宗教事务的过程中，切实贯彻执行国务院及西藏自治区人民政府制定的一系列有关宗教事务管理的法规，从而依法保障了西藏各地区广大信教群众享有从事正常宗教活动的充分自由，维护了各宗教活动场所的合法权益和正常宗教活动秩序。

自 1989 年以来，在国际形势发生重大变化和国内环境发生新变化的背景下，西藏宗教领域也出现了错综复杂的新情况、新问题。党中央正确把握西藏宗教问题的特点和发展趋势，从实践执政为民、保障人权的高度，坚持在西藏实行宗教信仰自由政策并保持稳定性和连续性；同时从实施依法治国方略的新要求，提出了依法加强对西藏宗教事务进行管理的政策。西藏自治区各级党委和政府认真贯彻执行党对新时期西藏宗教工作的政策，切实尊重和依法保护西藏广大信教群众的宗教信仰和宗教教职人员的正常宗教活动，划清正常宗教活动和利用宗教从事分裂活动的界线、群众有宗教信仰自由和共产党员不得信仰宗教的界线；同时依法加强对西藏各宗教活动场所的管理和整顿，维护了正常的宗教活动秩序，满足了西藏广大信教群众正常宗教生活的需要。

学习思考题

1. 如何理解中国共产党在西藏和其他藏区实行宗教信仰自由政策的连续性和阶段性?
2. 为什么说宗教活动必须在国家宪法、法律法规和政策规定的范围内进行?
3. 结合实际，谈谈在新世纪新阶段宗教工作中的成果和体会。

第二章

宗教信仰自由与权利义务的统一

宗教信仰，是指信奉某种特定宗教的人们对所信仰的神圣对象（包括特定的教理教义等），由崇拜认同而产生的信念及皈依。这种思想信念与皈依表现贯穿于特定的宗教仪式和宗教活动中，并用来指导和规范自己在世俗社会中的行为。它属于一种特殊的社会意识形态和文化现象。

宗教信仰自由是公民享有的一项基本权利。宗教信仰是由思想信仰和实践信仰构成的。宗教信仰自由受法律保护和限制，是由权利和义务构成的统一体。

第一节　什么是宗教信仰自由

一、宗教信仰自由政策的由来

宗教信仰自由，是中国共产党和中国政府对待和处理宗教问题的一项长期的基本政策。这一政策是中国共产党在领导中国人民进行反帝反封建的新民主主义革命过程中逐渐形成和发展，在社会主义革命和建设时期逐步完善的。

1931 年 11 月和 1934 年 1 月两次苏维埃全国代表大会通过的《中华苏维埃共和国宪法大纲》规定：中国苏维埃政权以保障工农劳苦民众有真正的信教自由的实际为目的，绝对实行政教分离的原则，……帝国主义的教会只有服从苏维埃法律时，才能允许其存在。

这是早期中国共产党人对宗教信仰自由的最重要的认识，也是中国共产党人最早实行宗教信仰自由政策的标志。它的含义是：信教的、不信教的人在法律面前一律平等、政教分离、宗教必须服从法律。

抗日战争时期，中国共产党进一步深化了对宗教信仰自由的认识，提出允许各教派存在的主张。如毛泽东在党的“七大”报告中明确提出：“根据信教自由的原则，中国解放区容许各派宗教存在，不论是基督教、天主教、回教、佛教及其他宗教，只要教徒遵守人民法律，人民政府就给予保护。”①

同时，党还提出在尊重信教自由时也尊重不信教自由。1942 年 2 月 15 日，《新华日报》发表了社论《共产党对宗教的态度》，较为完整、系统地阐述了党的宗教信仰自由政策。文章首先声明，“共产党人对于共产主义的信仰，是基于唯物主义的认识，基于科学的客观真理”。共产党人是不信仰宗教的。尽管如此，中国共产党人仍奉行宗教信仰自由政策，“因为这是每一个人的意识和世界观的问题”，正因为如此，共产党主张“绝不去强迫别人遵从自己的信仰，……各人有各人的宗教信仰自由，每个人有举行自己所信奉的这一种或那一种宗教仪式的自由”。“每个人也有不属于任何宗教团体而保持自己不信宗教的自由。”文章不仅强调了共产党尊重宗教信仰自由，而且也申明了信仰自由（包括信仰共产主义）的权利。党的“七大”强调：“信教的和不信教的各有他们的自由，不许加以强迫或歧视。”这也就是说，既保障人们信教的自由，也保障人们不信教的自由，任何强迫不信教的人信教的行为，如同强迫信教的人不信教一样，都是侵犯他人的信仰自由，因而是绝对不容许的，这就使党的宗教信仰自由政策的精神体现得更全面、更完整。

新中国成立后，党的宗教信仰自由政策继续得到了贯彻执行。1962 年 7 月，周恩来在同十世班禅大师等人谈话时指出：“按照我们党的理论，任何事物都有发生、发展和消亡的规律。……将来宗教要消亡，共产党也要消亡，这是理论问题，我们不去争论它。总之，在现在的中

---

① 《中共中央文件选集》，第 12 册，第 233 页，北京：中共中央党校出版社，1986 年版。

国，对宗教信不信都有自由，今后多少年也是如此，所以不存在消灭宗教的问题。”

十一届三中全会以后，通过总结历史经验教训，拨乱反正、正本清源，中国共产党理清并进一步把宗教政策系统化，内容更加丰富与完善。其中，邓小平于1980年8月会见十世班禅大师的重要谈话，是阐述新时期党的宗教理论的重要篇章。邓小平说，对于宗教，不能用行政命令的办法；但宗教也不能搞狂热，否则就同社会主义、同人民的利益相违背。这就是说，宗教信仰属于精神世界的问题，处理宗教问题要遵循宗教自身的发展规律；同时，一切宗教组织和宗教信徒，都必须在社会主义国家的宪法、法律和政策允许的范围内活动。这是一种崭新的当代马克思主义的宗教观。

二、我国法律对公民宗教信仰自由的规定

公民的宗教信仰自由权利受到宪法和法律的保护。在《中华人民共和国宪法》中，宗教信仰自由是公民的一项基本权利。中华人民共和国成立后颁布的四部宪法都明确规定我国公民有宗教信仰的自由。

我国宪法区分了宗教活动自由和思想信仰自由。我国宪法对宗教信仰自由的法律保护在术语上选择了“宗教信仰自由”的表述方式，并对宗教活动自由和思想信仰自由的宪法保护有所区分。如第三十六条第二款规定“任何国家机关、社会团体和个人不得强制公民信仰宗教或者不信仰宗教，不得歧视信仰宗教的公民和不信仰宗教的公民”，实质是对公民思想信仰自由的规定。公民在思想信仰方面的自由是绝对的，任何机关、团体和个人都不得干涉。而第三款则规定了公民在宗教活动方面的自由。该款规定：国家保护正常的宗教活动，因而公民进行宗教活动的自由是有限的。破坏社会秩序、损害公民身体健康和妨碍国家教育制度的宗教行为将受到法律的限制和制裁；同时，宗教活动也不得违反宪法第五十一条对公民行使宪法权利的总体限制，即公民在进行宗教活动的时候，不得损害国家的、社会的、集体的利益和其他公民的合法的自由和权利。

除宪法外，在我国许多法律中，都有关于保护公民宗教信仰自由、不得歧视信仰宗教的公民或者不信仰宗教的公民的条文。如：《中华人民共和国民族区域自治法》第十一条第一款规定："民族区域自治地方的自治机关保障各民族公民有宗教信仰自由。"第五十三条规定，民族自治地方的自治机关，要"教育各民族的干部和群众互相信任、互相学习、互相帮助、互相尊重语言文字、风俗习惯和宗教信仰，共同维护国家的统一和各民族的团结。"

《中华人民共和国全国人民代表大会和地方各级人民代表大会选举法》第三条第一款规定："中华人民共和国年满十八周岁的公民，不分民族、种族、性别、职业、家庭出身、宗教信仰、教育程度、财产状况和居住期限，都有选举权和被选举权。"

《中华人民共和国城市居民委员会组织法》第九条第二款规定："年满十八周岁的本居住区居民，不分民族、种族、性别、职业、家庭出身、宗教信仰、教育程度、财产状况和居住期限，都有选举权和被选举权；但是，依照法律被剥夺政治权利的人除外。"

《中华人民共和国村民委员会组织法》第九条第二款规定："年满十八周岁的村民，不分民族、种族、性别、职业、家庭出身、宗教信仰、教育程度、财产状况和居住期限，都有选举权和被选举权。但是，依照法律被剥夺政治权利的人除外。"

《中华人民共和国民法通则》第七十七条规定："社会团体包括宗教团体的合法财产受法律保护。"

《中华人民共和国兵役法》第三条第一款规定："中华人民共和国公民，不分民族、种族、职业、家庭出身、宗教信仰、教育程度，都有义务依照本法的规定服兵役。"

《中华人民共和国刑法》第二百五十一条规定："国家机关工作人员非法剥夺公民的宗教信仰自由和侵犯少数民族风俗习惯，情节严重的，处二年以下有期徒刑或者拘役。"

除此之外，我国政府颁布了《宗教事务条例》，以维护宗教活动场所的合法权益。条例规定：宗教活动场所由该场所的管理组织自主管理，其合法权益和该场所内正常的宗教活动受法律保护，任何组织和个人不得侵犯和干预。侵犯宗教活动场所的合法权益将承担法律责任。在宗教活动场所进行宗教活动也必须遵守法律、法规。

我国政府还颁布了《中华人民共和国境内外国人宗教活动管理规定》，尊重在中国境内的外国人的宗教信仰自由，保护外国人在宗教方面同中国宗教界进行的友好往来和文化学术交流活动。外国人可以在中国境内的宗教活动场所参加宗教活动，可以应省级以上宗教团体的邀请讲经、讲道，可以在县级以上人民政府认可的场所举行外国人参加的宗教活动，可以邀请中国宗教教职人员为其举行洗礼、婚礼、葬礼和道场法会等宗教仪式，可以携带自用的宗教印刷品、宗教音像制品和其他宗教用品进入中国国境。外国人在中国境内进行宗教活动，应当遵守中国的法律、法规。

到目前为止，我国有三十多件法律、法规在条文中明确规定保护公民的宗教信仰自由。

三、我国宗教信仰自由政策的主要内容

大体说来，我国宗教信仰自由的基本内容如下：

1. **公民有信仰宗教和不信仰宗教的自由。**每个公民既有信仰宗教的自由，也有不信仰宗教的自由；有信仰这种宗教的自由，也有信仰那种宗教的自由；在同一宗教里面，有信仰这个教派的自由，也有信仰那个教派的自由；有过去不信教而现在信教的自由，也有过去信教而现在不信教的自由。既尊重和保护信教的自由，也保护不信教的自由，这是最基本的内容。

2. **公民信仰宗教与否不受强迫和歧视。**依据我国宪法，无论信教的公民还是不信教的公民，在法律面前一律平等，享有和承担宪法、法律赋予的同等权利和义务，任何国家机关、社会团体和个人不得限制公

民信仰宗教或者不信仰宗教，不得歧视信仰宗教的公民和不信仰宗教的公民。

“强制公民信仰宗教或者不信仰宗教”，是指采用行政、经济等强迫性手段迫使公民信仰宗教或者不信仰宗教，也指在一个宗教里面，采用强迫性手段迫使信仰这种教派的公民转而信仰另一种教派。“歧视信仰宗教的公民和不信仰宗教的公民”，是指在政治待遇、经济待遇、舆论宣传等方面不平等地对待信仰宗教的公民和不信仰宗教的公民。① 对保障公民宗教信仰自由、禁止歧视信教公民，我国其他法律也有特别规定，如《劳动法》第十二条规定：“劳动者就业，不因民族、种族、性别、宗教信仰不同而受歧视。”《广告法》第七条规定，广告不得“含有民族、种族、宗教、性别歧视的内容”。

不同民族和地区，宗教信仰情况不同，比如，在汉族地区，有多种宗教并存，真正信仰一种宗教的人在整个人口中比例不大。在藏族等少数民族地区，宗教的影响深入到民族的社会生活、精神文化生活等领域。因此在多数群众不信教的地方，要特别注意尊重和保护少数信教群众的权利；在多数群众信教的地方，要特别注意尊重和保护少数不信教群众的权利。

3. **宗教必须在宪法、法律和政策范围内活动。**《宗教事务条例》第三条规定：“宗教团体、宗教活动场所和信教公民应当遵守宪法、法律、法规和规章，维护国家统一、民族团结和社会稳定”。

4. **各宗教一律平等。**我国的佛教、道教、伊斯兰教、天主教和基督教不论信众多寡、影响大小，在法律面前一律平等，没有占统治地位的宗教。政府对这些宗教一视同仁，不加歧视。

5. **宗教与国家政权分离。**《宗教事务条例》强调：“任何组织或者个人不得利用宗教进行破坏社会秩序、损害公民身体健康、妨碍国家教

① 参见帅峰、李建主编：《宗教事务条例》，第 17 页，宗教文化出版社，2005 年 3 月版。

育制度，以及其他损害国家利益、社会公共利益和公民合法权益的活动。”按照这一原则，任何人都不得利用宗教干预国家的行政、不得干预司法、学校教育和社会公共教育；不得干预婚姻、计划生育，等等。国家政权也不能被用来推行或禁止某种宗教。

6. **国家依法保护正常的宗教活动，维护宗教团体、宗教活动场所和信教公民的合法权益。**各宗教团体自主地办理各自的教务，并根据需要开办宗教院校、印发宗教经典，出版宗教刊物，举办各种社会公益服务事业。在登记的宗教活动场所内和按宗教习惯在教徒自己家里进行的正常宗教活动，受到国家法律保护，任何人不得加以干涉。国家保护宗教团体的合法权益，保护宗教教职人员履行正常教务的权利。

7. **无神论与有神论之间相互尊重。**任何人都不应到宗教活动场所进行无神论的宣传，或者在信教群众中展开有神还是无神的辩论；任何宗教组织和教徒也不应在宗教活动场所外布道、传教、宣传有神论、散发宗教传单和其他未经政府主管部门批准出版发行的宗教书刊。

以上关于宗教信仰自由七个方面的内容，说明宗教信仰自由是一个包括权利与义务统一的整体。其精神实质可概括为三个方面：其一，个人思想信仰绝对自由；其二，表现在实践层面上的宗教活动相对自由；其三，政教分离。也就是说个人精神领域的信仰自由权利是绝对的，但实践信仰也就是宗教活动自由权利是相对的，要遵守宪法和法律的规定。我国的宗教信仰自由正是权利与义务一致基础上的自由，体现了权利与义务的统一。

因此，全面正确贯彻宗教信仰自由政策，一方面要求尊重每个公民信仰宗教的自由和不信仰宗教的自由。任何组织和个人都不得强制公民信仰宗教或者不信仰宗教，不得歧视信仰宗教的公民和不信仰宗教的公民。对不尊重公民宗教信仰自由权利和损害宗教界合法权益的错误行为，必须坚决予以纠正。另一方面要求坚持权利和义务的统一。宗教信仰自由不等于宗教活动可以不受任何约束。宗教界人士和信教群众首先是中华人民共和国的公民，要把国家和人民的根本利益放在首位，承担遵守宪法、法律、法规和政策的义务。

四、我国关于宗教信仰自由的法律规定符合国际社会公认的基本准则

我国对公民宗教信仰自由权利的法律保障，与有关国际文书和公约在这方面的主要内容是基本一致的。宗教信仰自由权利作为一项基本人权，一直受到国际社会的普遍关注。联合国通过的一些重要国际人权文书，如《联合国宪章》、《世界人权宣言》、《公民权利和政治权利国际公约》、《消除基于宗教或信仰原因的一切形式的不容忍和歧视宣言》、《联合国关于在民族或种族、宗教和语言上属于少数群体的人的权利宣言》、《德黑兰宣言》和《维也纳宣言和行动纲领》等，都有明确的有关宗教信仰自由的规定。这些规定或声明，比较集中地反映了世界上大多数国家和大多数人口对宗教信仰自由的基本看法，为国际社会保障人类的这项基本人权提供了公认的原则和主要依据。这些规定主要有如下三点：

第一，宗教信仰自由是一项基本人权。人人享有宗教信仰自由，不得遭受任何强迫和压制。属于少数群体的人、妇女、儿童、残废者、无国籍人、俘虏和难民等的宗教信仰自由权利，特别应当注意保护。宗教信仰自由包括选择、维持、改变宗教信仰和以适当方式表达这种信仰的自由。

第二，反对基于宗教信仰原因的一切形式的不容忍和歧视．不容忍和歧视，是指以宗教或信仰为理由的任何区别、排斥、限制或偏袒，其目的或结果为取消或损害在平等地位上对人权和基本自由的承认、享有和行使。国际社会认为，在涉及有关宗教信仰自由的问题时必须促进谅解、容忍和尊重；任何国家、机关、团体或个人都不得以宗教信仰为理由对任何人加以歧视；当公民在经济、政治、社会和文化等生活领域里出现基于宗教信仰原因的歧视行为时，有关国家均应采取有效措施予以制止及消除。

第三，法律保障原则。宗教信仰自由需通过各个主权国家的立法及有关措施付诸实现并加以保障。行使宗教信仰自由权利不得违反法律规定，不应危害社会公共利益和他人的基本权利。各国政府根据其国际义务，均应致力于制订或废除法律以及采取适当措施保障宗教信仰自由，禁止任何宗教不容忍行为。同时，人们表达自己宗教信仰的自由，须受法律所规定的以及为保障公共安全、秩序、卫生或道德、或他人的基本权利和自由所必需的限制。

从这些规定可以看出，我国宪法和法律关于宗教信仰自由的规定，体现了尊重和保障公民宗教信仰自由这一国际社会公认的基本准则，是我国尊重和保障人权的具体体现。

第二节　宗教信仰自由是权利与义务的统一

一、思想信仰自由

思想信仰即内心信仰是宗教信仰的核心部分，主要指的是宗教意识和宗教感情。宗教信仰者对各种超自然、超人间的神圣力量、神灵神性等神性物的信仰，既可在信仰者心中表现为一定的观念形态和概念形式，也可在情绪上引起种种反应，激发起信仰者的“宗教感情”。宗教感情是在信仰和礼仪活动中长期熏陶、培养出的一种特殊心理现象，如：人类形成宗教观念的认识过程，不是纯粹抽象的，而是伴随着十分具体的情绪、情感等方面的心理活动；又如：对超自然力量的至上感和万能感、神圣感和圣洁感、崇拜感和敬畏感、仁慈感和博爱感、恩赐感和祈求感、羞耻感和负罪感、悔恨感和忏悔感、苦难感和天命感、承受感和顺从感、虔诚感和神秘感，等等。

因此思想信仰自由应该包括：

第一，信仰特定宗教的自由，改变特定信仰的自由，不信仰任何宗教的自由；

第二，保持和阐释宗教经典、教义的自由；

第三，弘扬宗教道德的自由；

第四，进行内心的宗教修行的自由；

第五，表达宗教感情的自由。

内心的信仰纯粹属于内心的精神作用，是宗教信仰的起点与指归。人们的思想和精神是内在的东西，任何强力、外力都不能强制。因而，在多数国家内心信仰均被确认为绝对的自由。

思想自由是一种绝对自由。思想自由不可剥夺、不能限制，也无法限制。思维活动深藏于人的大脑中，是一种看不见、摸不着的东西，要判断一个人的大脑中在想什么是很困难的。信仰宗教或不信仰宗教，信仰某一宗教或不信仰某一宗教，信仰某一宗教的某一教派或另一教派是人的一种思维，它存在于人的大脑中，除自我之外的任何人是看不见摸不着的，也不可能强行干涉。

因此，从这一意义上讲宗教和信仰自由是绝对的。它主要表现为公民有不被强迫灌输或强制禁止某些特定的宗教和信仰的自由。公民有不因具有或不具有特定的宗教和信仰而遭受国家任何差别待遇的自由；公民有不被强迫表达宗教和信仰的自由。总之，在一个健康的社会里，宗教信仰自由与其他的权利一样，是每一个人无可非议的权利，没有任何人可以强制一个人必须信仰或者不信仰某种特定的宗教。

二、宗教活动自由

宗教活动是宗教的要素。任何一种宗教信仰都会有一些基本教义和最简单的仪式。从法律的眼光看，宗教有两大要素：教义和仪式。宗教的行为和活动表现形式多种多样，各种形式在各种宗教中都经历了从自发到自觉、从分散化到规范化的过程。归结起来，主要的宗教行为有巫术、宗教禁忌、祈祷献祭、宗教礼仪等。这些宗教行为是宗教体验和宗教观念的外在表现，反映了宗教的本质。

宗教活动包括信教群众集体进行的宗教活动和信徒个人进行的宗教活动。宗教团体、宗教活动场所、宗教教职人员以及信教群众是宗教活动中的要素。其中宗教团体在组织宗教活动中发挥着至关重要的作用。

我国各宗教都成立了自己的全国性的和地方性的宗教团体。各宗教团体按照各自的章程选举、产生领导机构和领导人。他们在组织信徒过宗教生活、开展各种宗教活动方面发挥重要作用。

那么宗教团体、宗教活动场所、宗教教职人员以及信教群众在组织宗教活动方面的具体权利有哪些呢？主要有以下几个方面：

1. **在宗教活动场所开展正常的宗教活动的权利。**宗教活动场所一经依法登记，便获取合法地位，其合法权益受到保护；遇有侵犯其权益的行为，宗教活动场所管理组织有权向政府有关行政机关申诉，直至向人民法院起诉，寻求行政和法律保护。

各种宗教在不违背法律、社会秩序、生产与生活秩序，不破坏良好道德风尚，不损害公民身心健康的情况下，可以在核准登记的宗教活动场所和经宗教事务部门认可的场所内进行以下活动：制定宗教教义、训导信条；根据需要建造礼堂或祈祷室，在里面公开举行宗教仪式或其他宗教活动；组织和推行宗教仪式；在宗教活动场所内传教；有权自主管理本团体内部事务；培养和招聘神职人员；进行圣事投资和其他教会的投资；生产、购买以及使用用于礼拜和宗教活动的物品。信教公民可以在宗教活动场所内，按照各教的教义、教规和习惯，拜佛、诵经、受戒、经忏、祷告、讲经、过宗教节日，也可以在自己家里过宗教生活；在宗教活动场所内为已在婚姻登记机关办理结婚登记的信教公民举行宗教婚礼仪式。

《宗教活动场所管理条例》第三条规定：宗教活动场所的“合法权益和场所内正常宗教活动受法律保护，任何组织和个人不得侵犯和干预”。《中华人民共和国境内外国人宗教活动管理规定》第三条规定：“外国人可以在中国境内的寺院、宫观、清真寺、教堂等宗教活动场所参加宗教活动。经省、自治区、直辖市以上宗教团体的邀请，外国人可以在中国宗教活动场所讲经、布道。”《中华人民共和国民族区域自治法》第十一条规定：“国家保护正常的宗教活动。”1994 年 1 月国务院颁布的《宗教活动场所管理规定》，对宗教活动场所的范围、登记、管理机构、宗教活动场所的财产、收入、义务等作了比较详尽的规定，切实有效地维护了宗教活动场所的合法权益，保护了正常的宗教活动。

2. **开展公益和慈善活动的权利。**当前世界上许多宗教都在不断以各种方式参与国际社会的、关系人类共同命运的事务，如战争调解、维护和平、救济贫穷、人类发展以及环境保护等。宗教团体按其财产情形，兴办公益、福利或慈善事业，进行下列公益事业：儿童福利，如托儿所、育幼院、儿童寄养及其他儿童福利事业等；青少年福利，如青少年服务机构的设置、娱乐设施等；妇女与老人福利，如老人抚养、疗养、休养等服务机构的设置，提供托老服务、敬老服务等；社会设施，如医疗设施、图书馆、博物馆，捐献文物、财物及器材设备等；慈善事业，包括生活协助、急难救助、灾害救助、医疗救助、医疗巡回服务及其他救世济人等事项。

3. **进行宗教募捐与捐赠活动的权利。**宗教募捐与捐赠活动是世界上各种宗教热衷的活动之一。宗教团体举行募捐，其目的必须是以组织宗教活动、举办慈善机构的活动、举办公益事业，以及为维持宗教教职人员和修道院人员的费用而进行募捐。宗教团体组织募捐，应当遵守法律、法规，不得违背社会公德，不得损害社会公共利益和其他公民的合法权益。募捐活动的地点，一般在宗教活动场所内。宗教团体募捐，在法定期间（最迟应于 15 日前）向主管机关提出申请，得到批准后，才可组织募捐。在宗教活动场所内，宗教团体可以随时接受信教公民或普通公民的自愿捐赠，其他社会组织也可以对宗教团体捐赠。宗教团体接受境外宗教组织和个人的捐赠，由受赠的宗教团体按照国家有关法律法规办理入境手续、履行报批手续，如果境外组织捐赠的物品属于实行许可证管理的，则受赠的宗教团体应按照海关法的有关规定办理许可证申请手续，海关凭许可证验放、监管。

4. **进行宗教宣传活动的权利。**在我国，宗教宣传物主要指宗教书刊和出版物，过去一般仅涉及宗教的内部经像书刊，现已发展到公开出版的宗教经典以及阐释经典、教规、教义的专用的音像制品、电子出版物等。宗教团体为了从事宗教事务、宗教仪式和宗教布道的需要，为了向其成员通报宗教团体的活动，可以出版宗教书刊和宗教出版物。宗教书刊的出版者必须遵守新闻出版法的有关规定，在限定时期内向主管新闻事务的机关提出申请，取得出版登记号，等等。

可见，宗教界在国家有关法律、法规和政策范围内，按照各宗教的教义、教规和传统习惯，在宗教活动场所及信教群众在自己家里进行的宗教活动，受法律规定的保护，同时也受法律规定的限制。

三、世界各国对宗教活动自由的限制性规定

一个公民在多大程度上拥有这种实践信仰的自由，主要取决于社会组织、政府性质和法律制度。作为一个为全体公民服务的机构而存在的国家，不仅承认一个人的基本信仰自由，同时它还要保护他人的权利，即防止一个人在行使自己权利时侵害他人的权利，因此每个人也相应的必须承担不得非法侵害他人权利的义务，这当然包括不能侵害他所在国家的基本立国准则的义务。也就是说，保护宗教信仰自由和对宗教信仰自由加以限制，其目的都是为了保护公共利益、国家利益不受侵犯。各国对宗教信仰自由的限制一般都规定在宪法里，也有专门制定法律加以规定的。各个国家限制的内容不同，但概括起来大体有以下四个方面：

1. **宗教信仰自由权利的行使不能违反法律。**这是当今世界绝大多数国家立宪的重要原则。法律具有至高无上的地位，法律不承认宗教的特殊性，对公民的约束不论其信教与否，具有等同效力。这一点不仅在世俗国家如此，就是主张宗教至上的国家也如此。佛教是斯里兰卡的国教，斯里兰卡宪法赋予佛教很高的地位，但同时也规定各项基本权利的行使应遵守国家安全、公共秩序和维护公共卫生、公共道德的需要；各项权利的行使必须以保障他人的权利和自由得到应有的承认和尊重；各项权利的行使必须适应民主社会普遍福利的合理要求；各项权利的行使必须服从法律规定的限制。荷兰宪法规定每个人都有单独或与他人一起自由表达自己的宗教信仰的权利，但不得违反法律规定的个人责任。印

度宪法规定宗教自由权不得影响任何现行法律的施行，宗教自由权不得妨碍国家制定的所有法律。

2. **宗教活动不能损害国家安全和社会公共利益。**国家安全是指与国家的兴衰存亡、国土的安全、发展战略，乃至政治社会稳定等有关的利益，如政治、经济和军事计划，民族感情，对外关系，法律的实施等。公共利益是指关系群众共享的利益，如环境、公共设施、交通等。国家安全和社会公共利益关系到国家的生死存亡和人民大众的幸福安康，不容任何人加以破坏。因此，许多国家宪法在规定宗教信仰自由时，在这方面都有限制性规定。如阿富汗宪法规定：任何阿富汗公民无权利用宗教进行反民族的宣传，也不能利用宗教从事其他违背国家利益的活动。希腊是个信奉东正教的国家，在宪法中赋予东正教很高的政治地位，但在宪法中仍规定：一切被承认的宗教的教士必须和主要宗教的教士一样，遵守国家的同一规定，履行同样的义务。任何人均不得以其宗教信仰为理由，拒绝履行对国家的义务。

3. **宗教信仰自由不能违反公共秩序和公共道德。**公共秩序是人们在日常生活中由法律、纪律亦即社会习惯等构成的必须共同遵守的秩序，包括公共场所的活动秩序、交通秩序、社会管理秩序、工作秩序、教育秩序、居民生活秩序等。公共道德是指为了维护社会的政策秩序，公民必须遵从的社会生活的一般准则。这些都属于人们行为规范的一部分。遵守公共秩序、社会公德对保证社会稳定有着很重要的积极意义。无论是国际公约还是各国宪法，在这个问题上的限制性规定基本上是一致的。如丹麦宪法第六十七条规定："公民有权组织宗教团体，按照自己信仰的方式崇拜上帝，但以不传布或不采取有损于良好道德和妨害公共秩序的言行为限。"瑞士宪法第五十条规定："在公共秩序及善良风俗许可的限度内，宗教礼拜自由应予保障。"意大利宪法第十九条规定："自由进行宗教宣传以及私下或公开做礼拜，但其仪式不得违反良好的风俗。"希腊宪法第十三条第二款规定："一切被承认的宗教不受限制，其礼拜仪式不得阻止并受法律保护，惟其礼拜仪式不得违反公共秩序和道德规范。”

4. **宗教信仰自由不能侵害他人的基本权利和自由。**这也是国际人权公约和各国立宪的重要原则。《世界人权宣言》规定：人人在行使他的权利和自由时，只受法律所确定的限制，确定此种限制的惟一目的在于保证对旁人的权利和自由给予应有的承认和尊重，并在一个民主的社会中适应道德、公共秩序和普遍福利的正当需要。

从这些规定可以看出，在任何国家，宗教活动的自由是受到一定法律限定的，条件是不能危害国家安全和社会公共利益，包括公共秩序、道德和卫生，不对其他人的权利和自由造成侵害，甚至不得违反“良好风俗”、“善良风气”。宗教活动自由是在法律之下的自由，不是无条件的绝对自由。

四、宗教信仰自由是权利义务的统一

我国法律规定，公民在享有宗教信仰自由权利的同时，必须承担法律所规定的义务。在我国，任何人、任何团体，包括任何宗教，都应当维护人民利益，维护法律尊严，维护民族团结，维护国家统一。这与联合国人权文书和公约的有关内容是一致的，也与世界上的大多数国家关于宗教活动的限制性规定是一致的。无论信仰宗教的公民还是不信仰宗教的公民，在法律面前一律平等。这也是一个现代文明和法治国家的基本要求。

我国宪法规定：“公民的权利和义务不可分离。任何公民享有宪法和法律规定的权利，同时有遵守宪法和法律的义务。”我国宪法草案规定：“公民在行使自由和权利的时候，不得损害国家的、社会的、集体的利益和其他公民的合法的自由和权利。”1982 年，彭真同志在对宪法草案的这一条做解释时说：“世界上从来不存在什么绝对的、不受任何限制的自由和权利。国家保障公民合法的自由和权利，不允许任何组织或者个人侵犯，但也决不允许任何人利用这种自由和权利进行反革命和其他破坏社会秩序、生产秩序、工作秩序的犯罪活动。”①

因此，我们所说的宗教信仰自由，不是无限制的自由。在思想信仰领域，是绝对自由的，但基于思想信仰的宗教活动自由是相对的、有条件的，正当的合法的宗教活动也是自由的。强调这种一致性并不等于限制权利。在我国，侵犯公民宗教信仰自由权利要承担法律责任；宗教信仰者违反法律规定，同样应承担法律责任。这是权利与义务的有机统一，也是维护公共利益、法律尊严、民族团结与国家统一的必然要求。

第三节 正确行使权利，履行义务

一、遵守法律、法规和规章

宗教团体、宗教活动场所和信教公民应当在法律、法规和规章范围内开展宗教活动，坚持“维护法律尊严，维护人民利益，维护民族团结，维护祖国统一”的原则。任何宗教都没有超越宪法和法律的特权，宗教信仰自由也不能被滥用。我国宪法和法律是广大人民的意志和根本利益的集中表现。守法是公民的法律义务，一切组织和个人都必须守法。就是说，一切国家机关、武装力量、政党、社会团体、企业和事业单位必须守法；全体公民，不论民族、信仰、教育程度、职业和职务，必须守法；在我国境内的外国组织、外国人和无国籍人必须守法。宗教界人士和信教群众也必须遵守法律。

遵守法律，一要遵守宪法和法律。宪法是国家的根本大法，具有最高的法律效力，是其他法律法规制定的依据。法律是国家最高权力机关制定的规范性法律文件，如《中华人民共和国民族区域自治法》。二要遵守国务院制定的行政法规，以及国务院各部门制定的部门规章，如《宗教事务条例》。三要遵守地方性法规、政府规章、民族自治地方的自治条例和单行条例。

---

① 《新时期宗教工作文献选编》，宗教文化出版社，1995版，第76页。

学法、知法、懂法是守法的前提。对宗教界人士和信教公民来讲，要注意学习宪法知识以及与公民的工作、生活密切相关的基本法律知识，重点是学习宪法、法律中与宗教有关的条款和宗教行政法规以及部门规章和本地区的地方宗教法规、政府规章等。通过学习有关法律知识，增强权利与义务观念及守法观念，增强法律意识和守法的自觉性，提高依法维护自身合法权益的能力，提高运用法律武器同违反犯罪行为作斗争的自觉性。要增强法律意识，养成守法习惯，自觉把法律规定内化为自己的信念，外化为自己的行为。

二、维护国家统一、民族团结和社会稳定

宗教团体、宗教活动场所和信教公民坚持维护国家统一、民族团结和社会稳定，有着重大的现实意义和深远的历史意义。国家统一、民族团结，是我国社会主义建设事业取得胜利的基本保证，是全国人民安居乐业幸福生活的首要条件。我国尚未完全统一，每一个公民都应将实现祖国统一、争取台湾早日回归祖国作为自己的神圣职责，抵制台独分裂主义思想的侵蚀，反对一切对祖国统一大业不利的行为。我国实行各民族一律平等的民族政策，每一个公民都应该维护平等、团结、互助和谐的社会主义民族关系，坚决反对大民族主义和地方民族主义，禁止对任何民族歧视和压迫，禁止破坏民族团结和制造民族分裂的行为，一切破坏祖国统一和民族团结的行为，都将受到法律的追究。

三、在宪法和法律范围内开展宗教活动

任何组织或者个人不得利用宗教进行破坏社会秩序、损害公民身体健康、妨碍国家教育制度，以及其他损害国家利益、社会公共利益和公民合法利益的活动。在这一点上首先要正确认识、处理宗教规范与国家宪法和法律的关系。

“宗教规范，从狭义上说是宗教内部用以激励和约束教徒思想行为的条令与规约。在各宗教中集中体现为所持守的戒律，在宗教学中泛指一切宗教通过教义为其信徒制定，并且必须遵循的规范化的戒条。宗教规范是宗教信仰的一种实践方式，是一定的宗教观念在行为规范中的具体体现。”① 宗教规范与国家法律的区别有三点：一是国家法律由国家制定或认可，体现国家意志；宗教规范则由宗教教义组成或由宗教团体制定，反映的是该宗教教义的要求和宗教团体的意志。二是国家法律为该国一切国家机关、社会团体和公民以及居住在该国的外国人所必须遵守，而宗教规范往往只对其教职人员和教徒有效。三是国家法律由国家强制保证实施，而宗教规范没有国家强制的保证，违反者只会受到宗教团体内部的处罚。

可见作为国家意志的法律，其效力高于任何团体、组织的内部章程、条例等，宗教团体内部的教规也不例外。任何国家都决不允许教规与法律相对抗，当教规与国法冲突时，教徒应无条件地服从国法，否则就将受到国家法律的制裁。从我国的实际出发，主要防止出现利用宗教危害社会秩序，损害国家利益和社会公共利益等方面的以下几个问题：

——利用宗教干预国家行政、司法。目前在一些教徒集中的地区特别是农村，有的宗教教职人员干预政务、村务，利用教法干预司法、干预婚姻，甚至利用宗教干预基层选举等问题，这些现象都应予以制止和纠正。

——恢复或者变相建立宗教封建特权和宗教压迫剥削制度。中华人民共和国成立后，在党和国家的领导下废除了宗教封建特权和压迫剥削制度，使佛教、道教、伊斯兰教摆脱了反动统治阶级的控制和利用，走上了与社会主义社会相适应的道路，促进了与这些宗教有关的少数民族地区的社会进步和经济发展。宗教制度在民主改革中取得的积极成果必须巩固，不允许恢复或者建立已被废除的封建宗教特权和剥削压迫制度。在发生刑事案件和民事纠纷时，应当依照国家法律处理，教法不能凌驾于国法之上。

——利用宗教干预国民教育，妨碍国家教育制度的实施。目前，在

① 国家宗教事务局主编《爱国主义教程》，宗教文化出版社，2005年9月版。

有些宗教信仰比较集中的地方，宗教活动场所的活动与学校教学发生冲突的事件屡有发生。《中华人民共和国教育法》第八条规定：“教育活动必须符合国家和社会公共利益。国家实行教育与宗教相分离。任何组织和个人不得利用宗教进行妨碍国家教育制度的活动。”《中华人民共和国义务教育法》第十六条也规定：“不得利用宗教进行妨碍义务教育实施的活动。”按照目前我国这方面的政策，除经政府批准设置的宗教学校外，在各级各类学校中：1. 不得进行宗教活动；2. 不得开设宗教课或向学生传播宗教教义，干扰、阻挠学校向学生进行思想品德和科学文化教育；3. 不得强迫、诱使学生信仰宗教，更不得在学校内从事任何发展教徒的活动；4. 中等和中等以下学校的教材不得有宣传宗教思想的内容。大学某些学科采用有宗教内容的教材应经省级以上教育行政主管部门审批；5. 教师不得利用工作之便，在教学中进行宗教宣传和带领学生参加宗教活动。

这里需要说明的是，规定宗教不得干预行政、司法和教育，并不排除宗教界积极支持国家教育事业。近年来，各宗教发扬优良传统，在捐资助学，特别是在支持少数民族地区、贫困地区的义务教育事业等方面涌现出许多感人的事迹。

因此，当宗教规范与国家法律发生矛盾冲突的时候，宗教信徒必须意识到自己首先是公民，应该遵守国家法律，以教规服从国法，而且要依据社会发展的需要和国家法律逐步改进和完善宗教规范。

总之，没有无义务的权利，也没有无权利的义务。在社会主义制度下，每个公民所享受的信仰自由的权利，是与其所应尽的相关义务密切联系在一起的。国家关于宗教信仰自由的法律法规必然要指导每个公民在享受信仰自由或行使这一权利的同时尽好相应的义务。在信仰自由表现为特权的社会里，法律规定的义务是与信仰自由对立的；法律规定必须信仰某种占统治地位的宗教，这实际上意味着信仰自由的丧失，意味着对其他宗教的迫害和奴役被提升为法律。但是在以马克思主义为指导思想而建立起来的、能在实践中真正实现“法律面前，人人平等”原则的社会主义社会，权利与义务真正结合在同一关系中，成为自由不可分割的内在规定。

2001 年召开的全国宗教工作会议指出，宗教信仰自由是我们党一项长期的基本政策，是宪法赋予公民的一项基本权利。尊重和保护公民的宗教信仰自由权利，是我们党维护人民利益、尊重和保护人权的重要体现，也是最大限度团结人民群众的需要。全面正确地贯彻宗教信仰自由政策，一方面要求尊重每个公民信仰宗教的自由和不信仰宗教的自由，另一方面要求坚持权利与义务的统一。各国在实现本国人民的公民权利和政治权利时，都在考虑权利与义务的平衡。世界上没有无权利的义务，也不存在无义务的权利。每个人在行使自己的权利时，必须遵守法律和承担义务，这样才能保证整个社会生活的正常有序。

学习思考题

1. 我国宗教信仰自由政策的主要内容是什么？
2. 宗教规范与国家宪法法律的关系是什么？
3. 如何认识和把握宗教信仰自由是权利与义务的统一？

第三章

依法管理宗教事务

第一节　宗教事务管理产生和发展的历史

一、宗教事务法规的产生和内涵

宗教事务管理是社会事务管理的一个重要组成部分，涉及政治、经济、文化、法律等社会的各个领域和各种关系，是社会事务管理体系中一个古老的成员。自宗教产生起就随着管理的需要而产生，随着宗教的发展而发展，随着社会的变化而变化，并逐步走向规范和完善，法律术语称之为宗教立法。宗教立法也可以说是自国家产生后就出现的一种行为，只不过最初主要表现为国家政治生活中有关宗教与祭祀仪式的规定。在漫长的历史发展过程中，统治阶级依靠或利用宗教信仰为自己的政治利益服务，通过立法的形式规定有关宗教和祭祀仪轨在国家政治生活乃至于普通民众日常生活中的地位，带有强制国民信仰统一的宗教的色彩。综观历史上和当代世界各国的宗教立法可以看出，宗教立法本身具有广义和狭义之分。广义指的是三种不同的立法：1. 宗教机构为本宗教的组织和管理制定的一套宗教法规和制度；2. 国家的立法机构所制定的涉及宗教事务的国家法律、法规；3. 宗教团体与政府之间签订的具有法律约束力的协定、协议等。狭义上的宗教立法仅指宗教内部的法规，它是因宗教信仰而产生的宗教性的约束关系，不受地域或时间限制，如佛教的戒律。由于它具有宗教约束力的特征，所以不同于世俗国家关于宗教的立法。

二、依法管理宗教事务是现代文明社会的重要标志

宗教事务管理作为社会事务管理体系或管理制度的组成部分，在世界各国立法史上占有相当重要的地位。依法对包括宗教事务管理在内的社会事务进行管理是现代文明社会的重要标志之一。从 16 世纪宗教改革以来，欧洲许多国家相继确立了自己的官方宗教，并以国家立法的形式对宗教事务尤其是官方宗教的宗教事务进行管理，这种传统一直延续到 20 世纪。目前仍有一些国家保持着数世纪以前的宗教立法，如英国和北欧一些国家。美国在 1791 年通过的宪法第一修正案第一条款规定“国会不得制定设立宗教或限制其自由实践的法律”，就是著名的“两个分句”即设立分句和自由实践分句，它们分别体现了美国宪法针对宗教问题的两个根本原则：政教分离和宗教自由。美国最高法院关于这两个分句的裁决原则正是理解美国政教关系的关键所在，也是美国政教关系和宗教管理数百年发展的两条原则：一是法律不承认宗教的特殊性。宗教信仰者同非宗教信仰者一样，宗教团体同其他社会团体一样，都要遵守国家的法律；二是少数人和个人的宗教自由权利不受侵犯。

亚洲国家对宗教事务的管理有着悠久的历史。由于佛教传统的影响，一些国家的宗教立法在很大程度上着重体现了对佛教的管理，如泰国的《僧侣法》，缅甸的《僧侣组织法》，蒙古国的《国家与寺庙关系法》等。一些国家制定有综合性的宗教团体管理法，如日本的《宗教法人法》，新加坡的《维护宗教和睦法案》和其他一些法律法规，如越南的《关于宗教活动的法令》，韩国的《传统寺刹保护法》等。日本的宗教法律制度始于明治维新，至今已有 100 多年的历史，公布于 1951 年的《宗教法人法》对宗教法人的设立、管理、变更、合并、解散、登记、财务管理、认证等都做了详细的规定，并建立了较完善的宗教管理制度，如认证制度、公告制度、宗教法人审议会制度等。1995 年在东京地铁发生毒气事件发生后，日本政府修改了《宗教法人法》的部分内容，主要涉及管辖权：1. 收紧对宗教法人的管辖权，将原由地方都府

县知事管辖的544个宗教法人上收为由文部科学省统一管辖；2. 加强对宗教法人的监督管理，要求宗教法人增加活动的透明度，以接受外部的监督管理；3. 健全宗教管理机构，对宗教法人实行全国统一管理，充实监管机构和人员。

新加坡议会于1990年通过了《维持宗教和睦法案》，旨在维持宗教和睦并保证宗教不被政治性企图或颠覆企图所利用。法案规定，任何组织或个人如果在不同宗教团体之间引起不和，或挑起政治事端，或进行颠覆活动，或在宣传和实践宗教信仰的外衣下煽动对总统和政府的不满，都可以由部长或内务部根据此限制法令而制止其行动。蒙古国于1993年通过的《国家与寺庙关系法》规定，有关建立寺庙的申请和章程，要由省和首都的公民代表会议负责审核，并规定是否予以批准；获得批准后，由主管司法的国家机关对寺庙进行登记。章程应包括：寺庙名称及地址；宗教所属、成员组成以及开始活动时的情况；活动范围及形式；宗教法器的保护情况；从事宗教活动和持续发展所需的实际资产状况，以及初始资产规模；作为法人实体的依据，寺庙在对章程进行补充和修改时，应及时正式通知省和首都公民代表会议。

三、中国历史上的宗教事务管理制度

我国历史上各朝代对宗教事务的管理都非常重视，政府机构中设有管理宗教事务的部门。佛教传入中国后不久便适应中国社会的特点，发生了变化，从纯粹的宗教组织逐渐演变为既有宗教性质，又有政治、经济性质的社会组织。为了统制和管理好这个社会组织，同时也为了恰当地处理世俗政权与宗教这个带有特殊性质的社会组织的关系，必须建立一套有效的统制和管理机构。支撑这套机构的便是我国佛教的僧官制度，它是宗教与政治相互作用的产物。中国的僧官制度初创于两晋十六国时期，然后曲折发展演变，延续了1600多年，直到中华民国成立，宣布“政教分立”，才取消了僧官制度。

僧官制度从明朝开始在藏区和其他少数民族地区推行，在今甘青和川滇藏区建立了以元朝土司制度为基础的番僧僧纲司，如西宁、河州番僧僧纲司；洮州五僧司；松潘、杂谷、大理诸僧纲司等等。在藏区和其他少数民族地区建立的僧官制度与内地相比在形式和职权上有其突出特征：一是番僧僧纲司的僧官没有任期，不仅是终身制，而且死后可叔侄相传。这样，都纲一类的僧职成了有些部落头人家族的世袭官职，明清二朝，承袭不绝，形成了与土司并称的僧纲称号；二是番僧僧纲司都是军民通摄、政教合一的机构，其主要职权是“约民管兵”。即不仅统领寺院僧众，还统领所属民户，甚至地方武装，有领兵守关或出征的义务，实际上是领导部族的长官，有的僧司职务就由土司兼任，实行地方性政教合一的统治；三是鉴于上述两个特征，明清统治者不把番僧僧纲司仅仅当作宗教管理机构对待，而是作为地方的土司衙门来使用和管理，并要求定期向皇帝进贡，朝廷对其入贡的时间、人数、贡物，均有明确的规定。

历代中央政府管理藏区宗教事务的最高机构元朝为宣政院，明朝是僧录司，清朝是内务府（包括后来的理藩院）。实施了不同形式的管理制度，例如：元朝的帝师制度，明朝的三大法王世系和五王封授的管理制度，清朝的活佛管理制度等。

第二节　新中国宗教事务管理政策的形成、发展与完善

新中国宗教事务管理政策是中国共产党将马克思主义宗教理论与中国实际相结合，为处理好宗教方面的各种矛盾而制定的方针原则和采取的一系列相关措施规定，是中国共产党、中国政府尊重和保护宗教信仰自由的一项长期的基本政策。这一政策是党在领导中国各族人民进行反帝反封建的新民主主义革命过程中逐渐形成和发展起来的，在社会主义建设时期和改革开放时期逐步完善，最终形成了以依法管理为主要特征的中国特色宗教事务管理体系。

中国特色宗教管理体系的形成和完善主要经历了三个重要阶段，即国内革命战争时期、社会主义建设时期和改革开放的新时期。

国内革命战争时期宗教政策的主要内容和特点是尊重信教自由，也尊重不信教自由，与宗教界结成广泛的统一战线，坚持反帝反封建，实现民族解放和人民民主的原则。

社会主义建设时期，宗教事务的管理作为国家政策的一部分，坚持政教分离原则，在实践中认识宗教存在的长期性，并具有群众性、民族性、国际性和复杂性的特征，认识到宗教问题主要是信仰问题，主要属于人民内部矛盾，对待宗教不能用行政命令的办法，而要按宗教本身的规律依法管理。

党的十一届三中全会以后，随着恢复并全面贯彻宗教信仰自由政策，加快推进社会主义各项建设和改革开放，党中央系统地总结了建国以来党在宗教问题上正反两方面的经验教训。1982 年中共中央颁发了著名的 19 号文件，即《关于我国社会主义时期宗教问题的基本观点和基本政策》，这是新时期宗教工作的纲领性文件，也是政府对宗教事务进行管理的重要依据。

1991 年 2 月，中共中央、国务院根据宗教工作中出现的新情况、新问题，下发了《关于进一步做好宗教工作若干问题的通知》（中发 1991 年 6 号文件），在继续坚持全面、正确贯彻宗教信仰自由政策，保护宗教政策的连续性、稳定性的同时，提出依法加强对宗教事务的管理。从此，依法对宗教事务进行管理成为新时期宗教工作的基本内容。根据这一文件，政府对宗教事务进行管理主要是依照国家有关宗教的法律、法规和政策，依法办事、依法行政。政府宗教事务部门既要对宗教团体和宗教活动场所是否在法律、法规和政策的范围内的活动进行行政管理和监督，也要对公民、法人和其他社会团体是否违反有关宗教的法律、法规和政策，侵犯宗教界合法权益的行为进行行政管理和监督，同时还要对宗教工作部门自身执行有关宗教的法律、法规和政策实行严格自律，并自觉接受宗教界和其他公民、法人的监督。

1994年国务院颁布了《中华人民共和国境内外国人宗教活动管理规定》和《宗教活动场所管理条例》两个单项行政法规，国家宗教局随后又颁布了《宗教团体登记管理实施办法》、《宗教活动场所登记办法》和《宗教活动场所年度检查办法》三个配套的部门规章，为依法管理宗教事务积累了经验，并在理论和实践上进行了新探索，把引导宗教与社会主义社会相协调、相适应作为宗教管理工作的现实任务和未来目标。

我国宗教事务管理的范围可概括为宗教方面涉及国家利益、社会公共利益的关系和行为，以及社会公共活动涉及宗教界权益的关系和行为。这种涉及国家利益、社会公共利益的宗教事务，既包括宗教与社会其他方面发生的各种关系、行为或者活动，也包括社会其他方面涉及宗教的各种关系、行为或者活动，同时也可能涉及宗教的某些内部事务。简而言之，政府依法管理的宗教事务是看它是否涉及国家利益和社会公共利益；涉及国家利益和社会公共利益的程度越深，政府依法管理的力度就越大。

第三节 国家《宗教事务条例》的主要内容

2004年国务院正式颁布了我国第一部宗教事务方面的综合性行政法规《宗教事务条例》，将宗教事务管理工作纳入了规范化、制度化、法制化轨道，标志着我国社会主义法制建设在宗教管理工作中取得了重大成就，宗教工作从过去单纯靠政策指导过渡到政策指导与依法行政、依法管理并行并重的新时代。《宗教事务条例》根据宪法的有关规定和党关于新时期宗教工作的基本方针，以保障公民宗教信仰自由，维护宗教和睦与社会和谐，在宗教领域制止违法、打击非法、保护合法，并规范宗教事务管理为目的，将宗教团体、宗教活动场所和信仰宗教的公民在举行宗教活动、开办宗教院校、出版宗教书刊、管理宗教财产、开展对外交往活动等方面的权利，以法的形式确定下来，并按照依法行政、建设法治政府的要求，规范了政府有关行政管理部门的行政行为。

一、宗教事务的行政管理体制

《宗教事务条例》第一章总则第五条关于“县级以上人民政府宗教事务部门依法对涉及国家利益和社会公共利益的宗教事务进行行政管理，县级以上人民政府其他有关部门在各自职责范围内依法负责有关行政管理工作。”“各级人民政府应当听取宗教团体、宗教活动场所和信教公民的意见，协调宗教事务管理工作”的规定对宗教事务行政执法主体、行政管理体制及其他有关部门的监督管理职责等进行了原则界定。

1. **宗教事务行政执法主体。**行政执法主体，通常又称为“行政权力主体”或“行政处罚主体”，是指依照宪法和有关组织法设定的、享有行政权力、能够独立实施行政行为、承担行政法律责任的机关。根据宪法有关规定，我国的行政执法主体主要是行政机关，即从中央到地方的各级人民政府。此外，一些经法律、法规授权的具有管理公共事务职能的组织也可以在法定授权范围内作为执法主体。县级以上人民政府可以设立若干工作部门，承担某一方面的行政管理职能，独立行使职权并承担责任，能够以自己的名义进行行政管理活动，实施行政行为，能独立承担因实施行政行为而产生的行政法律责任。宗教事务行政执法主体即行政机关是县级以上人民政府宗教事务部门，管理体制是国务院宗教事务部门即国家宗教局，主管全国的宗教事务工作；省（自治区）、市（地、州）、县级地方人民政府宗教事务部门，主管本行政区域内的宗教事务工作。

2. **行政执法的主要形式。**行政执法主要有四种形式：（1）行政许可。行政许可是指行政机关依公民、法人或者其他组织的申请，依法准予其从事某种特定活动而作出的书面的行政处理决定。（2）行政处罚。行政处罚是法律、行政法规定的有权行政机关，依其法定职权和法定程序对违反行政管理秩序的公民、法人或其他组织实施惩戒或制裁的具体行政行为。（3）行政强制。是行政机关根据法律、法规的规定，对违反法律、法规及规章规定或不履行行政机关依法为其设定的特定的行政义务的公民、法人或其他组织所采取的，通过一定的强制手段迫使其遵守行政管理规范、履行法定义务或者实现特定的行政效果的行为。(4) 行政复议。是指公民、法人和其他组织认为行政机关或其他行政主体的具体行政行为侵犯其合法权益，依法向上级行政机关或者法律法规规定的特定机关提出申请，由受理申请的行政机关对原行政行为再次进行审查并作出裁决的行为。

3. **政府其他有关部门对宗教事务的行政管理职责。**除了人民政府宗教事务管理部门为行政执法主体外，根据“县以上人民政府其他有关部门在各自职责范围内依法负责有关的监督管理工作”的规定，人民政府其他有关部门，如民政、土地、房管、文物、公安、财税、新闻出版等行政管理部门要在各自职责范围内依法做好宗教事务的监督管理工作。

4. **人民政府及其宗教事务部门应当接受监督，协调和改进宗教事务管理。**按照宪法和有关法律的规定，广大人民群众对国家机关和国家工作人员享有民主监督权。政府的一切权力都是人民赋予的，必须对人民负责，为人民谋利益，接受人民监督。根据“各级人民政府应当听取宗教团体、宗教活动场所和信教公民的意见，协调宗教事务管理工作”的规定和要求，各级人民政府要认真贯彻群众路线，坚持正确的工作方法，密切联系群众，接受社会各方面，特别是宗教界人士和广大信教群众的监督，倾听他们的批评和建议，改进管理工作。

二、宗教团体的管理

宗教团体是指由信教公民自愿组成，为实现会员的共同意愿，按照国家有关管理规定在民政部门依法登记，并按照经核准的章程开展活动的非营利性社会组织。我国现有中国佛教协会、中国道教协会、中国伊斯兰协会、中国天主教爱国协会、中国天主教主教团、中国基督教三自爱国运动委员会、中国基督教协会等 7 个全国性宗教团体。各省、自治区、直辖市，以及市（地）、县（市）等依法成立的地方性宗教团体。

《宗教事务条例》第六条关于“宗教团体的成立、变更和注销，应当依照《社会团体登记管理条例》的规定办理登记”，“宗教团体章程应当符合《社会团体登记管理条例》的有关规定”，“宗教团体按照章程开展活动，受法律保护”的规定，宗教团体的登记管理制度按照1998年国务院颁布的《社会团体登记管理条例》办理。

1. **宗教团体的基本职能。**宗教团体作为信教公民自愿组成的爱国宗教团体，其职能是协助党和政府贯彻执行宗教信仰自由政策，帮助广大信教群众和宗教界人士不断提高爱国主义、社会主义觉悟，代表宗教界的合法权益，组织正常的宗教活动，办好教务。藏传佛教分布的西藏和川青甘滇等五省区现有5个省级佛教协会，19个地（州、市）佛教协会和若干宗教工作重点县佛教协会，承担着宗教团体的基本职能，在藏传佛教工作中肩负着坚持爱国爱教，维护祖国统一，反对达赖集团分裂活动，积极引导藏传佛教与社会主义社会相适应的光荣任务，在党和政府与信教群众之间发挥桥梁和纽带的作用。

2. **宗教团体的成立、登记制度。**宗教团体的成立、登记、变更和注销的管理，包括申请筹备宗教团体的程序；申请成立登记的程序；变更登记和注销登记手续等，与其他社会团体不同的是，宗教团体申请登记时还需具备以下两个条件：一是有可考证的、符合我国现存宗教历史沿革的、不违背本团体章程的经典、教义和教规；二是组织机构的组成人员有广泛的代表性。如要办理注销登记，登记管理机关要收回《社会团体法人登记证》及印章，并应由登记管理机关予以公告。

3. **宗教团体的行政管理体制。**按照《社会团体登记管理条例》的规定，我国社会团体包括宗教团体的行政管理体制，可概括为“归口登记，双重负责，分级管理”。(1) 归口登记。宗教团体由国务院民政部和县级以上地方各级人民政府民政部门统一登记。(2) 双重负责。社会团体包括宗教团体的管理实行双重负责管理体制，由业务主管单位和登记管理机关分工进行管理。宗教团体经过登记取得合法身份后，大量的日程管理工作由熟悉其业务情况的业务主管单位负责。国务院宗教事务部门和县级以上地方各级人民政府宗教事务部门是全国性宗教团体和地方性宗教团体的业务主管单位，负责团体筹备成立及成立登记、变更登记、注销登记前的审查；监督指导团体遵守宪法、法律、法规和国家政策，依据其章程开展活动；负责团体的年度检查的初审；协助登记管理机关和其他部门查处团体的违法行为，会同有关机关指导团体的清算事宜等。（3）分级管理。宗教团体的管理，按活动区域分级进行登记管理。全国性的宗教团体，由国务院民政部门登记管理；地方性的宗教团体，由所在地人民政府民政部门负责登记管理；登记管理机关、业务主管单位与其管辖的宗教团体的住所不在一地方的，可以委托宗教团体所在地的登记管理机关、业务主管单位负责委托范围内的监督管理工作。

三、宗教活动场所的管理

宗教活动场所是指信教群众集体进行宗教活动的地点。我国政府为贯彻宗教信仰自由政策，非常重视信教群众的具体宗教活动场所的保护和管理，1982 年中央 19 号文件指出："合理安排宗教活动的场所，是落实党的宗教政策，使宗教活动正常化的重要物质条件。"1994 国务院颁布了《宗教活动场所管理条例》，使宗教活动场所的管理逐步走上了法制化、规范化的轨道，同时进一步加强了各级党委、政府对宗教事务工作的领导，锻炼了宗教管理工作干部队伍，积累了依法行政的经验。

《宗教事务条例》第十二条规定："信教公民的集体宗教活动，一般应当在经登记的宗教活动场所（寺院、宫观、清真寺、教堂以及其他固定的宗教活动处所）内进行，由宗教活动场所或者宗教团体组织，由宗教教职人员或者符合本宗教规定的其他人员主持，按照教义教规进行"，并对宗教活动场所的设立、登记、合法权益和基本管理制度等作了原则规定。

1. **筹备设立宗教活动场所的审批程序规定。**包括筹备设立申请；筹备设立申请者、办理有关筹建事项、审批权限的规定等。

2. **宗教活动场所登记的规定。**包括宗教活动场所登记的程序、宗教活动场所登记的管理机关、宗教活动场所应当符合的条件、审批权限等。宗教活动场所的登记管理机关是县级以上人民政府宗教事务部门，今后设立新的宗教活动场所，无论是哪一级宗教事务部门批准的，都应由县级人民政府宗教事务部门登记，遵守宗教活动场所属地管理的原则。

3. **宗教活动场所的管理组织制度。**县级以上人民政府宗教事务管理部门是宗教活动场所的行政主管单位，所在地区佛教协会是宗教活动场所的业务指导和各项管理制度落实的监督者，但宗教活动场所作为具有独立法人的社会组织，有自己的管理机构和管理制度。《宗教事务条例》第十七条规定："宗教活动场所应当成立管理组织，实行民主管理。宗教活动场所管理组织的成员，经民主协商推选，并报该场所登记管理机关备案。"宗教活动场所的民主管理组织制度包括管理组织选举产生程序和办法；管理组织职责，并组织全体成员在当地人民政府宗教事务部门的领导和宗教团体的指导下，制定各项民主管理制度，如学经管理制度、文化学习制度、人员管理制度、财会制度、治安管理制度、消防制度、文物保护制度、卫生防疫制度等等。这里需要强调的是：（1）宗教事务部门是宗教活动场所的行政主管单位和登记管理机关，任何宗教活动场所都应接受宗教事务部门的监督和管理。同时，在某些事项上，宗教活动场所还应当接受人民政府其他部门的监督和管理，如文物保护工作要接受文物部门的监督、指导；土地使用要接受土地部门的监督、指导。（2）人民政府宗教事务部门对宗教活动场所的管理，在性质上属于政府依法行使其行政职权，是一种行政行为，具有强制性。

宗教事务部门依法对宗教活动场所进行保护和管理的同时，宗教活动场所也应有自己的社会义务和政治责任。《宗教事务条例》第二十三条明确规定："宗教活动场所应当防范本场所内发生重大事故或者发生违反宗教禁忌等伤害信教公民宗教感情、破坏民族团结、影响社会稳定的事件"，"发生前款所列事故或者事件时，宗教活动场所应当立即报告所在地县级人民政府宗教事务部门"。

四、宗教教职人员的管理

宗教教职人员是指各宗教专门从事教务活动的信教公民。依法保障宗教教职人员的合法权益，规范对宗教教职人员的管理，是贯彻宗教信仰自由政策的重要方面。

1. **宗教教职人员的管理体制。**宗教教职人员作为国家公民，各级人民政府和人民政府宗教事务部门是行政主管机关，既有服从人民政府依法行政管理、领导和监督的义务，也享有人民政府管理下的社会公共服务的权益。宗教团体是宗教教职人员的业务指导和监督的宗教界自己的爱国团体；宗教活动场所寺院民主管理组织是宗教教职人员最直接的管理机构，宗教教职人员有权参与和监督宗教活动场所民主管理组织制定的各项制度和开展的活动。

2. **宗教教职人员的认定。**《宗教事务条例》第二十七条关于“宗教教职人员经宗教团体认定，报县级以上人民政府宗教事务部门备案，可以从事宗教教务活动”的规定，一是宗教教职人员自愿提出申请，宗教活动场所民主管理组织等审查符合条件的，要经宗教团体认定，办全相关手续，领取《宗教教职人员证书》。未经认定，就不具备宗教教职人员身份，不能以宗教教职人员身份从事教务活动。国家尊重并认可各宗教团体认定宗教教职人员的合法性。其他任何组织和个人都不得认定宗教教职人员。二是宗教团体认定的宗教教职人员，报县级以上人民政府宗教事务部门备案后，方可从事宗教教务活动。未经备案，也不能从事宗教教务活动。备案制度采取分级备案原则：全国性宗教团体认定的宗教教职人员，应向国家宗教事务局备案；省、自治区、直辖市宗教团体认定的宗教教职人员，应向省级人民政府宗教事务部门备案；地（州、市）宗教团体认定的宗教教职人员，应向所在地设区的市级人民政府宗教事务部门备案。

3. **关于藏传佛教活佛传承继位的审批制度。**《宗教事务条例》第二十七条第二款“藏传佛教活佛传承继位，在佛教团体的指导下，依照宗教仪轨和历史定制办理，报设区的市级以上人民政府宗教事务部门或者设区的市级以上人民政府批准。”为了尊重藏传佛教活佛转世传承方式，规范活佛转世事务，保障藏传佛教宗教活动的正常开展，藏传佛教活佛传承继位，依照宗教仪轨和历史定制，在佛教团体的指导下，宗教活动场所民主管理组织在广泛征求本寺庙僧人及信教群众意见的基础上，向人民政府申请传承继位。其具体申请报批程序是：由被转世活佛僧籍所在地宗教活动场所（寺庙）民主管理组织或所在地佛教团体向当地县一级人民政府宗教事务部门提出转世的申请。经县级人民政府宗教事务部门审查同意，政府宗教事务部门逐级上报，由省、自治区人民政府批准，有重大影响的报国务院批准。

活佛影响大小由全国性佛教团体认定，报国务院宗教事务部门批准。

转世活佛继位后，其僧籍所在地宗教活动场所（寺庙）民主管理组织必须制定培养计划、推荐经师人选，经当地佛教团体审核，报省、自治区宗教事务部门审批。违反政府有关活佛传承继位审批法规，擅自办理活佛转世事宜的，由宗教事务部门依照《宗教事务条例》的规定，对责任人和责任单位予以行政处罚。

五、宗教财产的管理

《宗教事务条例》第三十条规定：“宗教团体、宗教活动场所合法使用的土地，合法所有或者使用的房屋、建筑物、设施，以及其他合法财产、收益，受法律保护”，“任何组织或个人不得侵占、哄抢、私分、损毁或者非法查封、扣押、冻结、没收、处分宗教团体、宗教活动场所的合法财产，不得损毁宗教团体、宗教活动场所占有、使用的文物。”

宗教财产是指宗教团体、宗教活动场所依法所有或管理、使用的房屋、建筑物、土地（含山林、草场等）、文物、宗教用品、各类设施及宗教性收入（如信徒布施、诵经费、香客住宿费等）、门票收入、政府资助资金以及其他收入（含房屋租金收入、存款利息等）和所办企事业的合法资产、收入等。这些财产的管理、使用和继承严格受国家有关法律的保护。同时，第三十一条规定："宗教团体、宗教活动场所所有的房屋和使用的土地，应当依法向县级以上地方人民政府房产、土地管理部门申请登记，领取所有权、使用权证书；产权变更的，应当及时办理变更手续。土地管理部门在确定和变更宗教团体或者宗教活动场所土地使用权时，应当征求本级人民政府宗教事务部门的意见。"

宗教团体、宗教活动场所可以依法兴办以自养事业为目的的公益事业及企业等，但必须遵守国家的有关规定，如属长期性质，并设有机构的，应到有关部门依法办理各项审批注册手续。宗教团体和宗教活动场所应当加强内部管理，依照法律、法规和国家有关规定建立健全财务、会计管理制度，以贯彻好第三十六条关于"宗教团体、宗教活动场所应当执行国家的财务、会计、税收管理制度，依照国家有关税收的规定享受税收减免优惠。宗教团体、宗教活动场所应当向所在地的县级以上人民政府宗教事务部门报告财务收支情况和接受、使用捐赠情况，并以适当方式向信教群众公布"的规定。

2006 年 11 月召开的全国藏传佛教工作座谈会指出，要提高对藏传佛教事务依法管理的水平。要求有关省区认真研究在改革开放新形势下加强对宗教事务管理的新方法、新措施，把寺庙和宗教人员纳入基层社会公共管理体系和服务范围。按照"十一五"规划纲要和建设社会主义新农村的要求，把解决寺庙通路、通电、通水的问题纳入规划，一并解决；广电部门要把报刊、广播、电视送进寺庙纳入工作计划；劳动和社会保障、民政部门要把无依无靠、老弱病残在寺僧尼纳入社会救济、低保范围给予考虑解决。贯彻以寺养寺的原则，对寺庙的生产经营活动，要通过财务、税收、审计等方式加强管理和规范，并防止寺庙封建特权在经济领域抬头。引导寺庙积极参加社会公益事业。采取适当措施，帮助一些比较困难的中、小寺庙提高自养能力，改善僧尼生活，减轻信教群众和僧尼家庭的经济负担，使宗教教职人员感受到党和政府的关怀，感受到社会主义制度的温暖。

学习思考题

1. 制定《宗教事务条例》的重要意义是什么?
2. 为什么说依法管理宗教事务是对宗教信仰的尊重和保护?
3. 《宗教事务条例》第二十七条对藏传佛教活佛转世传承继位有哪些规定?

第四章

坚持独立自主自办，抵御境外利用宗教进行的渗透

21世纪，我们面对的是经济全球化、政治多极化、文明多样化的国际形势，改革不断走向深入、对外开放不断扩大的国内形势。这种形势也推动了我国宗教界对外友好交往的日益发展。但与此同时，境外敌对势力也在加紧利用宗教对我国进行渗透。我国在这方面的宗教政策，是坚持独立自主自办原则，既要积极开展宗教方面的国际友好往来，又要坚决抵制境外利用宗教进行的渗透活动。

第一节　独立自主自办原则的含义

我国宗教实行独立自主自办的原则，这一原则是国家主权在宗教事务上的具体体现。由于我国一贯奉行独立自主的和平外交政策，这一原则也服从、服务于党和国家独立自主的和平外交政策，也是我国外交政策在宗教领域的具体体现。我国宪法第三十六条明确规定："宗教团体和宗教事务不受外国势力的支配"。1994年国务院颁布了《关于中华人民共和国境内外国人宗教活动管理规定》和《关于宗教活动场所管理条例》，2000年国家宗教事务管理局颁布了《中华人民共和国境内外国人宗教活动管理规定实施细则》，2004年颁布了《宗教事务条例》等，这一系列有关宗教的法规，以及党、国家和地方召开的一系列有关宗教的工作会议，都对独立自主自办原则进行了全面阐述和进一步规定。

所谓独立自主自办原则是指我国的宗教事务由中国各宗教团体、教职人员和信教群众自主处理，中国的宗教事务和宗教团体不受外国势力支配。这是我国各宗教团体都必须遵守的原则。我国宗教独立自主自办

原则的实质是：中国的宗教事务由中国人民自己处理，不受外国势力的支配。其基本原则是：绝不允许任何境外宗教势力重新控制我国的宗教，绝不允许任何境外宗教团体和个人干预我国宗教事务，绝不允许任何境外宗教组织用任何方式在我国传教。

关于独立自主自办原则，我国的一系列法律、法规对此都有进一步的相应条文规定，主要有：

1. **中国保护在中国境内的外国人的宗教信仰自由。**中华人民共和国尊重在中国境内的外国人的宗教信仰自由，依法保护和管理境内外国人的宗教活动，依法保护境内外国人在宗教方面同中国宗教界进行的友好往来和文化交流活动。

2. **外国人在中国境内进行宗教活动，应当遵守中国的法律、法规。**外国人不得干涉中国宗教社会团体、宗教活动场所的设立和变更，不得干涉中国宗教团体对宗教教职人员的选任和变更，不得干涉和支配中国宗教社会团体的其他内部事务。外国人在中国境内不得以任何名义或形式成立宗教组织、设立宗教办事机构、设立宗教活动场所或开办宗教院校、举办宗教培训班。外国人在中国境内不得在公民中委任宗教教职人员，发展教徒，擅自在宗教活动场所讲经布道，也不得制作、销售、散发宗教宣传品等。

3. **关于接受境内外组织和个人捐赠的问题。**对于接受境外组织和个人捐赠的有关规定，其主要精神是：任何国家机关、社会团体、企事业单位和个人不得以任何方式向境外宗教组织索要财物，不得接受境外宗教组织提供的办教经费和津贴。但境外宗教组织和个人给我国宗教团体、寺观教堂的捐赠，只要不附带政治和宗教条件，不干涉我国宗教事务，原则上是可以接受的。对于大宗的捐赠要履行一定的审批手续。接受的境外捐赠由我国宗教团体自主支配使用，并要接受政府宗教事务部门的监督。对于境外捐赠的宗教书刊及音像制品，坚持以我为主的原则，根据实际需要，有选择地接受，由各省、自治区、直辖市宗教事务部门或全国性宗教团体报国家宗教事务局审批。受赠者凭国家宗教事务局的批件办理海关手续。

4. **关于选派和接收宗教留学人员的问题。**我国有关法律法规规定，外国组织或个人向中国提供的以培养宗教教职人员为目的的出国留学人员名额或资金，由中国全国性宗教社会团体根据需要接收并统筹选派出国留学人员。外国组织或个人不得在中国境内擅自招收以培养宗教教职人员为目的的出国留学人员。外国人到中国宗教院校留学，须符合我国《高等学校接受外国留学生管理规定》的有关规定，并经全国性宗教社会团体批准，向国家宗教事务局备案。

第二节 独立自主自办原则是中国宗教实践发展的必然结果

中国宗教实行独立自主自办的方针，是中国人民在反抗殖民主义、帝国主义侵略和奴役的斗争中，由中国宗教信徒自主作出的历史性选择，是中国宗教实践发展的必然结果。

一、在旧中国，一些宗教掌握在外国人手中，这是一种极不正常的现象

中国近代曾长期遭受帝国主义侵略和掠夺，有的宗教曾一度被帝国主义控制和利用。1840 年鸦片战争后，帝国主义列强用坚船利炮轰开了中国的大门，中国开始一步一步沦为半封建半殖民地社会。伴随着帝国主义列强的入侵，西方天主教、基督教也大规模传入中国。外国人操纵、控制了中国教会，中国籍神职、教牧人员和广大教徒处于无权地位，中国教会变成西方修会、差会的附庸。例如，20 世纪 40 年代，中国天主教 20 个总主教中，外国籍占 17 人，中国籍仅 3 人；在 143 个教区中，外国籍主教有 110 多人，中国籍主教只有 20 余人。在西方列强践踏中华大地的过程中，基督教和天主教被殖民主义、帝国主义利用，不仅成为帝国主义侵略中国、干涉中国事务的工具，也成为控制和压迫中国天主教、基督教徒的精神工具。传教士何德兰在其回忆录中写道：

"如果有人问我，为美国钢铁联合企业、美孚石油、鲍德温机车厂……做宣传的最好办法是什么？我会告诉他们，赞助一两个或者十几个传教活动中心，一所教育机构，一家医院，一个诊所，或者一百个本地传教士或者教师。得到你们帮助的每一个人都会有意识或者无意识地成为你们的产品推销员。"他们就是用这种办法达到他们对中国的政治、经济、文化的侵略和掠夺的。

一些传教士在其中扮演了很不光彩的角色。例如：参与贩卖鸦片和策划 1840 年英国侵略中国的鸦片战争。19 世纪，英国基督教传教士马礼逊和德国传教士郭实腊在东印度公司任职期间，参与向中国贩卖鸦片。一些传教士还竭力主张西方列强用武力强迫清政府开放沿海口岸，并直接参与英国侵略中国的军事活动。

参与 1900 年八国联军的侵华战争。一批传教士充当了联军的向导、翻译、情报官等，参与屠杀平民、掠夺钱财。美国著名作家马克·吐温说，传教士"从贫困的中国农民身上榨取 13 倍的罚款，因此让他们、他们的妻子和无辜的孩子们势必慢慢地饿死，而可以把这样获得的杀人代价用于传播福音"。

以"教案"为借口强化西方国家在中国的统治。由于一些西方传教士凭借不平等条约，为非作歹，激起民愤，引发中国民众与西方传教士的冲突与纠纷，称为"教案"。从 1840 年至 1900 年，中国各地共发生"教案"400 余起。西方国家借口"教案"，向中国政府施加军事或政治压力，提出种种无理要求，强迫赔款，捕杀无辜，甚至以此为口实发动侵略战争。其中，仅 1870 年"天津教案"，西方列强就强迫清朝官府处死中国民众 20 人，流放 25 人。

期间，一些传教士还参与策划、起草了中英《南京条约》（1842 年）、中美《望厦条约》（1844 年）、中美和中法《天津条约》（1858 年）、中法《北京条约》（1860 年）等对华一系列不平等条约。

二、新中国成立后，中国各宗教获得了新生，走上了独立自主自办道路

任何宗教的命运总是与国家的命运紧密相连的。按照各国通例，一个主权国家的宗教事业，理应由本国宗教教徒自办。所以早在20世纪初，中国爱国爱教的基督教和天主教的有识之士，就提出了中国教会自立自治的口号，成立了一些自立组织，为实现中国教会独立自主自办而抗争。但是，由于中国处在半封建半殖民地社会，这种自立自治愿望是不可能实现的。直到新中国成立以后，国家赢得独立，民族得到解放，为中国宗教的独立自办提供了历史机遇和现实基础，中国基督教、天主教才分别先后展开了三自革新运动和反帝爱国运动，明确割断了与外国教会的依附关系，宗教事务不再受外国势力的支配，教会的领导权掌握在中国教会自己手中。

1950年7月，吴耀宗先生等基督教宗派40位领袖经过反复讨论和修改，联名发表了《中国基督教在新中国建设中努力的途径》的“三自宣言”，表明了中国基督徒拥护新中国，摆脱帝国主义势力控制，实现中国教会自治、自养、自传。自此，中国基督教走上了“三自”道路。

1950年11月，四川广元县500多名天主教徒发表了“天主教自立革新运动宣言”，主张割断与帝国主义者各方面的关系，建立自治、自传、自养的新教会。这一宣言得到全国天主教神长教友的响应。尽管梵蒂冈一再采取敌视新中国的政治行动，中国天主教后来仍对梵蒂冈作出友好姿态，然而梵蒂冈以“超级绝罚”相威胁，极大地伤害了中国天主教徒的感情，中国天主教从此坚定地走上了自选自圣主教、独立自主自办教会的道路。在信仰上，中国天主教与世界各地的天主教是一致的；在教会管理上，一切内部事务均由中国天主教教会自主决定。

基督教、天主教开展了自我革新和反帝爱国运动，彻底摆脱了帝国主义势力的控制，实现了独立自主自办教会，实现了自治、自养、自传，使天主教、基督教彻底改变了殖民地教会的状况，由帝国主义利用和控制的工具变为中国教职人员和教徒自办的宗教事业；中国的佛教、道教和伊斯兰教也彻底摆脱了封建势力的束缚和国内外反动统治阶级的控制，特别是通过一系列民主改革，发生了根本变化。独立自主自办原则，不是只对我国某一宗教的要求，而是我国所有宗教应遵守的普遍原则。因此，藏传佛教在展开自身的宗教活动与自身建设的同时，也要坚持这一原则。

三、这一原则为世界许多国家的宗教组织和人士理解与支持

几十年来，我国各宗教坚持独立自主自办的原则，并取得了巨大成就。例如，基督教、天主教坚持独立自主自办方针，得到了广大信教群众的认同和支持，也使教会和宗教活动得到健康发展。目前，中国基督教信徒总数是1949年的14倍；中国天主教的115个教区，均由中国主教或教区长主持教会工作；1991年2月，中国基督教协会正式加入“世界基督教教会联合会”；中国天主教还先后派代表出席了“第五届宗教与和平国际会议”和“世界天主教青年大会”等一些国际宗教会议。近年来，中国教会向国外选派了相当数量的留学生，并聘请外国教师和学者到国内的神学院校讲学。中国佛教、道教和伊斯兰教取得的成就也为人瞩目。

中国的宗教独立自主自办符合国际惯例，因此得到了世界许多国家宗教组织和人士的理解与支持。中国宗教组织同世界不少国家的宗教组织和人士进行了广泛接触和友好往来，特别是改革开放以来这种交往日趋频繁和深入，中国佛教协会、中国道教协会、中国伊斯兰教协会，以及中国基督教、中国天主教方面都走出中国、走向世界，取得了可喜的成绩，中国独立自主自办原则正越来越多地得到国际友好人士和宗教徒的理解和赞赏。

第三节　自觉抵御境外利用宗教进行的渗透

境外敌对势力一直把利用宗教进行政治渗透作为他们遏制或颠覆社会主义国家和他们不喜欢的国家的重要手段，来推行他们的和平演变战略，这实质上是一个政治问题，而不纯粹是宗教问题。作为藏传佛教僧尼，对此要有清醒的认识。抵御渗透的途径有两种，一方面要外练本领，要积极正确地展开宗教方面的交往，越是扩大开放，越是要抵御渗透；另一方面要内强素质，强基固本，加强自身建设。

一、境外利用宗教进行渗透的目的、性质和方式

境外势力利用宗教进行渗透是指境外团体、组织和个人利用宗教，以颠覆中华人民共和国政权和社会主义制度、破坏祖国统一为目标的政治活动和宣传，以控制我国宗教团体和宗教事务为目标的活动和宣传，以及在我国境内非法建立和发展宗教组织和活动据点，而不是指宗教方面的友好往来。这种渗透是以宗教的名义进行的政治活动，实质上是政治渗透，而不是宗教渗透。

渗透活动的方式是多种多样的，目前主要有：境外敌对势力在我国周边地区设立广播电台，进行空中传播宗教；利用互联网、电子音像制品等高科技手段进行传教；利用各种渠道，向我国境内偷运他们的宗教宣传品；利用来我国旅游、探亲、经商、讲学等机会，进行传教活动；在我国出国打工、留学人员中进行传教布道；在我国境内非法建立和发展宗教组织，设立宗教活动点进行非法传教；直接插手我国宗教事务，发展教徒，委派人员，组织机构，培植地下势力，分化瓦解我国宗教界爱国力量等等。敌对势力往往背后操纵，或者通过宗教的方式、经济的手段发指令、送金钱，或直接出面，借口民族、宗教问题挑起争端，诉诸武力，大打出手，与党和政府对抗，以达到其政治目的。

概括起来，境外利用宗教进行渗透主要有以下三种情况：一是打着宗教旗号，企图颠覆我国政权和社会主义制度的不法活动。近些年来，西方一些国家一直在打宗教牌，企图通过利用宗教进行渗透达到他们对社会主义国家和平演变的目的。二是利用宗教活动从事民族分裂，破坏我国统一、领土完整，企图实现政教合一，用宗教干涉我国的政治、经济、文化和其他方面的图谋。在一些西方反华势力的支持和怂恿下，达赖集团对我国西藏和其他藏区利用宗教进行渗透，散布分裂主义思想，企图搞“西藏独立”，就属于这种情况。三是企图控制我国的宗教团体

和干涉我国的宗教事务，重新控制我国的宗教。新中国成立后，宗教走上独立自主自办道路后，一些境外势力不甘心失败，试图重新控制我国的宗教。他们分化我国宗教界的爱国力量，在我国境内建立宗教组织和活动据点，进而发展教徒，扩大影响，从事非法活动与党和政府相对抗，破坏社会稳定。当然，以上相互交叉的情况也时有存在。

二、积极正确地展开宗教方面的对外友好交往，抵御渗透

随着我国改革不断深入，开放范围不断扩大，境外势力利用宗教进行的渗透不断蔓延，而且活动加剧，渗透的手段、方式、渠道越来越多样化。在一定程度上可以说，凡对外交往、对外开放之处就可能有渗透，开放的程度越高，渗透的范围就越广。但是我们不能因国外敌对势力利用宗教对我进行渗透，就自我封闭起来，不进行对外友好交往。

事实上，宗教的对外交往在中外文化交流史上占有重要地位。我国的佛教、伊斯兰教、天主教和基督教，都是从国外传入的，在长期的历史发展中，与中华民族的传统文化相互碰撞、相互融合，对中国社会各方面产生了积极而深远的影响。

新中国成立后，我国政府也一直鼓励和支持宗教界发展对外友好交往，一方面要请进来，另一方面要走出去。1956 年 5 月，周恩来总理在接见外国伊斯兰教代表团时说："我们已经请了埃及的教师来讲课，埃及是伊斯兰教研究经学的权威地方。今后我们的事业发展了，别的国家愿来和我们交换教师、学生，我们也愿考虑。"他还说："我们的邻居不仅有伊斯兰教的国家，还有很多信仰佛教的国家，他们的代表团来访问我国，对于我们的工作也是一种推动，会推动信仰佛教的少数民族地区的工作发展。"就佛教而言，中国佛教协会会长赵朴初先生鉴于中日韩佛教界友好交往的历史，指出中、韩、日三国佛教的联系是一个"黄金纽带"，1995 年 5 月，在北京召开了首届三国佛教友好交流大会，极大地推进了中日韩三国人民之间的友谊与合作。1994 年，佛指舍利赴泰国旬里，泰国国王亲自前往朝拜，并主持佛指舍利在泰国供奉开光典礼，泰国王室成员、政府官员、佛教界高僧大德、华人社团领导人以及僧俗群众278万人前往朝拜，盛况空前。这不仅反映了佛教在泰国的地位，更充分体现了泰国僧俗群众对中国人民的深情厚谊。

通过这种对外交往，不仅更为直接地宣传了我国的宗教信仰自由政策，而且促进和增强了我国人民同世界各国人民的相互了解和友谊，为更好地争取一个和平的国际环境，引进资金、技术和发展经济，实现我国社会主义现代化和全面建设小康社会，发挥了重要作用。

同时应该看到，渗透常常伴随着对外交往，伴随着扩大开放而来。但独立自主自办，不是消极地闭关自守；越是扩大开放，越是要抵御渗透。我们抵御渗透的任务是全方位的，需要我们长期坚持不懈地努力防范。在对外交流中要十分警惕，依法抵御境外敌对势力进行的渗透活动，注意自觉维护国家主权的完整，维护民族的团结。牢记政治、经济、文化交流活动与宗教相分离的原则，即所有上述活动都不能附带任何宗教方面的条件。在与境外宗教组织和有宗教背景的组织进行交流与合作时，事先必须征得有关宗教部门的同意。

三、加强自身建设，抵御渗透

加强自身建设，这是一项“强基固本”的工作。江泽民同志对宗教团体领导人指出：“我国各爱国宗教团体应当教育自己的教职人员和信教群众，经常保持警惕，自觉地抵制这种渗透。要看到，这种渗透的结果，首先和直接受害者是宗教团体本身”。因此，在抵御渗透的工作中，首先要加强宗教团体的自身建设。

在藏传佛教中，就团体而言，要加强宗教团体的思想建设和组织建设，加强爱国宗教团体和宗教教职人员队伍建设，增强自养能力，形成藏传佛教内部良好的运转机制，并形成与社会之间良好的互动关系。就个人而言，作为藏传佛教僧尼，要积极参与到这种自身建设中来，用智慧和努力走一条爱国之路。在理论上，要善于学习，要明辨是非，具有正知正见。认识到坚持独立自主自办原则，是同维护国家主权的完整联系在一起的。没有一个独立的主权国家，当然谈不上宗教的独立自主自办；而如果自己信仰的宗教要受境外势力的支配，也是一个主权国家和这个国家的人民所不能接受的。同时要认清十四世达赖在政治上分裂祖国、分裂民族的反动性。在实践中，要善于思考，具有正语正行，不盲从、不随波逐流，自觉抵制境外谣言和邪说的蛊惑。在思想上，理解爱国就是爱社会主义社会，以极大的民族自尊心和责任感，从思想上筑起抵制境外进行渗透的防线。使自己在新世纪能够成为党和国家提倡的、人民群众需要的政治上靠得住、学识上有造诣、品德上能服众的优秀藏传佛教僧尼，为民族团结、祖国昌盛担负起自己应尽的责任，贡献自己的一份力量。

学习思考题

1. 请谈谈独立自主自办原则、境外利用宗教进行渗透这两个概念的含义。
2. 为什么说独立自主自办原则是中国宗教实践发展的必然结果？
3. 如何抵御境外利用宗教进行的渗透？

第五章

积极引导藏传佛教与社会主义社会相适应

如何处理宗教与社会主义社会之间的关系，长期以来，一直是中国共产党和政府、宗教界以及学术界等社会各方面共同关心的问题。1993年，党和国家正式提出了积极引导宗教与社会主义社会相适应的科学论断，这一论断正确地解决了这个问题。2006年11月，中央召开藏传佛教工作座谈会，继续强调要积极引导藏传佛教与社会主义社会相适应，最大限度地团结、引导藏传佛教信教群众和宗教人士，共同建设和谐社会。这不但符合全国人民的利益和要求，也符合藏传佛教以及藏传佛教僧尼和信众的利益和要求。为了藏传佛教自身的生存和发展，为了国家利益、社会和谐，作为藏传佛教僧尼，有责任促进藏传佛教与社会主义社会相适应。

第一节　宗教与社会主义社会相适应的含义

“相适应”，意指相协调、相和谐、不冲突。2001年的全国宗教工作会议，党和政府对“积极引导宗教与社会主义社会相适应”的内容作了概括：“积极引导宗教与社会主义社会相适应，不是要求宗教界人士和信教群众放弃宗教信仰，而是要求他们热爱祖国，拥护社会主义制度，拥护共产党的领导，遵守国家的法律、法规和方针政策；要求他们从事的宗教活动要服从和服务于国家的最高利益和民族的整体利益；支持他们努力对宗教教义作出符合社会进步要求的阐释；支持他们与各族人民一道反对一切利用宗教进行的危害社会主义祖国和人民利益的非法活动，为民族团结和祖国统一多作贡献。”

由此，“宗教与社会主义社会相适应”的含义可以进一步概括为两个层次：第一，“相适应”的一般要求是遵纪守法。遵纪守法，就是宗教活动不得违反国家的法律、法规和方针政策。为什么称遵纪守法是“相适应”的一般要求？不是由于宗教信仰者信仰宗教才必须遵纪守法，而是因为生活在这个国家、这个社会中的所有人都要遵纪守法。遵纪守法不仅是对宗教界的要求，也是对国家所有公民和团体最起码、最基本的要求，是对全社会共同的、普遍的、一般的要求。第二，“相适应”的更高要求是深层次的适应。这是针对宗教界的个性而产生的具体要求，是指宗教界在遵纪守法的基础上，利用自身的特点和优势，发挥宗教中的积极因素促进社会和谐、民族团结、祖国统一。例如，“支持他们（指宗教界）努力对宗教教义作出符合社会进步要求的阐释”就属于对“相适应”的更高要求。

以上两个层次的含义，不仅是党和政府对宗教界提出的要求，更应成为宗教界对自身的要求和在社会生活中的行动方向。

关于“相适应”的内涵，需要注意几个问题。其一，相适应有一个基本前提。有的宗教界朋友听到这个问题有些担心，担心相适应是不是把宗教信仰者的信仰搞掉了，不让信仰宗教了。这种疑虑是不必要的。“相适应”并不要求宗教信徒放弃有神论的思想，放弃自己的宗教信仰，这是一个基本前提。可以说，“相适应”不是不允许宗教存在，而是使宗教以一种更好的方式，以更有利于宗教、有利于国家、有利于社会的方式长期存在。其二，概念的使用。这个问题是指引导宗教与“社会主义社会”相适应，而不是与“社会主义”相适应。这两者是有区别的。社会主义社会主要是指一种社会制度，而社会主义除了作为一种社会制度以外，同时还是一种思想体系，亦即科学社会主义的思想体系。这种思想体系从世界观的角度上看，与宗教是有差异的。如果一般的讲与“社会主义”相适应，会导致不仅要求宗教与特定的社会制度相适应，同时要求其与科学社会主义世界观（包括无神论）相适应，这后一层要求，对宗教界人士和广大信教群众显然是不合适的，也不符合党的宗教信仰自由政策。所以，积极引导宗教与社会主义社会相适应是要求宗教与其生存于其中的社会主义“社会”相适应，而不是要求它接受社会主义“思想体系”中的唯物主义和无神论思想。

其三，相适应，有主次之分。虽然“相适应”具有双方互相配合的内容，但不是不分主次的相互作用，而是有主次之分。宗教与社会的关系是部分与整体、局部与全局的关系，是思想上层建筑与经济基础、与政治上层建筑、与社会其他方面的关系。所以，“相适应”就其主要方面来说，是指宗教要适应社会发展的要求。“相”，当然是双方的，是互动的。党和国家尊重宗教自身存在和发展的规律，按规律办事，就会对宗教本身产生积极影响和作用。同时，社会本身不是一成不变的，而是处于不断的发展变化之中。因此，“相适应”是一个没有止境的长期的过程。

其四，党和国家在这个过程中起主导作用。在我国的社会政治生活中，党和政府是社会各个层面、各个方面的领导者、管理者，那么当然也是相适应过程的主导者、管理者。相适应有三个方面的主体：党和国家——宗教教职人员——信教群众。就前两者来说，党和国家是矛盾的主要方面，是引导者；宗教界是矛盾的次要方面，是被引导者。但是宗教教职人员对于广大信教群众来说，则又成为引导者，团结和引领广大信教群众，共同投入与社会主义社会相适应的实践中去。

第二节　宗教与它所处社会相适应的必然性

宗教必须与它所处的社会相适应，这是客观历史规律，具有必然性。之所以说这是客观规律，是因为不管任何个人主观上喜欢不喜欢、愿意不愿意，从历史的发展来看，宗教都必须要和它所在的社会和谐相处。宗教之于社会，如同万物之于自然。如果说，在自然界中，季节是万物的气候；那么在人类社会中，社会（社会制度）就是宗教的气候。

万物随季节的变化而变化，春天萌生，夏天生长，秋天成熟，冬天隐藏。宗教和社会的关系也是这样，宗教需随社会状况的不同来调整自己。在每一个社会，宗教都要根据所处的社会进行变化，采取适合自己生存的方式，来适应不同的社会环境。

古往今来，人类历史上曾产生过无数个大大小小的宗教。许多宗教曾经存在一时，却渐渐衰弱或被历史所淘汰，而一些宗教不仅能够生存下来而且能够日益发展，其中一个重要原因，就是这些宗教能够不断地调整自己、革新自己，适应不同的时代、不同的社会。如果宗教墨守成规，适应不了不同社会的变化和要求，经受不了不同社会的考验，那么很难在历史上延续下来。宗教为什么，又如何与它所处的社会相适应呢？具体说来，这种“相适应”遵循并体现着以下三个规律：

1. **宗教适应社会经济基础发展变化的规律。**宗教与经济基础同属于社会形态的组成部分。社会形态可以分为三个层次：生产力、生产关系（经济基础）、上层建筑，生产力是人们征服自然和改造自然的能力，它体现的是人与自然之间的关系；生产关系是人们在社会生产过程中结成的经济关系，是物质资料生产借以实现的社会形式，是一切社会关系中最基本的关系，它体现的是人与人之间的关系；经济基础是指同生产力的一定发展阶段相联系的占统治地位的生产关系各方面的总和；上层建筑是指建立在一定社会经济基础上的社会意识形态以及与它相适应的政治、法律制度和设施，它体现的是人与社会的关系。上层建筑可分为政治上层建筑和思想上层建筑。在阶级社会中，政治上层建筑是指人们在一定经济基础上建立起来的政治、法律制度以及建立的军队、警察、法庭、监狱、政府部门、党派等国家机器和政治组织；思想上层建筑是指社会意识形态，包括政治思想、法律思想、道德、艺术、哲学、宗教等等。经济基础决定上层建筑。宗教属于思想上层建筑，因此，宗教一定会受到社会经济基础的影响，并适应经济基础的发展变化，这是历史发展的客观规律。

2. **宗教随着社会形态发展变化而变化的规律。**社会形态，从最一般的意义上讲，是指社会的基本类型。它是以经济关系所赖以存在的生产力为根据，以及以这种经济关系为基础的政治的和思想的上层建筑来进行区分的。人类社会可分为原始社会、奴隶社会、封建社会、资本主义社会、社会主义和共产主义社会等基本形态。

宗教是社会的一部分，是社会形态的组成部分。部分要服从整体，宗教要服从整个社会。部分只有和整体相协调，才能发挥作用；离开了整体，部分的作用也就丧失了。例如胳膊是我们人体的组成部分，胳膊作用的发挥就要服从整个身体。如果它和整体不和谐，后果将是很荒谬的。宗教和社会的关系也是这样，宗教的根基在社会、在人。宗教只有服从社会、适应社会，才能更好地发挥作用，才能体现出自身的信仰、文化等价值。

历史事实表明，同一种宗教可以适应不同的社会形态。基督教在其发展的近两千年的历史中，经历了奴隶社会、封建社会、资本主义社会、社会主义社会等几个阶段；伊斯兰教在中国也经历了封建社会、半封建半殖民地社会、社会主义社会等几个阶段。这说明一种宗教不仅能够适应某一特定的社会，而且能够适应不同的社会发展阶段。在不同时代，宗教只要沿着正确的方向，不断地进行自身的调整和改革，就能够使自身充满活力、健康地发展。藏传佛教在历史上经历了封建农奴制社会，经过民主改革，在党和政府的领导下，通过藏传佛教自身和社会各方面的共同努力，不断调整，也走上了与社会主义社会相适应的发展道路。

3. **宗教在政治影响下存在和发展的规律。**上层建筑分为政治上层建筑和思想上层建筑，它们之间是相互依存、共同发展的。政治上层建筑是在一定的思想、观点的指导下建立起来的，而政治、法律制度和设施一旦建立，又成为一种既定的力量强烈地影响着人们的思想观念。政治上层建筑在上层建筑中处于主导地位。宗教属于思想上层建筑，政治属于政治上层建筑。因此，宗教必定要在政治的影响下存在和发展。

例如，在旧西藏封建农奴制社会，寺庙中存在着宗教封建特权和压迫剥削制度，寺庙上层和普通僧尼的地位是不平等的，寺庙的事情都由少数上层僧侣决定，广大贫苦僧尼无权参与。实行民主改革以后，推翻了封建农奴制度，建立了社会主义民主制度。在寺庙中，废除了宗教封建特权和压迫剥削制度。与这种社会变革相适应，寺庙的管理制度和组织形式也发生了变化，建立了寺庙民主管理组织。这种组织有的地方叫民管会，有的地方叫寺管会，有的地方叫管委会，不管名称如何，实质都是建立了寺庙的民主管理组织和制度。尽管有些地方这种民主管理的组织和制度还不够完善，但是应该认识到这是一个历史性的进步，是宗教在政治影响下存在和发展规律的具体体现。

适应所处的社会，对宗教自身是有益的；否则，就会对宗教自身的生存和发展造成不良影响，甚至可能面临被这个社会淘汰的危险。例如中国素有祭祖的风俗，但在清朝的时候，天主教传到中国，不允许中国的天主教徒祭祖。于是清朝康熙皇帝下令：以后不许西洋人在中国传教了。于是形成了“百年禁教”的局面。这个例子说明如果宗教采取了与当时社会政治不适应、甚至相冲突的方式，对宗教本身的生存和发展是极为不利的。

有僧尼讲，我闭关修炼，不是就脱离社会了吗？事实上，闭关之身、之心本身就是社会的产物，而且，闭关之后还要出关，出关才能普度众生。而普度众生才是佛教的，也是藏传佛教的真精神。所以，宗教一定要和它所处的社会相适应，才能获得生存和发展，古今中外，概莫能外。

第三节　从我做起，积极走与社会主义社会相适应的道路

当前，我国各大宗教已经具备了与社会主义社会相适应的现实基础。在政治上，社会主义制度的建立，建设有中国特色社会主义，符合包括信教群众在内的广大人民群众的根本利益，也得到广大人民群众的

积极拥护，这是“相适应”已经具备的政治基础。在法律政策上，我国把宗教信仰自由列入宪法，《宗教事务条例》等一系列有关宗教法规、政策的颁布，以及党和国家提出了处理与宗教界人士关系的基本原则，即“政治上团结合作，信仰上相互尊重”，这些都为宗教与社会主义社会相适应提供了法律政策基础。在实践中，50多年来，我国各大宗教都为如何适应社会主义社会进行了有益的探索和实践。例如，新中国成立后，我国宗教进行了一系列改革，天主教、基督教割断了同外国教会的政治、经济联系，使中国的天主教、基督教成为中国教徒自办的事业；佛教、道教和伊斯兰教废除了宗教封建特权和宗教压迫剥削制度，这些都为与社会主义社会相适应打下政治上、思想上、组织上的基础，为宗教与社会主义社会进一步深层次的适应提供了可能性。在与社会主义社会相适应的过程中，藏传佛教已经取得了历史性进步，同时仍然存在一些问题。基本适应，同时还有不适应的方面，是藏传佛教与社会主义社会关系的基本状况。以基本适应的一面为基础，坚持爱国进步、逐步前进，是藏传佛教前进的正确方向。那么，作为藏传佛教僧尼，应如何参与到与社会主义社会相适应这一伟大事业中呢？

一、认同社会主义社会，拥护中国共产党的领导，热爱祖国

共产党的领导、社会主义社会是现代中国宗教存在的客观环境。相适应，对藏传佛教来说，首先就是要认同这个社会，热爱祖国，这是能够与现代中国社会相适应的一个最基本的前提。有个别教徒用“今世”之说和“来世”之说片面夸大社会主义社会和宗教的不同，以此用信仰来世否定今世，用信仰宗教否定认同社会主义社会，这是不正确的。

第一，从宗教教义上来看，宗教并没有把今世和来世断然分开。从宗教教义的角度来看，来世不是对今世的否定，恰恰相反，来世要靠今世来成就。佛教认为佛法在世间，不离世间觉；离世觅菩提，恰如求兔角。也说明了求道不离世。其他宗教中也有类似的论述，例如在伊斯兰教中，有优美的来世之说，但如何得到优美的来世呢？还是靠今世行为

之因，所以伊斯兰教认为“今世是后世的桥梁”，提倡“两世吉庆”。可见，在宗教中，来世与今世并不矛盾，而是相互统一的。

第二，爱国是爱教的基本体现。国家与一定的地域相联系，是一个地理概念；同时与一定的文化、精神、政权相联系。的确，宗教认为自己是在追求着永恒、追求着无限，在这一点上与它相比，国家是一个有限的事物。但是如果一个教徒连有限的事物都不能热爱，那怎么可能去爱无限的事物呢？一个信徒不爱国很难达到真正意义上的、彻底的爱教。宗教可以超越国界，但宗教徒是有自己的国家的。

宗教徒的利益总是和国家的利益联系在一起的。如果国家分崩离析、社会动荡不安，宗教徒不可能安心于自己的宗教信仰；如果国家弱小贫困，宗教徒也不可能充分实现自己基于一定物质基础之上的宗教需要。因此，国运昌则教运昌，国运衰则教运衰。在这种意义上可以说，爱国先于爱教。藏传佛教历来有爱国的优良传统和感人典范。爱国，对藏传佛教僧尼来讲，首先就是坚持祖国统一，增强民族团结，反对民族分裂。

第三，认同了社会主义社会，才会客观冷静地看待党和国家一系列的方针政策。党在不同历史时期有不同的历史任务，而且随着时代的发展、实践的不断深入，政策、法律也在不断完善。比如“三个代表”重要思想、十六大精神、科学发展观、构建和谐社会的提出等，学习、了解这些文件精神，有助于我们更好地把握这个时代的脉搏、了解时代的精神。认同这个社会，热爱祖国，并不是要求我们宗教界人士放弃自己的信仰，而是要求承认宗教存在的客观社会环境，积极主动地把自己和时代紧密地联系起来，发挥自己的优势，积极与社会相适应。

二、加强公民意识、法律意识、平等意识、奉献意识

第一，公民意识。社会是由人组成的，国家则以公民的存在为前提。公民是一个法律概念，通常指具有一个国家的国籍，并根据该国的宪法和法律规定，享有权利和承担义务的人。它反映着个人与国家之间的内在关系。在我国，“凡是具有中华人民共和国国籍的人，都是中华人民共和国的公民”。公民意识，是伴随着公民这个法律概念的出现而产生和形成的，是民众在民主政治时代必须具备的一种社会意识。作为社会意识的一种表现形式，它并非泛指公民具有的各种意识，而是特指作为某一国籍的公民个人对于自己的社会地位、社会权利和社会责任的一种自觉认识。其中权利和义务之间的关系认知，是公民意识的重要方面。其主要内容是认识到公民享有权利的同时必须履行一定的义务；没有无义务的权利，也没有无权利的义务。另外，法律意识、平等意识、奉献意识也构成公民意识的重要方面。

宗教信仰者也是国家公民，享有公民的权利，因此必须履行公民的义务。在国外，很长一段时间，如果一个人被称为“公民”，就是给他了最高的荣誉和最大的尊敬。例如，称一个人为“公民”，意味着他履行了公民的义务，承担了一个公民应该承担的责任，为国家的安全、社会的安定、公共的利益和他人的利益作出了自己的贡献，因此是一个非常值得尊敬的人。

第二，法律意识。我国实行“依法治国”，国家法律在我国具有至高无上的地位。现代法律意识是人类现代文明的重要标志之一，它是指人们对法律权威的重视以及对守法义务的认识，指人们将自己置于法律世界、法律生活和法律秩序中的自觉性。

我国实行宗教信仰自由政策，每个公民都有权利自由地选择自己信仰什么或者不信仰什么，任何人无权干涉。我国的宗教信仰者能够自由地信仰宗教，这种自由是由国家法律来保障的。依法对宗教事务进行管理，是政府的责任，这种管理是为了保护国家利益和社会公共利益。任何公民都享有宗教信仰的自由，也都有遵守法律法规的义务。对国家法律而言，这种义务首先体现在公民要有积极守法、护法的精神。在从事宗教活动时，宗教活动不能违反法律；不能有损国家主权和民族团结；不能违反公共秩序和公共道德；不能侵害他人的基本权利和自由，否则就要受到法律的惩罚和制裁。宗教活动中必须坚持“四个维护”，即坚持维护法律尊严，维护人民利益，维护民族团结，维护祖国统一。“四个维护”体现了党和政府对宗教界的基本要求，是所有宗教团体、宗教界人士和信教群众必须遵守的行为准则。

第三，平等意识。平等意识是法治国家普遍信奉的基本原则，也是实现法治的基础。无论家庭出身、民族、阶层、党派、贫富、职业等，法律面前，人人平等，任何人没有任何特权。宗教信仰者，同一切公民一样，一律平等地享有法律规定的权利，承担法律规定的义务。作为有宗教信仰者的国家公民，平等意识至少包含以下几层含义：一是同一宗教派别内部信仰者平等；二是同种宗教不同派别之间平等；三是不同宗教信仰之间平等；四是宗教信仰者、非宗教信仰者之间平等；五是国家法律面前，人人平等。

与从前人类生活的封闭性、单一化不同，现代人类生活越来越趋于多元化。一种宗教能够适应现代社会，意味着它能够尊重别人，并且得到尊重。相互尊重，就是尊重别人选择信仰的权利，它要求承认真理表达形式的多样性。尊重不同于认同，认同是指观点立场的接受，而尊重只是对存在、生存权利的认可。

同种宗教派别、同种宗教的不同派别、不同的宗教信仰者以及宗教信仰者与非宗教信仰者，都表达了人们对宇宙、对自然、对社会、对人生的不同理解，都可能秉持不同的教义经典、修持方式，这些都是人类对自身世界与外在世界的探索，应该互相尊重。伊斯兰教就批评了人们因教义的不同而分裂成许多宗派，各派都因自己的教义而沾沾自喜的错误观点。天主教也认为其他宗教也存在真的圣的因素，也反映着普照人类的真理之光；佛教中也把不要“自赞毁他”当作很重要的戒律。这些都从各个不同宗教的角度，说明不同信仰之间、不同宗教派别之间没有高低贵贱之分，都是彼此平等的。

各大宗教、各个派别、每个人都有自己的特点与优点，彼此应互相尊重。树立这种平等意识，对藏传佛教僧尼来讲，就是要做到活佛与活佛、活佛与信众、僧尼与其他信仰者都要平等对待。只有这样，宗教才能健康发展，国家才能稳定、民族才能团结、社会才能进步。

第四，奉献意识。“奉献”与“索取”相对。奉献，是指公民为了维护社会集体利益或者他人利益，而让渡或舍弃个人利益的品德。奉献意识不仅渊源于中华民族五千年文明的历史，植根于有中国特色社会主义实践，同时也符合佛教的基本精神。中华民族素有乐于奉献的优良传统，自古以来就有“大道之行也，天下为公”的教导，历代更有无数“国而忘家，公而忘私”、“先天下之忧而忧，后天下之乐而乐”的无私奉献的仁人志士。当前，我们进行有中国特色社会主义建设的伟大实践，要构建惠及每个人的和谐社会，奉献意识更是不可或缺。在《公民道德建设实施纲要》中，我国把“奉献”确定为公民的基本道德规范，也就是把“奉献”作为对公民的基本道德要求。多奉献、少享受；多为别人、少想自己；甚至为了别人，舍弃自身，这些都符合佛教精神。佛教中的菩萨道，就是要倾自己生生世世的全部身心之力，走为众生福慧增长的奉献之道。

三、从我做起，加强藏传佛教自身建设，积极与社会主义社会相适应

宗教在社会主义时期还将长期存在。宗教在人类中将长期存在，并不表示某种具体的宗教也一定长期存在。只有那些勇于自我革新、自我调整、适应社会、富有力量和生存智慧的宗教才能存在。

宗教必须适应现代社会才有生命力。宗教团体的自身建设就是增强宗教在现代社会生命力的一种有效手段，它实质上是宗教适应不同时代、不同环境、不同文化、不同社会制度的自我革新和调整，它并不要求放弃宗教的本质特征。当前，为了藏传佛教能够在社会主义社会健康发展，需要广大僧尼积极努力，加强自身建设，积极走与社会主义社会相适应的道路。

宗教团体自身建设包括思想建设、道风建设、组织与制度建设三个方面。思想建设、道风建设是宗教团体的核心和灵魂，是其自身建设的软件部分，是其中的非实在性要素；组织建设和制度建设是宗教团体存在的组织制度保障，是自身建设的硬件部分，是其中的实在性要素。

宗教团体思想建设包括两个方面，一是一般社会层面的政治思想建设，二是宗教信仰层面的神学（佛学等）思想建设。思想建设中，包括挖掘宗教教义中的积极内容作出有利于社会发展、时代进步和健康文明的阐释。

道风是宗教信仰者具有的风范，体现着一个宗教的教风。宗教中那些具有良好道风、严格遵守戒律、高风亮节、可以垂范于人的宗教信仰者是其宗教中的中坚力量。

组织与制度是宗教团体的一体两面，不可分割。组织建设包括人才建设。人才来自培养教育。这种培养教育主要是两个方面，一是外部的培养教育，包括党和政府的培养教育与宗教界的培养教育，例如社会主义学院和宗教院校的培养教育，以及其他各种参观团、培训班、座谈会等形式的培养教育；二是信仰者的自我教育培养。在一定程度上可以说，后者更为重要。

组织总是按照一定的规则建立起来的，组织必须由制度来保障；而制度也隶属于组织，使组织能够有序化运转。党和政府支持宗教团体建立较完备的规章制度。在教内，引进竞争激励机制，建立健全人事任免制度和年度考核制度，建立会议制度、财务制度、外事制度等各项制度，同时对于制度的执行情况进行监督。支持我国宗教民主办教，实现宗教事务由少数人决策向全体教职人员、信教群众共同参与、共同决策、共同管理的方向转变。宗教团体还需要建立起规范的学习制度，加强时事政治学习；坚持通气制度，及时向宗教团体传达党和政府的声音；坚持重大事项报告制度，遇到较大事项要向党和政府报告的制度。

总之，只要藏传佛教僧尼能够坚持共产党的领导，遵守国家法律法规，从我做起，积极带领广大信众走与社会主义社会相适应道路，藏传佛教弘法利生事业的未来一定会更加美好。

学习思考题

1. 宗教与社会主义社会相适应的科学内涵是什么？
2. 为什么说与所处的社会相适应是宗教生存和发展的历史规律？
3. 藏传佛教僧尼如何从自己做起，积极投入到与社会主义社会相适应的历史进程中去？

第六章

巩固和发展党同宗教界的爱国统一战线

把宗教界纳入爱国统一战线的范畴，是中国共产党在处理同宗教界关系实践中的伟大创造。巩固和发展党同宗教界的爱国统一战线，是党的统一战线工作的重要组成部分，也是新世纪初我国宗教工作基本任务之一。2001 年 12 月召开的全国宗教工作会议指出："要在爱国主义和社会主义的旗帜下，坚持'政治上团结合作，信仰上互相尊重'，坚持统战工作和群众工作的方法，最大限度地团结宗教界人士和广大信教群众，不断巩固和发展这一统一战线。"

第一节　党同宗教界的爱国统一战线的基本含义

党同宗教界的爱国统一战线，指的是中国共产党在革命和建设的各个时期，团结、争取爱国宗教界人士，在共同目标和根本利益一致的基础上结成政治联盟，为实现不同历史时期的任务服务。

一、党同宗教界结成爱国统一战线的必要性和可能性

党同宗教界结成爱国统一战线是十分必要的。中国共产党对待爱国的宗教界人士，不因世界观的不同而排斥他们，而是实行求同存异的方针，同他们建立在共同政治基础上的统一战线。这是由中国共产党所处的领导和执政地位、所承担的任务和要求决定的。中国共产党是由先进分子组成的，但在全国人口中始终是少数，在革命和建设的各个时期，党都需要团结、争取、调动社会各个方面，包括宗教界的力量，为实现不同历史时期的任务而共同奋斗。

与爱国宗教界建立统一战线的具体目标就是要把信教和不信教的人都团结起来，为完成革命和建设的任务服务。早在1961年，党的统战与宗教工作的负责人李维汉就指出："我们坚持宗教信仰自由政策，在国内可以争取和团结宗教界的最大多数人为社会主义服务，而把他们当中的少数反动分子孤立起来；在国外，有利于争取和团结宗教界参加反帝统一战线和和平运动，冲破反动派的挑拨和破坏，这有利于冲破宗教专制主义和反动派，有利于整个革命。"1982年中共中央19号文件指出：使全体信教与不信教的群众联合起来，把他们的意志和力量集中到建设现代化的社会主义强国这个共同目标上来。

在当今社会生活中，宗教有着不容忽视的影响。在我国，宗教信徒有1亿多人，宗教具有长期性、群众性、民族性、国际性、复杂性的特点。通过团结宗教界的爱国人士，党就可以更好地团结、引导广大信教群众，这对于维护祖国统一、促进社会安定和民族团结，对于构建和谐社会都具有重要的意义。

党同宗教界结成爱国统一战线也是完全可能的。首先，信仰上的不同，不影响政治上结成统一战线。中国共产党人认为，在世界观上，马克思主义同任何有神论是有差异的；但在政治行动上，马克思主义者和爱国的宗教信徒完全可以而且必须结成为共同目标奋斗的统一战线。1950年5月，周恩来就指出："唯物论者同唯心论者，在政治上可以合作，可以共存，应该相互尊重。""我们同宗教界朋友的长期合作是有基础的，这一点我们毫不怀疑。我们希望宗教界朋友也有这个信心。这便是所谓'共信不立，互信不生'。……我们可以在《共同纲领》的基础上实行合作，这是我们一致同意的。《共同纲领》是四个阶级合作的基础。从各界来说，宗教界也是合作者之一。"①

其次，宗教界人士的政治状况和特点决定了党同宗教界建立统一战线不仅是必要的也是可能的。统一战线工作主要是做统一战线各个界别

① 《建国以来重要文献选编》，第1册，中央文献出版社，1992年版，第224页。

中有代表性人物的工作。在宗教界中开展统一战线工作，主要是做宗教界中有代表性人物的工作。因为宗教界的上层人物或领袖，在广大信教群众中具有一定的威望和权威，无论在宗教上还是在政治上都有着广泛的影响。而且，他们中的绝大部分是爱国守法，拥护社会主义制度的，因此，团结争取了他们，就可以团结争取广大信教群众，为革命和建设服务。

1982 年中央 19 号文件指出："全国各种宗教职业人员，……他们的出身、经历、信仰和思想政治情况各不相同，但是总体说来，其中绝大多数是爱国的、守法的和拥护社会主义制度的。……宗教职业人员中的许多人，不但同信教群众在精神上有密切的联系，对群众的精神生活有不可忽视的重要影响，而且还在履行宗教职务的形式下，进行着许多服务性劳动和社会公益方面的工作。"1991 年中央 6 号文件指出："我国宗教界人士的绝大多数是爱国守法的，他们同党和政府长期合作，是维护国家和社会稳定，联系信教群众，办好教务的重要力量。各级党政领导机关要经常听取爱国宗教团体和宗教界人士的意见和建议，涉及宗教方面的重大问题，要同他们充分协商。"

二、党与宗教界人士之间关系的基本原则是"政治上团结合作，信仰上互相尊重"

1991 年 1 月 30 日，江泽民同志在邀请各全国性宗教团体领导人到中南海做客时，提出了党同宗教界人士之间关系的原则，即"政治上团结合作，信仰上互相尊重"。这是几十年来我们党处理同宗教界人士关系实践的高度概括，具有重要的现实意义和深远的历史意义。

"政治上团结合作，信仰上互相尊重"是统一战线的求同存异原则的具体运用。政治上团结合作的目标是"求大同"，在新的历史阶段，全面建设小康社会，振兴中华，完成祖国统一，构建和谐社会是中国共产党与宗教界朋友的共同目标和共同利益，是政治上团结合作的基础。"存异"就是在这个大目标下尊重不同信仰之间的差异。

信仰上互相尊重是政治上团结合作的保障。宗教对国家来说是私人的事情，也就是说，每一个公民都有信教与不信教的自由。因此，信教与不信教的公民要相互尊重，这是与宗教界建立统一战线的重要条件。作为无神论的中国共产党人，为了处理好与宗教信仰者之间的关系，还与宗教界达成一种协议。周恩来就指出："我们所遵守的约束是不到教堂里去作马列主义的宣传，而宗教界的朋友们也应该遵守约束，不到街上去传教。这可以说是政府同宗教界之间的一个协议、一种默契。""不信仰宗教的人应当尊重信仰宗教的人，信仰宗教的人也应当尊重不信仰宗教的人。不信仰宗教的人和信仰宗教的人都可以合作，信仰不同宗教的人也可以合作。""政治上团结合作，信仰上互相尊重"就是对这一基本思想在新的历史时期的新的概括和总结，其基本精神是完全一致的。

"政治上团结合作，信仰上互相尊重"是互为条件、互为因果的。在政治上真诚团结合作，才能真正做到在信仰上互相尊重；而只有在信仰上互相尊重，才能有效巩固和加强政治上的团结合作。两者相辅相成，缺一不可。坚定不移地执行这个原则，就一定能够团结宗教界人士和广大信教群众，不断巩固和扩大新时期的爱国统一战线，推动我国社会主义建设事业顺利发展。

如何做到"政治上团结合作，信仰上互相尊重"？一方面，从党和政府来说，要坚定不移地贯彻执行尊重和保护公民宗教信仰自由的权利、保护正常的宗教活动、保护宗教界的合法权益这样一些长期的基本政策；另一方面，从宗教界来说，要坚定不移地拥护中国共产党的领导、拥护社会主义，坚持独立自主自办教会的原则，坚持在宪法、法律、法规和政策规定的范围内开展宗教活动。

实践证明，只要党和政府坚持实行宗教信仰自由政策，积极寻求在共同的政治基础上的团结合作，就能同宗教界建立起牢固的爱国统一战线，为共同的目标而奋斗。

第二节　党同宗教界的爱国统一战线的发展历程

同宗教界结成统一战线，是我党的一贯政策。中国共产党的革命和建设事业处理宗教问题的成功实践，与宗教界爱国统一战线的建立有着密不可分的关系。

一、在新民主主义革命时期，我国宗教界爱国人士为推翻三座大山的反动统治而英勇斗争，为全中国的解放事业作出了很大的贡献，成为中国共产党领导的爱国统一战线的一支重要力量

在这一时期，中国的宗教界形势比较复杂，但各宗教中的上层人士和教职人员除极少数人完全依附帝国主义和封建势力外，绝大多数人都反对帝国主义的侵略和本国反动势力的压迫，具有强烈的反帝爱国思想和正义感。在中国共产党的争取、团结、教育下，同情革命、拥护中国共产党的救国主张，以不同的方式支持或直接参加到中国共产党领导的新民主主义革命中来，成为中国共产党领导的反帝反封建反官僚资本主义爱国统一战线的一部分。

早在抗日战争的危难关头，藏传佛教界就涌现出一批响应党的抗日民族统一战线号召，积极参与抗战斗争的高僧大德。其中，九世班禅大师、一代高僧喜饶嘉措、第五世嘉木样活佛等的抗日救国热情充分体现了藏传佛教界广大信众深厚的爱国主义热情和中华民族团结抗战的伟大精神。

在西藏和平解放的关键时刻，藏传佛教界也涌现出一批以格达活佛为典范的拥护中国共产党、维护祖国统一的爱国人士。

二、在社会主义建设时期，我国宗教状况发生了根本性的变化，宗教界大有进步，和中国共产党的团结有了更广阔的内容，成为中国共产党领导的爱国统一战线的重要组成部分，为社会主义建设和祖国的统一大业作出了贡献

在这期间爱国宗教界主要以参政议政的形式参与国家政治生活，为祖国的建设和统一出谋划策，贡献了力量。藏传佛教界在这一时期为西藏的和平解放、民主改革、反分裂斗争和建设西藏和其他藏区方面作出了自己的贡献。

三、进入新时期，我国宗教界积极与社会主义社会相适应，为中国共产党领导的爱国统一战线作出了突出贡献

在新的历史时期，我国宗教界作为中国共产党领导下的爱国组织，作为党和政府联系、团结、教育广大信教群众的桥梁，在带领信教群众爱国守法、维护社会稳定、促进祖国统一、共同致力于建设有中国特色社会主义的伟大事业中作出了多方面的突出贡献。

开展宗教界反分裂斗争，维护社会稳定和祖国统一。在新的历史时期，宗教界在维护祖国统一、反对分裂方面作出了积极的努力。十世班禅大师是杰出的爱国主义者，旗帜鲜明地反对达赖集团在国际舞台上从事的分裂活动，为维护祖国统一、民族团结作出重要贡献。

为社会公益和慈善事业效力。改革开放以来，党同爱国宗教界合作有了一些新的内容，宗教界纷纷发扬各教的爱国优良传统，把爱国付诸于具体的为民造福的行动上，积极开展社会公益事业，在扶贫救灾、助学济残、开荒种地、植树造林、架桥铺路、服务社会等方面表现出极高的热情，作出了重大的贡献。

积极开展对外友好交往，为维护世界和平事业而不懈努力。随着改革开放的不断深入，我国宗教方面的对外交往也日益扩大和活跃，成为新的历史时期中国人民对外交往的一个重要而不可或缺的部分。目前中国宗教界各团体已同世界上 70 多个国家和地区的宗教组织保持着友好交往。在这一过程中，我国宗教界以自己的言行和事实，向世界人民展示了中国宗教信仰自由政策的真实性，为维护世界和平作出了不懈的努力。

中国革命和建设的历史经验证明，把绝大多数人团结在共产党周围，结成最广泛的统一战线，是战胜一切困难、夺取革命和建设事业胜利的强大力量源泉，是我们党在政治上的一个巨大优势。新中国成立以来党与爱国宗教界在政治上的团结合作，对于最广泛地调动宗教界人士的积极性、投身现代化建设，维护社会稳定、民族团结、祖国统一等起到了十分重要的作用。我国的宗教事业已经成为独立自主自办、爱国爱教相统一的崭新事业，宗教界成为爱国统一战线不可缺少的一部分。中国与宗教界人士在政治上的团结合作，赢得了广大宗教界人士的信赖和支持，他们中的许多人成为同中国共产党长期合作的可靠朋友，如佛教界的十世班禅大师、赵朴初居士、帕巴拉·格列朗杰、喜饶嘉措；道教界的岳崇岱、陈樱宁、黎遇航；伊斯兰教界的包尔汉、沈遐熙、安士伟；天主教界的王良佐、皮漱石、宗怀德、张家树、傅铁山；基督教界的丁光训、邓裕志、刘良模、吴耀宗、赵紫宸等，都是长期同中国共产党团结合作的代表人物，是中国共产党值得信赖的朋友。

第三节 党同宗教界的爱国统一战线的基本形式

党与宗教界的爱国统一战线的建立和发展主要是通过以下几种基本形式来实现的。

一、人民政协的政治协商

中国人民政治协商会议是中国人民爱国统一战线的组织。新时期的统一战线包括拥护中国共产党领导的各民主党派、无党派人士、人民团体、少数民族人数、宗教界人士等。宗教界人士是中国共产党领导下的爱国统一战线的组成部分。

自 1949 年第一届中国人民政治协商会议全国委员会会议起，就有宗教界人士的代表参加。第一届宗教界有 3 人，到第九届宗教界有 60 人（其中常委 16 人）。中国伊斯兰教协会主任包尔汉、中国佛教协会副会长帕巴拉·格列朗杰活佛、中国佛教协会会长赵朴初居士和中国基督教三自爱国运动委员会名誉主席丁光训主教先后当选过全国政协副主席。第十届全国政协委员现有宗教界委员 68 人。

宗教界委员在政协会议上参与国家大事和社会重要问题的讨论，并就政府涉及宗教的工作提出意见、建议、批评。党和政府与宗教界在人民政协进行政治协商，协商的结果提交有关部门作为参考，这是双方政治上团结合作的重要形式。

二、党政领导人与宗教界座谈

1991年1月30日，江泽民同志以中共中央总书记的身份邀请我国宗教团体5位领导人到中南海做客，就如何保持宗教政策的稳定性和连续性问题坦诚谈心。江泽民在认真听取宗教领袖们的意见后指出："各位都是我国各宗教团体的主要领导人，是在同我们党长期合作共事中经受了考验、可以完全信赖的朋友。在我国宗教界还有一大批同我们党真诚合作的朋友。我们合作的政治基础是爱国主义和建设有中国特色的社会主义。"自1991年以来，每年春节前夕，中共中央领导人都要会见全国性宗教团体的领导人，地方党政领导也经常会见地方的宗教领袖。在这种非正式的座谈中可以直接对话，协商讨论双方都关心的重大问题。

三、党政有关部门举办的座谈会和情况通报会

各级党委统战部门和政府宗教等部门定期不定期举办的座谈会和情况通报会，主要就涉及宗教方面的重要政策听取宗教界人士的意见和建议，就党和政府的重大方针政策向宗教界人士通报。这种座谈会、通报会对于双方互相了解、增进共识，最大限度地保证各项方针政策的科学化、民主化起到了很好的作用。

四、政治上给以适当安排

为了争取和团结宗教界的上层人物或领袖，中国共产党十分注意在政治上给予适当的待遇。目前在各级人民代表大会、政治协商会议中，有近1.7万名宗教界人士担任代表、委员。在藏传佛教、伊斯兰教、上座部佛教界人士中，共有23人当选为全国政协委员，其中藏传佛教11人、伊斯兰教11人、上座部佛教1人。一些宗教界人士还担任了部分省、自治区人大、政协的领导职务。

五、生活上给予照顾

生活上给予照顾也是党对爱国宗教界统一战线的重要内容。对于宗教界人士的生活问题，中国共产党一直关心和照顾。1950 年 6 月公布的《中华人民共和国土地改革法》规定：“农村中的僧、尼、道士、教士及阿訇，有劳动力、愿意从事农业生产而无其他职业维持生活者，应分给与农民同样的一份土地和其他生产资料。”在民主改革的过程中，中国共产党强调要安置好宗教界上层人士，不使他们无法生活，特别指出：班禅集团同达赖集团有原则区别，对于这一部分宗教上层分子，必须采取以团结为主、保护过关、区别对待的方针。1961 年 4 月，中共中央《关于西藏工作方针的指示》指出：“对没有叛乱的上层分子，我们都要采取积极态度，把他们包下来，包到底，安排好生活，安排好职位。”十一届三中全会以后，中央仍多次强调：要妥善安排宗教职业人员的生活，认真落实有关政策。

六、思想上教育引导

为了与宗教界结成统一战线，团结宗教界上层人士，还必须对他们进行思想教育。新中国成立以来一直坚持的一些工作形式，如组织宗教界人士到全国各地参观访问，组织他们进行时事政治的学习，吸收他们参加各种统战组织的活动等，在思想教育方面取得很大成效。总体说来，爱国宗教界人士思想是健康的，但也有个别宗教界代表人士不能摆正自己的位置，不能以大局为重，甚至不惜危害国家和民族的利益，破坏社会稳定和祖国统一。因此，十一届三中全会以后，中央进一步提出：对于一切宗教界人士，必须坚持不懈地和耐心地对他们进行爱国守法、拥护社会主义、拥护祖国统一和民族团结的教育，在天主教和基督教中还要加强独立自主、自办教会的教育，以促进宗教界人士爱国爱教、团结进步，紧跟时代步伐，联系和影响广大信教群众走社会主义道路。同时，各级领导要加强同宗教界人士，特别是上层爱国人士的联系，同他们多接触、多交谈、多交朋友；要及时给他们看应该看的党和政府的文件，使他们了解情况、懂得政策。这些做法，对于促进宗教界人士思想的进步，起到了积极作用。

第四节 进一步巩固和发展党同宗教界的爱国统一战线

进一步巩固和发展党同宗教界爱国统一战线符合信教和不信教群众在全面建设小康社会、构建社会主义和谐社会中的共同利益。我国现有一亿多信教群众，广泛分布于社会各个阶层、各个群体，长期与不信教群众和睦相处，是各条战线的社会主义劳动者、建设者，拥护社会主义的爱国者和拥护祖国统一的爱国者。在维护国家稳定、民族团结、发展经济，不断提高人民生活水平和综合国力，全面建设小康社会，构建社会主义和谐社会，实现中华民族的伟大复兴上，与不信教群众有着共同一致的根本利益。共同的根本利益是在中国共产党的正确领导下，进一步巩固和发展党同宗教界的爱国统一战线的坚实基础。

进一步巩固和发展党同宗教界的爱国统一战线符合在复杂多变的国际形势下，回应全球化时代党和宗教界面临的机遇和挑战的新要求。全球化给我国社会的各个层面都带来了巨大影响，中国社会不再是封闭的社会，而是与整个世界息息相关的重要一环。这与以往主要根据国内状况进行决策、形成政策，有了很大不同。我国政府从容应对全球化时代带来的机遇和挑战，形成了新的视野、新的眼界。全球化不仅催生了中国社会的巨大变化，也由此给我国宗教界提出了新的课题、新的要求。在一个全球化的大时代，处理好宗教与社会主义社会的关系，积极引导宗教与社会主义社会相适应，需要进一步巩固和扩大党同爱国宗教界的统一战线，进一步加强政治上团结合作，做到信仰上互相尊重。党政领导和宗教界应该更加紧密地进行协商、沟通、交流，加强合作、增进共识，推动宗教顺利实现与社会主义社会的适应。

在思想层面，巩固和扩大党与爱国宗教界的统一战线，在宗教信仰自由和人权问题上达成广泛的共识，对内有利于揭露敌对势力和反华势力利用宗教从事反华活动、分裂活动的政治图谋，增强广大信教群众对祖国的认同感、归属感、责任感，增加社会向心力、凝聚力；对外有利于在国际上广交朋友，甚至化敌为友，赢得世界宗教界绝大多数人士对我们改革开放、社会建设事业的认同、理解和支持，获得一个宽松、有利的外部环境。

在文化层面，巩固和扩大党与爱国宗教界的统一战线，发挥宗教文化及其思想智慧中的积极因素，可以避免“文明的冲突”，有利于构建多元文化、多种信仰和谐并存的社会。

在法制层面，巩固和扩大党与爱国宗教界的统一战线，通过沟通、对话、交流、互动，有利于宗教界人士增强法制观念，遵守国家法律、法规和相关方针政策。

在社会层面，巩固和扩大党与爱国宗教界的统一战线，充分利用统一战线的协调、沟通机制，有利于促进宗教社会正面功能的发挥，防止和约束其消极因素，维护社会稳定。

在政治层面，巩固和扩大党与爱国宗教界的统一战线，有利于在宗教界形成有序的利益表达机制，维护和实现宗教界的合法权益，增强宗教界维护国家主权、服从并服务于国家最高利益和中华民族整体利益的意识。

总之，无论从党和政府的角度还是从宗教界的角度，继续巩固和扩大双方政治上的团结合作，都具有重大的意义。在整个国家面临的国际环境发生重大变化以后，宗教界要更加自觉地与政府建立起一种新型的积极合作关系，共同维护社会的安定团结、和谐发展，同心同德，为全面建设小康社会、构建社会主义和谐社会作出应有的贡献，使政治上团结合作，信仰上相互尊重更富有时代性。

学习思考题

1. 党同宗教界结成爱国统一战线的重要性是什么？

2.“政治上团结合作，信仰上互相尊重”的内涵是什么？

3. 怎样实现“政治上团结合作，信仰上互相尊重”？

历史基础篇

第七章

近代以来西藏人民维护祖国统一反对分裂的斗争

中华人民共和国是一个多民族的国家，是历史造就的统一体。西藏是中国领土的一部分，这是直到今天为止世界上所有国家的政府都承认的历史事实，也是中国历史长期发展的结果。1840 年，英国对中国发动了可耻的鸦片战争，中国的历史进入近代史阶段。近代中国的历史发展，是同中华民族抗击外敌入侵、维护国家统一和领土完整的斗争紧密结合在一起的。西藏人民抗击帝国主义侵略西藏和中国人民反对帝国主义分裂西藏的斗争，是中国各族人民反侵略斗争的重要组成部分。

第一节　反抗英国染指西藏的斗争

一、近代以来西藏人民抗击帝国主义侵略的斗争

鸦片战争之后，中国逐渐沦为半殖民地、半封建的国家。地处祖国西南边疆的青藏高原与祖国内地一样，也遭到西方列强的入侵。英国和俄国在帝国主义扩张贪欲的驱使下，从南北两个方向染指青藏高原，把西藏变成了他们角逐的战场。英国为了侵略扩张和排除俄国在西藏的影响，于 1888 年、1904 年发动了两次侵略西藏的战争。英勇的藏族人民虽然进行了不屈的抵抗，但是，在那个国家落后、政府卖国的时代，尚处于封建农奴制社会的旧西藏无力独自战胜武装到牙齿的西方帝国主义强盗。

1875 年，英国驻上海领事馆官员马嘉理在中国边境被杀。英国以此事件为借口，逼迫清朝政府与之签订了《烟台条约》，专款规定允许

英国派人入藏“探访路程”。1885 年，英属印度政府派遣马科蕾率领武装卫队从锡金闯入后藏岗巴宗，声称要同地方官员谈判通商问题，被西藏地方当局拒绝。

1886 年，西藏地方政府采取积极的防范措施，在西藏边境的隆吐山上筑起堡垒炮台，派兵守护。英国为此照会清朝政府，妄称隆吐山位于受他们保护的锡金领土之内，要清朝政府下令西藏军队在限期之内拆毁炮台，撤卡退兵。

清朝政府为了息事苟安，命令驻藏大臣文硕强迫西藏地方政府将隆吐山的守军全部撤回。西藏地方政府官员和西藏僧俗一再向驻藏大臣呈递公禀，表示纵然战至“男尽女绝”，也要抗击英国侵略者。文硕也数次上奏清朝中央，反对强迫藏人撤卡。

英军见威逼不成，于是在 1888 年初悍然发动了对隆吐山的武装进攻。驻守隆吐山的藏军依靠手中仅有的火绳枪、弓箭、刀矛等十分落后的武器，同装备精良的侵略者展开了英勇的斗争，几次打退敌人的进攻。然而，就在战争最紧张的时候，清朝政府竟以“识见乖谬，不顾大局”的罪名将文硕革职，换上了昏庸主和的升泰接替文硕任驻藏大臣。

升泰到藏后，遵奉清朝“罢兵定界”的旨意，责令藏军撤回帕里一线待命。前线藏军得不到有力的支援，亚东等地相继失守。西藏人民的第一次抗英斗争失败了。

1888 年的隆吐山之战，是西藏人民为了保卫家乡、保卫祖国神圣领土，与英国侵略者进行的一场正义斗争，也是鸦片战争爆发后，我国各族人民进行的反侵略斗争的一部分。

战争结束后，清朝政府于 1890 年和 1893 年分别与英国签订了《中英会议藏印条约》和《中英会议藏印续约》，承认锡金受英国保护，接受了英方片面提出的西藏与锡金分界线，同意开放亚东为商埠，允许英国在该地享有治外法权，并规定五年之内通过亚东的进出口货物概不纳税。

这两个不平等条约使中国在西藏的主权受到严重损害。西藏人民对这两个条约是不承认的，他们用拒支乌拉的办法阻止清朝政府派人与英方重新划界，并拔除英方私立的界石，照旧在过去的牧场上放牧。

第一次抗英战争失败后，沙俄间谍、俄籍布里亚特蒙古人德尔智乘机利用藏民普遍的仇英心理和对清朝政府的不满，怂恿西藏上层联俄抗英。1895 年，十三世达赖喇嘛亲政。从 1898 年起，德尔智作为十三世达赖的专使，频繁往来于圣彼得堡和拉萨之间，多次受到沙皇尼古拉二世的接见。

当时，在我国的西藏，英俄两国一直在进行着或明或暗的激烈争夺。1899 年，英国新任印度总督寇松上任。他主张，在与俄国进行的这场“大争夺”中，英国应当赶在俄国人之前控制西藏，建立英国在西藏的影响和权威，而十三世达赖的亲政为其推行积极的扩张政策提供了新的契机。寇松上任后不久，就接连给十三世达赖喇嘛写了三封信，但是均被退回。此后，英属印度政府加紧了再次武装侵藏的准备。

1903 年初，寇松写信给英国政府印度事务部大臣汉弥尔顿，称“所谓中国对于西藏的宗主权乃是一种法律上的虚构”，要求英国政府批准他派遣武装使团前往拉萨的计划。1903 年底，寇松派荣赫鹏率领一千余名侵略军，经春丕河谷、亚东一线大举进犯。

西藏地方政府虽然一再表示要誓死抗击英军，但实际上却并未做好反侵略战争的准备，沿途要隘并未设防。荣赫鹏带领的英军轻易地越过了从亚东到帕里一路的重重天险，不费一枪一弹就占领了帕里宗。在 1904 年 3 月 31 日的曲米森古之战中，荣赫鹏谎称英军不会先开火，欺骗藏军熄灭火绳枪的火绳，而后用马克沁机枪屠杀毫无开战准备的藏军，几分钟之内打死了数百人。由赖丁代本率领的千余人的藏军大部分被敌人枪杀。敌人指望用这种血腥的杀戮吓倒西藏人民，使他们不敢再抗击英国侵略军。但是荣赫鹏错了。他们在江孜遇到了更为顽强的抵抗。1904 年 7 月的著名的江孜保卫战，使侵略军付出了沉重的代价，也让英帝国主义者懂得了，他们面对的是一个永远不会屈服的民族。尽管后来荣赫鹏到了拉萨，但是根本不敢久住。8 月 3 日，英军闯入拉萨。十三世达赖率领少数亲信随从，离开布达拉宫，取道青海逃往外蒙古。

藏传佛教僧人积极参加了这场抗击英帝国主义的侵略的英勇斗争。三大寺的部分僧人组织并参加了沿途抗击英军的战斗。英军进入拉萨后，哲蚌寺的僧人拒绝向英军交出粮食，并号召拉萨市民不向敌人出售东西。8月中旬的一天清晨，拉萨北郊色拉寺的喇嘛扎尼，内着铠甲，外裹袈裟，手持匕首，独自一人闯入英军营地，在将两名英军军官刺成重伤后，被英军抓住。扎尼视死如归，第二天被侵略者押上绞刑架，从容就义。西藏人民抗击英军的英勇行为吓坏了侵略者，此事之后，荣赫鹏竟强逼噶厦令哲蚌、色拉、甘丹三大寺各送一名僧人到英军营地为人质，以防止再次发生类似事件。

腐朽不堪的清朝政府在西藏人民遭受英帝侵略的时候，没有向西藏派出一兵一卒。清朝的驻藏大臣有泰从战争开始就一直坚持执行不抵抗政策，并声称要“任其战任其败”。1904年9月7日，荣赫鹏用大炮对准布达拉宫，强迫甘丹赤巴、噶伦和三大寺代表等与之签订了《拉萨条约》。

《拉萨条约》不仅重新肯定了英国通过1890年和1893年两个不平等条约在西藏攫取的种种特权，而且使英帝国获取了更多的实际利益。这一条约的签订，是清朝政府执行投降卖国政策，以及噶厦政府在抗英斗争中软弱动摇、指挥不力的结果。

1904年的抗英战争极大地教育了西藏人民，使他们看清了英帝国主义的侵略本质，激发起西藏人民的反帝爱国精神。它是近代以来中华民族反对帝国主义列强侵略的伟大斗争的重要组成部分，沉重地打击了英帝国主义的侵略野心，是近代藏族人民为维护中华民族的利益作出的重大贡献。

一方面，战争的结果使英帝国主义终于认识到，仅靠武力不能征服西藏人民，转而开始在西藏采取怀柔拉拢的手段，在西藏僧俗上层内部培植亲英分裂势力。另一方面，武装抗英的失败和清朝的大民族主义和投降主义政策，也使得第十三世达赖喇嘛开始疏远清朝中央政府。

在这样的形势下，为了巩固对西藏的统治、抵御英帝国主义新的侵略和分裂阴谋，清朝政府被迫于清朝末年在西藏采取了一系列改革措施，试图削夺第十三世达赖喇嘛的权力。1910 年，清朝政府派兵入藏进入拉萨，达赖喇嘛离开西藏出走印度，寻求英属印度政府的保护。不久，辛亥革命爆发，西藏地方当局部分亲英分裂势力自恃有英属印度政府的支持和帮助，提出了“西藏独立”的要求。此后，在帝国主义的支持和培植下，西藏僧俗上层中逐渐形成了一股主张“西藏独立”的分裂势力。西藏地方政府与中国中央政府之间的关系开始处于十分不正常的状态。帝国主义的侵略和挑拨，成为造成近代所谓“西藏问题”的根本原因。

二、辛亥革命与中国人民维护国家统一的斗争

英帝国主义者到西藏，是来侵略西藏的。采取武装侵略的手法也好，在西藏上层内部培植分裂势力也好，都是为了自己的帝国主义利益。英国是一个老牌的帝国主义国家，时至 20 世纪初，它占领的殖民地遍布全球，达到其本土面积的 110 倍，殖民地人口数是本土人口的 8 倍。英国控制的势力范围达到全世界面积的四分之一，号称“日不落帝国”。为了维护自己的殖民统治，英国对各殖民地人民争取自由和独立的斗争进行了残酷的镇压。这样一个老牌的殖民主义、帝国主义国家，不可能帮助任何弱小民族实现自己的独立。对于西藏，英国的目的是将其变成保护英属印度东北边境的一个“缓冲区”，变成英国的附庸，而不是制造一个独立的西藏。只是因为打着支持“西藏独立”的幌子可以更为方便地策动分裂活动，他们才这样做的。

清朝末年，包括西藏人民的两次抗英斗争在内的中国人民反抗帝国主义侵略的斗争，已经使各帝国主义列强认识到，武力是无法征服中国人民的，列强之间也需要避免因为瓜分中国而发生内讧。1899 年，美国政府提出了所谓的对华门户开放政策，各帝国主义国家相约尊重中国

领土的完整，维持清朝政府在中国的统治，通过清朝政府这个“洋人的朝廷”来掠夺和侵略中国。英国政府接受了这一由美国政府率先提出的冠冕堂皇的政策，从而也在一定程度上束缚了自己的手脚，使其无法公开地把西藏划作自己的势力范围。西藏人民的反侵略斗争和帝国主义列强的相互制约，成为 1904 年荣赫鹏侵占拉萨之后便很快退出的主要原因，也成为后来英国放弃武装侵略西藏的政策，转而在西藏僧俗农奴主阶级内部培植亲英分裂势力从事“西藏独立”活动的历史背景。近代以来包括西藏爱国的僧俗民众在内的中国人民与西藏少数反动上层之间的分裂和反分裂斗争，就是在这样的历史背景下展开的。这场斗争，直到 1951 年西藏获得和平解放，才取得了决定性的胜利。

辛亥革命爆发后，西藏与祖国的关系一度处于极不正常的状态。武昌首义的成功，鼓舞了全国各地人民的革命斗志，内地各省革命党人纷纷起义响应，先后宣布脱离清政府而独立。这种独立，并不是要脱离中国，而是要推翻清朝政府的反动统治。第十三世达赖喇嘛从来没有正式宣布“西藏独立”，这与当时的国内外背景有着密切联系。

首先，民国政府采取了各种办法维护国家统一和中央在西藏的主权，并努力恢复与西藏地方的正常关系。孙中山就任中华民国临时大总统后，宣布“五族共和”：“国家之本，在于人民，合汉、满、蒙、回、藏诸地为一国，则合汉、满、蒙、回、藏诸族为一人，是曰民族之统一。”中国完成了法律上的国家政权更替。稍后，民国政府成立了蒙藏事务局（后改称蒙藏院），袁世凯下令“开复”十三世达赖的名号、加封班禅九世，并任命陆兴祺为“护理驻藏办事长官”，设法派员入藏疏通与西藏地方当局的关系。表达了全国人民在辛亥革命推翻帝制之后，维护国家统一和领土主权完整、共建民主共和新国家的愿望。

其次，提出门户开放政策的美国等西方国家接受了中华民国政府作为继承清朝政权的事实。特别是美国政府，对于英国政府欲借辛亥革命之机把西藏从中国分裂出去的做法表示异议，率先承认了中华民国政府。这就使得英国从事分裂西藏的活动不得不有所顾忌。

十三世达赖1910年被迫逃印后，在贝尔等人的鼓动之下，有心投靠英国。但是，英国政府从其全球利益出发，担心激起中国人民的反抗和其他列强的反对，规定英属印度政府“对待达赖喇嘛必须严守中立，而且不得给予任何政治支持”。不久后，又明确通知第十三世达赖喇嘛，英属印度政府“将不会在西藏和中国之间进行调停”。第十三世达赖喇嘛听到这一消息后，既意外又失望。达赖的几位随行噶伦听到这一消息，更是神情沮丧，大喊今后“再也没有脸见人了。”

1912年6月，第十三世达赖喇嘛返藏前夕，经英国政府外交部批准，英属印度政府交给达赖喇嘛一份《送别文告》，表示“印度政府希望看到西藏在中国宗主权之下保持内部自治”。英国还限制西藏从印度进口军火，一再拒绝向西藏出售机枪、大炮等新式武器，甚至不许西藏从其他欧洲国家购买此类武器之后，经由印度运入西藏。

在英国一手策划的西姆拉会议上，英国虽然怂恿西藏代表提出独立要求，但在英方起草的条约草案中却写明“缔约各方的全权代表承认西藏是中国领土的组成部分”。只是要中国接受对西藏的“宗主权”和“西藏自治”，绝口不提“独立”二字。

历史事实表明，英国的目的就是要否定中国对于西藏的主权，把西藏从中国分裂出去。英国政府和英属印度政府所希望的，是使西藏“处于绝对依赖印度政府的地位”，成为“一个与其他大国势力相隔绝，而又仰赖英属印度，其军事和外交力量足以使中国人陷入困境，而又不足以使其自身成为任何意义上的一股势力的西藏。换言之，他们所希望的，乃是……一个被弱化的西藏”。他们在培植西藏当局中的亲英势力和鼓动分裂活动的同时，从自己的帝国主义利益出发考虑问题，并不真正支持“西藏独立”。

第二节　西藏地方与中央政府关系的恢复和改善

一、西藏地方与祖国关系的恢复与藏族对于中华民族的认同

1919 年“五四运动”爆发，中国人民反帝爱国的民族意识和爱国主义精神空前高涨，中国的历史进入了现代史时期。为了恢复西藏地方与中央政府的关系，1919 年，民国政府指令甘肃省督军张广建派出以朱绣、李仲莲和宁玛派喇嘛古浪仓等人组成的代表团从甘肃经青海入藏。1920 年 11 月，朱绣一行抵达拉萨，西藏地方政府为代表团的到来举行了隆重的欢迎仪式。通过多次交谈，第十三世达赖喇嘛向朱绣当面表示“余誓倾心内向，同谋五族幸福。”

辛亥革命之后，“五族共和”的思想观念深入人心。当时的中国人认为，中华民族就是由这五个民族所组成的。达赖、班禅等藏族领袖人物和其他僧俗上层接受和赞同“五族”的提法，“同谋五族幸福”，表明他们明确认同西藏是中国领土的一部分，藏族是中华民族的一员。当时尽管发生了第一次川藏冲突，第十三世达赖喇嘛还是陆续派出驻北京雍和宫、驻山西五台山的堪布，作为与中央政府进行联系的代表。辛亥革命十余年后，西藏与祖国的关系逐步恢复。

近代以来藏族对于中华民族的认同，不是偶然的、孤立的。藏族成为中华民族的一员，是中国历史长期发展的结果。自从 1300 余年前的唐代开始，青藏高原上的藏族与中原地区的汉族和其他民族就逐渐建立起了密切的联系。元代以来的 700 余年间，西藏与中国其他地区一样，同处于一个中央王朝的统治之下。西藏僧俗首领从中央王朝取得各种封号，以号令部属、治理地方，并形成传统。清代中央政权对于西藏的治理达到了十分完备的程度，建立起一套规范的政治、军事和宗教制度。鸦片战争爆发后，帝国主义势力侵入了中国，也侵入了西藏。西藏人民同全国各族人民一道，英勇抗击帝国主义的侵略，尽到了自己的光荣职

责。藏族对于中华民族的认同，有着深厚而坚实的历史基础。正因为如此，当近代中华民族面临亡国灭种的危机而迅速觉醒的时候，藏族也同中华民族的其他成员一样，参与了这个觉醒的过程。藏族对于中华民族强烈的认同感，从一个方面体现出中华民族所具有的强大凝聚力，符合历史发展的趋势。正是西藏人民当中的维护祖国统一、反对民族分裂的爱国力量，使得帝国主义及其培植的亲帝国主义分裂势力的“西藏独立”活动终于归于失败。

二、南京国民政府反对英国分裂西藏的努力

1927年南京国民政府成立，不久就正式设立了蒙藏委员会，负责对国内蒙古族、藏族等少数民族和边疆民族地区的管理。此时，第十三世达赖喇嘛经过辛亥革命之后十余年的观察，对于英帝国主义的本质有了更多的了解，逐渐改变了以往的亲英态度。1928年，达赖分别派西藏驻五台山堪布罗桑巴桑、驻雍和宫堪布贡觉仲尼前往南京面见蒋介石，表达了拥护中央、与中央政府建立联系的愿望。

为了重建中央与西藏之间的正常关系，国民政府派遣刘曼卿女士取道西康进藏，于1930年春抵达拉萨。达赖喇嘛告诉刘曼卿，自己对英国的诱惑有所警觉，西藏是中国的一部分，……中国只需内部巩固，康藏问题，不难定于樽俎”。并表示希望中国能够真正实现和平统一。1931年，达赖喇嘛正式设立了西藏驻南京办事处。在此期间，虽然再次发生了藏军东进，侵占青海、西康两省（均于1928年建省）部分地区的第二次川藏冲突，但是达赖喇嘛已经与国民政府建立了正式联系，辛亥革命之后西藏与祖国之间近二十年的不正常关系有了进一步的改善。

藏族人民的另一位领袖第九世班禅额尔德尼也是赞成和拥护“五族共和”和祖国统一的爱国宗教人士。特别是在1924年来到祖国内地之后，第九世班禅一直为祖国的统一与中华民族的团结而奔走呼吁。他号召中国“五族人民同心合力如兄弟、如手足”，共建国家。南京国民政

府成立后不久，第九世班禅即在其驻南京办事处的成立宣言中，向“最亲爱之中华民国五族同胞”揭露帝国主义侵略和分裂西藏的阴谋。他指出：“征诸历史与地理上之关系，西藏欲舍中国而谋自主，实不可能；反之中国失去西藏，亦犹车之失辅。”晚年的班禅活佛致力于维护国家统一，呼吁政府和全国同胞“群起注意藏事”，“贯彻五族共和，共同抵御强邻之侵略”。直到圆寂之前，他还不忘呼吁“促成五族团结，共保国运昌隆”，“实现藏族与中国各民族的团结”。拳拳爱国之心溢于言表。

第三节　西藏和平解放、民主改革的伟大胜利

中华人民共和国成立后，中央人民政府于1949年12月发布了解放西藏的命令，并通知西藏地方政府迅速派代表来京谈判和平解放西藏的办法。但是，以达扎为首的西藏地方当局却通过其所谓的“外交局”致电中央人民政府主席毛泽东，声称西藏自古就是一个“独立国”，并写信给英、美等国乞求援助。同时，在昌都、那曲两地集结藏军，企图以武力阻拦人民解放军进藏。

1950年8月，自愿入藏劝和的四川甘孜白利寺格达活佛在昌都遇害。而此时早已离开拉萨的西藏地方政府代表团仍滞留印度不肯来京。为了以打促和，一场战斗已经不可避免。10月，人民解放军解放昌都。第十四世达赖喇嘛前往亚东，准备出走印度，但是此举受到西藏僧俗的强烈反对。11月，达扎被迫下台，达赖喇嘛亲政，并派出以噶伦阿沛·阿旺晋美为首席代表的西藏地方政府代表团进京谈判。1951年4月下旬，西藏代表团到达北京，于5月23日正式签订了《中央人民政府和西藏地方政府关于和平解放西藏办法的协议》，即《十七条协议》。

《十七条协议》签订后，中央人民政府派遣张经武将军为中央驻西藏代表，赴藏就职。张经武到达亚东后，向达赖喇嘛转达了中央人民政府和毛泽东主席的问候，劝说达赖喇嘛返回拉萨。10月26日，解放军进藏部队在张国华、谭冠三两位将军的率领下胜利抵达拉萨。11月间，

由青海、云南、新疆等地入藏的人民解放军分别进驻西藏江孜、察隅、噶大克、普兰等地，担负起保卫祖国领土、巩固国防的重任。第十世班禅也于1952年6月回到了日喀则的扎什伦布寺。

西藏和平解放了，但是西藏政教合一的封建农奴制并没有被废除，西藏人民还没有获得彻底的解放，西藏的反动势力还要为维护旧制度而同我们斗争。在当时的形势下，中央指示人民解放军和进藏干部不急于全部实行协议，而只做统战、贸易、生产、筑路等影响群众的工作。

1954年7月，达赖、班禅联袂赴京，出席第一届全国人民代表大会，参加了新中国第一部宪法的制订工作。在第一届全国人大第一次会议上，第十四世达赖喇嘛当选为副委员长，第十世班禅当选为常委。12月，第十世班禅出席第二届全国政协第一次会议，当选为全国政协副主席。1955年3月，国务院决定成立西藏自治区筹备委员会，由达赖出任主任，班禅、张国华分别任第一、第二副主任，阿沛·阿旺晋美任秘书长。1954底，康藏、青藏两条公路同时通车拉萨。1957年10月，新藏公路也建成通车。

在西藏民主改革的问题上，中央采取了让步和等待的态度。但是，西藏少数反动上层妄想永远保持反动落后的封建农奴制度，“永远不实行改革”，并终于为此目的而发动了武装叛乱。

在噶厦政府的默许下，叛乱组织“四水六岗”于1957年5月在拉萨宣布成立。1958年6月，叛乱武装“卫教军”在山南成立。噶厦政府为这些叛乱组织提供武器弹药，它控制下的藏军成排成连地参加叛乱武装。西藏的武装叛乱，从开始就得到美国的支持。美国在科罗拉多州的海尔营地训练“康巴游击队员”，然后将他们空投回西藏和其他藏区，从事恐怖活动。美国还为叛乱武装提供武器弹药、通信设备。

中央一再对噶厦提出警告，但噶厦置若罔闻。1959年3月10日，西藏上层反动集团造谣说汉人准备在达赖去军区看戏时毒死他，挑动不明真相的群众到罗布林卡“保卫达赖”。当天下午召开所谓的“人民会议”，公开提出“西藏独立”，拉萨局势陷入混乱。3月17日晚，达赖与家人化装出逃，流亡印度。20日，叛乱分子向拉萨市的党政军机关发动了全面进攻。我驻藏部队奉命平叛。经过两天的战斗，人民解放军平息了拉萨市区的叛乱。3月28日，国务院发布命令，解散西藏地方政府，责成西藏军区彻底平叛。

达赖出逃后，于1959年4月到达印度提斯浦尔，散发声明，鼓吹“西藏独立”。但中央一直等待他认识错误，保留他的西藏自治区筹委会主任一职。直到他1964年在国外公然成立“流亡政府”，公布伪宪法，其言行已经背叛祖国，国务院才撤销了他的职务。

《十七条协议》签订之后的8年期间，中央对西藏实行“慎重稳进”的方针，希望以和平的、不流血的方式完成西藏社会制度的改革。叛乱的发生，使得中央这一良好的愿望无法实现了。然而，平息叛乱为西藏的民主改革扫清了道路。经过民主改革，反动落后的封建农奴制度被彻底埋葬，西藏人民终于获得了彻底的翻身和解放。

学习思考题

1. 试述西藏近代历史上的分裂与反分裂斗争的主要特点。
2. 西藏和平解放的伟大意义是什么？
3. 试谈广大僧尼在西藏民主改革中的积极作用。

第八章

中国佛教界的爱国传统与汉藏佛教的交流

中国佛教界历来具有爱国爱教的优良传统，这种传统是中华民族爱国主义传统的重要组成部分。佛教传入中国已有2000多年，在这漫长的历史过程中，它不断地随着历史的发展而发展，随着社会的调整而调整，使自己与时代同步、与社会相融，形成了既一脉相承又独具特色的中国佛教。中国佛教的一个优良传统和突出特色就是特别注重将佛教的命运与国家、民族的命运紧密地联系在一起，实现了爱国与爱教的高度统一。晋代高僧道安法师就曾提出“不依王者，则法事难立”[①]的论断，深刻地阐明了佛教命运与国家命运之间唇齿相依的关系。历史也雄辩地证明，只有国家强盛，佛教才能兴旺。唐朝是我国封建社会发展的鼎盛时期，所以佛教也出现了八宗竞立、百家争鸣的兴盛局面。元朝是中国历史上版图最大的王朝，藏传佛教就是在强大的元王朝扶持下，从前弘期的衰微中恢复发展起来的。然而，到了清朝末年，由于清政府腐败无能，国家积贫积弱，沦为世界列强宰割的对象，造成国家动荡、战争四起，致使寺院毁于战火，僧人颠沛流离，经典遭掠散失，信众无所依归，在基本生存条件都没有保障的情况下，哪里还谈得上弘法利生、修行办道！历史告诉我们“国兴则法兴，国衰则法衰”，这是一条颠扑不破的铁律，也是中国佛教界爱国传统的渊源。正因为如此，中国佛教寺院伴随每天的晨钟暮鼓都要祈祷“国基巩固，治道遐昌”，“国界安宁兵革消，风调雨顺民安乐”，表达了佛教徒对国家繁荣昌盛、人民安居

---

① 《高僧传·道安传》，《大正藏》50卷第352页上。

乐业的虔诚祝祷。

第一节 爱国是每个佛教徒应尽的责任与义务

就佛教教义而言，爱国爱教是世法与出世法圆融的问题。《大乘本生心地观经》说：佛门弟子要上报“四恩”，其中就有“国家恩”和“三宝恩”，报国家恩就是爱国，报三宝恩就是爱教。大乘佛教还提倡“庄严国土，利乐有情”，更是要求菩萨为了国家繁荣富强和人民安居乐业而积极地入世、济世。只有把世法上的爱国与出世法上的爱教统一起来、圆融起来才能当机弘法利生，圆满佛道。宋代临济宗杨岐派高僧大慧宗杲禅师（1089～1163 年）提出“菩提心即忠义心”的主张，就是对世法与出世法关系的最好诠释。他认为佛门弟子与世俗民众之间，其实不应该存在“出世”与“入世”的区别。他说佛门弟子如果能做到将菩提心与忠君爱国的忠义心相结合，那么无论世间的事或出世间的事，都应当尽力而为。他非常明确地指出佛法与世法是圆融的，爱国与爱教是统一的。所以他极力提倡出家人也要忠君报国，鼓励僧人积极投身到护国救难的行列中去。这从理论上明确地阐述了佛教的爱国思想，指出了爱国也是每个佛教徒应尽的义务和责任。他还表示自己虽然作为一名出家的佛门弟子，但忠君爱国之心与所有的忠臣义士一样，只是无奈地感叹自己年老体衰没有能力像“忠义士大夫”那样以实际行动报效君王和国家。宗杲的爱国忠君思想对中国佛教爱国主义传统的形成，产生了十分深远的影响。明代僧兵参加抗倭斗争，可以说是受到他爱国思想的直接影响，也是对他提倡的“菩提心即忠义心”理论的壮烈实践。

在中国佛教史上，历代真正的高僧大德没有一个是不爱教的，也没有一个是不爱国的。被鲁迅先生称为“中华民族脊梁”的我国历史上伟大的翻译家、旅行家玄奘大师（约 600～664 年）就是爱国爱教、济世报国的典范。他留学印度 17 年，为弘扬中华民族的优秀文化殚精竭虑，留下了辉煌的成果，受到印度僧俗民众的崇高敬仰。当时印度最强大的羯若鞠阇国国王戒日王在曲女城特意为玄奘大师举行辩论大会，邀请五印度十八国王列席，大小乘僧及婆罗门等7000余人参加。玄奘大师作为大会论主，提出“真唯识量颂”论文，悬挂于会场门外18天，竟无人敢与他论难，最后被小乘人尊称为“解脱天”，被大乘人尊称为“大乘天”，名震五天竺。大会结束后，戒日王与十八国王皆归依为弟子。玄奘大师在印度得到如此崇高的声誉和尊敬，但他仍念念不忘自己的国家，决意辞归，用自己所学报效祖国。戒日王虽极力挽留，但他婉言谢绝，毅然背起行囊，经历了九死一生的艰难跋涉，终于回到祖国的怀抱。回国后，他多次表示“愿得毕身行道以报国恩，即玄奘之幸甚”，并用实际行动实践自己的诺言。他夜以继日、孜孜不倦地致力于译经事业，译出数以千卷的经论，为我国佛教事业和文化发展作出了不朽的贡献。玄奘大师的殷殷赤子之情、拳拳报国之心天地可鉴，光耀日月，值得我们永远学习和纪念。

作为佛教徒，热爱自己所信仰的佛教是理所当然的，同时，作为公民，热爱自己的祖国更是理所当然的。所以，佛门弟子有着双重的责任，既要爱国又要爱教。已故中国佛教协会会长赵朴初居士说：“要正确认识爱国与爱教的关系。我们佛教徒自然爱自己信奉的佛教。不爱佛教，那说明你不信仰它，就不成其为一个佛教徒。对于我们来说，爱教同爱国是统一的，是和谐一致的。皮之不存，毛将焉附！没有国，哪有教？没有社会主义新中国，就没有我们的宗教信仰自由权利，就没有我们同其他公民同等的政治权利和社会地位。没有繁荣富强的社会主义国家，就没有佛教事业的兴旺发达。对于我们佛教徒来说，把爱教与爱国对立起来是不正确的。”他指出：“我们新中国佛教徒首先是新中国公民。从我们信奉的佛教教义讲，尤其是从公民应尽的义务和天职讲，佛教徒应该而且必须热爱、维护世世代代哺育我们中华民族的伟大的可爱的祖国。”他还强调：“真正爱国也就必然真正爱教，真正爱教也就必然真正爱国。不爱祖国，忘记根本，何以报恩？何以教为？”赵朴老这些精辟的论述，既是对爱国与爱教关系的深刻阐释，也是对中国佛教界爱国主义传统内涵的科学概括，同时也是他爱国爱教光辉一生的真实写照。藏传佛教的杰出领袖十世班禅大师也强调说：“一切宗教活动要在爱国的前提下进行。大家首先要爱国，拥护中国共产党的领导，热爱我们的祖国——中华人民共和国，维护国家的统一和各民族的团结，特别是藏汉两个民族的团结。其次要爱教，遵循佛祖的教导，严守戒律，学好宗教知识，多做善事，弘扬佛法。”教育广大僧尼爱教先要爱国，做一名遵守佛教教规和国家法律的好公民和好信徒。

第二节　佛教徒积极参与反抗外敌入侵的斗争

国家兴亡，匹夫有责。在面对外敌侵略，国家危急存亡之际，中国佛教界一贯坚守爱国爱教信念，本着出家不忘爱国、修行不忘济世的原则，时刻与祖国同呼吸共命运，积极参与保国护民斗争，用自己的实际行动谱写了一曲曲可歌可泣的爱国主义颂歌。

明代中后期，日本倭寇经常侵扰我国东南沿海地区，造成沿海人民生命和财产的巨大损失，也严重威胁到国家和民族的安全。在明朝政府组织官民进行英勇的抗倭斗争中，心系民族安危的中国佛教界也组织僧兵参加了抗击倭寇、保卫祖国的战斗。据有关史籍记载，嘉靖年间，在苏州、杭州、上海一带共有六次僧人参加的抗倭战役。郑若曾《江南经略·僧兵首捷记》记载，僧兵第一次参加抗倭战役是在公元1553年。倭寇来犯杭州时，天真、天池二人率领僧兵40人前往迎战，由于僧人武艺高强、骁勇善战，大破倭寇，取得了第一次胜利。首战告捷，不仅沉重地打击了倭寇的嚣张气焰，也鼓舞了军民抗倭的勇气和决心。随后，天员所率苏州僧兵84名，追至嘉兴白沙滩，将逃窜的40余名倭贼剿灭无遗。公元1554年少林寺武僧孤舟、月空等受明朝政府的征召，率领骁勇的少林僧兵88名转战松江一带。他们在战斗中奋勇杀敌，每战必胜，让敌人魂飞胆丧，立下了赫赫战功。在上海马家浜的一次战役中，由于援兵不继，有西堂、天移、古峰等21名僧人战死沙场，为抗倭斗争献出了自己宝贵的生命。少林寺还派宗擎、普从二位武僧跟随抗倭将领俞大猷到福建去参加抗倭战争。面对外敌的入侵，中国佛教界的前辈高僧们竭尽全力保家卫国，用自己的鲜血和生命筑就了爱国主义的丰碑。

近代，在中国人民反帝反封建的斗争中，各民族佛教界爱国人士英勇抗击帝国主义侵略，参加抗日救亡和爱国民主运动，为中国人民的解放事业贡献出了自己的力量。公元16世纪末，葡萄牙、法国和英国殖民主义者在印度建立了殖民据点之后，将殖民触角伸向西藏。1888年和1904年英帝国主义发动两次武装侵略西藏的战争，西藏僧俗民众进行了英勇抵抗，给侵略者以沉重的打击。表现出西藏僧俗民众热爱祖国、热爱西藏、顽强拼搏、不怕牺牲、坚定不屈的反帝爱国精神。

在抗日战争期间，中国佛教界遵循佛陀的言教，高举“爱国爱教”旗帜，积极参与到抗日护国的民族大潮中，为抗日救国捐款捐物，组织僧侣救护队冒着枪林弹雨深入抗战第一线，救护自己的子弟兵，还撰写檄文号召全国人民抗日救国。同时，联络海内外仁人志士，启建息灾护国法会，呼唤一切正义的力量护佑祖国和人民。中国佛教界高僧大德的爱国行动为中国人民抗日战争取得最终胜利作出了不可磨灭的贡献。

1931年日本帝国主义发动“九·一八”事变，侵占我东北三省后，全国各界纷纷起来声讨，并开展各种形式的斗争。在这国难当头、民族存亡的紧要关头，中国佛教界以圆瑛、太虚、弘一、九世班禅、喜饶嘉措等为代表的爱国高僧表现出大无畏的民族气节，积极展开了反对日本侵略者的斗争。圆瑛法师以佛教界领袖的身份，通告全国佛教徒，揭露日本侵略者的暴行，号召各地佛教会组织启建护国道场，并从佛教的角度阐释保家护国的道理，起到了号召民众起来抗敌的重要作用。他又以中国佛教会主席的名义致函日本佛教界，呼吁日本佛教界唤醒全国民众，制止在华军阀的暴行。太虚大师也义正词严地对日本帝国主义的侵略行径予以严厉谴责，他发表了《为九·一八事变告台湾朝鲜日本四千万佛教民众书》，希望佛教徒发扬佛陀慈悲济世的精神，承担起维护世界和平、维护人间正义的责任，协同一致，消弭战争。他劝导日本佛教徒在此危急之际，应秉承佛训，发扬大乘菩萨遏止暴力的无畏精神，速起自救，革日本军阀政客之命，如力量不足，应与全亚洲佛教徒联合起来，共同“制止其非法行动”。九世班禅大师也向全国发表通电，严厉谴责日本帝国主义的侵略行径，号召僧俗军民、官兵义师“前仆后继，为自卫而抵抗，为正义而舍身救国”。1933 年 2 月，班禅大师在内蒙古百灵庙一带活动时，正值内蒙苏尼特旗德王等在日本关东军策动下，鼓动所谓“内蒙自治运动”，对此大师一针见血地指出“自治运动的实质是分裂祖国，必须团结一致，共御外侮”，充分表现了班禅大师抗日救国的热忱和努力促使祖国各民族团结抗敌、共御外侮的愿望和决心。

1937 年“卢沟桥事变”之后，日本帝国主义发动了全面侵华战争，致使中国人民处于无尽的痛苦之中。对此，太虚大师立即电告全日本佛教徒，呼吁日本佛教徒迅速觉醒，不要当侵略者的工具，否则只有自取灭亡。他又以中国佛学会理事长名义，电告全国佛教徒，号召国内佛教弟子同赴国难：“我等均应本佛慈悲恳切修持佛法，以祈祷侵略国止息止暴克保人类和平，在政府统一指挥下，准备奋勇护国。”太虚大师又先后作《降魔救世与抗战建国》、《成佛救世与革命救国》等多次公开讲演，将佛教理念和抗战纲领联系起来，说明遮止罪恶是佛法慈悲普济精神的积极体现，二者相辅相成，绝无违背。他还撰文指出，中国想要不被吞并或分割，对于“外来的强邻侵逼，尤非武力抵抗不为功”，鼓励佛教徒全力投入抗战事业。圆瑛法师也立即召开中国佛教会的理监事紧急会议，号召中国佛教徒积极参加抗日救亡运动，并亲自担任中国佛教会灾区救护团团长，组织僧侣救护队，奔赴前线开展救护伤员和难民的工作，又到各地帮助建立抗日救护队，举办难民收容所和佛教医院，收容并医治难民和受伤的战士。本为不染血腥的清静之地，许多寺庙也辟为收容战地伤兵的佛教医院和接纳灾区难民的佛教收容所。圆瑛法师率领中国佛教界在抗敌救灾方面的一系列义举，获得了国内外的高度赞扬。九世班禅大师也致电戴传贤（国民政府考试院院长）表示：“本人除在玉境各寺诵经追荐为国牺牲之忠魂、祈祷世界和平外，奉上大洋1000元，请代布施青衣僧，为国家祈祷”。后来，班禅大师又捐款30000元，作为前方抗战将士的药费，同时又购买救国公债20000元，表示对抗战的支持。蒋介石曾致电班禅大师，希望大师致电蒙旗各王公晓以大义，听命中央。大师受命后不顾重病在身，在床头命秘书长照拟电文，号召“各王公团结御侮，以求最后胜利”。著名的藏传佛教高僧喜饶嘉措大师则主动请缨，要对边疆少数民族进行深入的抗战救国宣传教育，以坚定他们抗战救国的信心。得到国民政府批准后，喜饶嘉措大师立即组织抗战宣传团，编印汉藏文的《为宣传抗战告蒙藏同胞书》及传单多种，赴青海海南、黄南、海东、海北等地区和甘肃甘南大夏河、洮河流域及河西走廊一带，另召蒙藏同胞同心同德、抗日救国。在各寺院发动僧侣发“救国十大宏愿”，息灾诵经，并在当时八战区及青海政府举行祭海大典上，一连三天，对到会蒙藏群众及部分汉回人士等讲述日寇的凶残暴行，宣传抗战建国人人有责。1938年，南京、上海沦陷，太虚大师和藏传佛教爱国高僧七世章嘉活佛等一起在重庆发表《通告全国佛教徒加强组织以抗倭书》，并筹办僧侣救护队、伤兵慰劳队，募捐救济流亡同胞等，一时成为佛教界重要的抗战力量。

为了支持中国人民的抗日救国运动，圆瑛法师几度分赴新加坡、吉隆坡、槟榔屿、马六甲等地讲经说法，筹集了大批款项用于抗日救灾。由于圆瑛法师大力支持抗日，号召佛教界人士全力以赴参加抗敌救亡运动，从而招致日本侵略者的忌恨。1939年9月，凶残的日本宪兵队突然涌入寺院将圆瑛法师以“抗日”的罪名逮捕入狱。他在狱中受尽日军的严刑拷打、残酷折磨，日军企图威逼他承认并声明抗日有罪。圆瑛法师大义凛然，面对侵略者的刑具，毫不屈服，始终保持了爱国僧侣的崇高气节与民族大义。日本侵略者见严刑高压制服不了圆瑛法师，便劝诱他出来与日本合作，企图拉拢圆瑛法师出任“中日佛教会会长”，以此来控制中国佛教界，进而控制中国民众，但遭到圆瑛法师的严词拒绝。圆瑛法师出狱后，仍然不改初衷，为抗敌救灾而奔走呼号，时刻关心国家的命运，他曾致书北京中国佛学院的师生，郑重叮咛：“国家兴亡，匹夫有责。佛教兴衰，教徒有责。”鼓励学生为实践大乘佛教“庄严国土，利乐有情”的菩萨行愿而奋发精进，努力拼搏。近代中兴南山律宗的一代高僧弘一法师出家前曾是我国著名的书法家、音乐家、戏剧家、教育家。出家后，很少与亲友往来，很少过问俗事，完全谢绝红尘，闭门清修，钻研戒律。但他对于祖国的兴衰存亡却非常关心，虽身在空门却时时不忘关注时局的变化。当他看到日本侵略者在中国大地上烧杀抢掠、无恶不作时，更是深恶痛绝，愤然指出“中国必胜，日本必败”。他以佛法演绎世法，唤醒民众深信因果，预示日本侵略者种下杀戮的罪恶之因，必将食下自取灭亡之果。他自题自己居室为“殉教堂”，表明了为护佛护国而殉教的决心。弘一法师经常语重心长地教育弟子说：我们所吃的是中华之粟，所喝的是黄河之水。我们身为佛子，不能拯救国难，我认为我们出家人还不如一条狗。狗还为主人看家守门，而我们一无所能还厚着脸皮受食，能无愧于心吗？1941年，为了号召全国佛教徒奋起抗战，弘一法师写下了《念佛不忘救国·救国不忘念佛》的诗句。起先他将此诗句悬挂在他讲演律学时的座位后壁上，后来凡是有人向他求赠墨宝的，都以此诗句相赠，数年之中，赠出的这种爱国诗句字幅，不计其数，由此弘一法师的爱国爱教诗句，在社会上广为流传，其爱国爱教思想，也就更加深入人心。许多佛教信徒在他的影响之下，走上了爱国爱教的道路。

总之，在中华民族危难之秋，在国将不国的危急关头，中国各族佛教界的高僧大德们始终坚守爱国爱教的信念，置个人安危得失于不顾，挺身而出，团结佛门僧众，共赴国难。在战火纷飞的年代，在枪林弹雨之中，到处都有僧人保家卫国、舍生取义的身影，充分展示了佛教徒见义勇为、扶危济困的传统美德和不畏强暴、英勇抗争的爱国主义精神。

第三节　汉藏佛教相互融通、和谐发展的历史脉络

汉地和藏地的佛教虽然同根，都是源于印度，然而其传播的路线、方式、时间等因缘各不相同，而且在传播的过程中分别与当地固有的文化、思想有某种程度的调和，形成了不同特色的佛教。承认特色，扩大交流，取长补短，共同进步，这是汉藏佛教界相互融通、和谐发展的一条历史主脉。1000多年来，通过两地高僧大德的不断接触和频繁交流，无论是在维护祖国统一方面，还是在促进佛教文化事业发展方面都取得了很大的成就。

一、文成公主入藏开启了汉藏佛教交流的大门

汉藏佛教的交流，源远流长。据藏文史料《隆钦教法史》记载，早在公元4世纪，第28代藏王拉脱脱日年赞时，就有汉地僧人到过吐蕃，并为藏王宣讲佛法。唐代，吐蕃赞普松赞干布从唐室迎娶文成公主入藏，不仅加强了汉藏两族的关系，也将汉地的佛教传入藏地。文成公主带去了大量的佛经、佛像和僧人，还亲自主持修建了小昭寺。文成公主的入藏，打开了汉藏两族僧侣交往的大门，推动了汉藏佛教文化的交流。据唐代义净《大唐西域高僧求法传》介绍，文成公主入藏以后，汉地僧人频繁前往藏地，有的还得到文成公主的资助前往印度求法。松赞干布去世后，传到赤德祖赞（704～755年）即位时，又与唐室联姻，迎娶金城公主入藏。金城公主继续推动汉藏佛教的交流，她把文成公主带去的佛像供奉于大昭寺，安排汉僧管理。同时积极建议赤德祖赞收容并供养从西域于阗受排挤的汉僧来拉萨。赤德祖赞晚年，还派桑希等四人到长安取经，他们在长安学习佛教，翻译经典，不仅带回约千卷汉文佛经，还请回汉僧。到了赤松德赞（742～797年）时，汉藏佛教界的交流就更加密切。唐室应吐蕃赞普的邀请，每年定期轮流派遣汉僧进藏传播佛教。吐蕃赞普也派遣巴赛囊等人到长安取经学法。从赤德祖赞以

来大批汉地僧人陆续进藏，虽然今天我们看不到他们在西藏具体活动的详细记载，但他们对后来西藏佛教的发展产生过积极的影响是毋庸置疑的。在《丹噶目录》中有34种经书表明是自汉文译成藏文，说明他们参与了这些佛经的翻译。后来藏僧著述科判详密，也可以推断是从这些讲经汉僧那里学来的。不过，当时对西藏佛教影响最大的乃是汉地的禅师，其中最著名的是被称为大乘和尚的摩诃衍。摩诃衍约于公元781年受赞普诏请进藏，赞普妃没庐氏等人随其出家，影响甚大。据藏文资料说，当时只有少数人还遵循印度传来的教法，绝大多数人都信奉摩诃衍的禅宗。

此外，当时由吐蕃管辖下的敦煌地区，由于汉藏两族杂居相处，汉传佛教和藏传佛教同时传播，故也成为汉藏佛教交流的中心。很多汉地的僧人纷纷从中原前往敦煌，一些藏族僧人也远从拉萨等地来到敦煌，汉藏僧人聚集一起，翻译经典，讲经说法，著书立说。据有关敦煌文献记载，吐蕃管辖敦煌后，寺庙多由藏族人管理，寺庙内的僧人有藏族人也有汉族人。有些寺院的管理者将精通汉藏双语的僧人组织起来抄写经文、翻译经典，将汉文佛经译为藏文，同时也将藏文佛教经典译为汉文。现在敦煌发现的8000多件藏文写卷中，有不少是对汉传佛教典籍的翻译或变文，如《楞伽师资记》、《历代法宝记》、《顿悟真宗金刚般若修行达彼岸法门要诀》、《二入四行论》、《卧轮禅师安心出家十功德》等等都是译自汉地的禅宗文献。还有的将汉文佛经用藏文进行注音或对勘，如对《般若波罗蜜多心经》等的注音（见敦煌文献P. T. 488号），对《瑜伽师地论·菩萨地》进行汉藏词汇的对照。据河西吐蕃文书所载统计，当时参与全部经卷的抄写、校勘的有400多人，其中吐蕃僧俗约有100名，其余多是汉地僧俗。由于在敦煌这个特殊的地域里，汉藏佛教界人士共同致力于汉藏佛经的互译，为我们留下了很多弥足珍贵的资料，也为汉藏佛教的交流作出了极大的贡献。

五代以后，汉地连年战事不断，藏区也由于朗达玛的灭佛，造成吐蕃王朝的瓦解，汉藏佛教的交流一度受阻。宋王朝虽然结束了五代十国的分裂局面，但与周边的辽、西夏、金等的冲突依然不断，造成国力衰弱、地域缩小。不过，汉藏佛教的民间交流从未间断过。特别是西北地区是汉藏两族的杂居地，这一地区的历代统治者均信奉佛教，致使这一地区的佛教信仰十分兴盛，为居住在该地区的汉藏两族的佛教交流提供了很好的平台。据布顿《佛教史大宝藏论》记载，汉藏僧人曾一起合作为贡巴饶色传授比丘戒。为后弘期佛教的兴起做过重大贡献的鲁梅等人在受比丘戒时也有汉僧参加，说明汉传佛教僧人在藏传佛教后弘期初期依然有与藏传佛教僧人合作、交流的史实。现在黑水城发现的藏传佛教汉译经典有《六字大明王陀罗尼》、《金刚剂门》、《佛眼母仪轨》、《密教念诵集》等，也说明很多藏传佛教经典被翻译成汉文在汉僧中广为流传。藏地高僧也常到汉传佛教名山朝拜，据说藏传佛教希解派祖师帕当巴桑结就曾亲往五台山礼拜。

二、元代汉藏佛教界的交流与合作成果丰硕

公元 1247 年，阔端与萨迦班智达在凉州举行了具有重大历史意义的会晤，使西藏正式纳入中央王朝的行政管辖，从此揭开了汉藏关系的新篇章，汉藏佛教的交流也进入了新的历史时期。特别是藏传佛教向内地的传播和影响日益广泛，改变了唐宋以来主要以汉传佛教向藏区传播、汉传佛教影响藏传佛教的局面。

元代自入主中原的忽必烈开始，各代帝王都崇信藏传佛教，赐封藏传佛教高僧为国师、帝师、法王，委任他们掌管全藏一切事务。因此，在元代大一统的局面下，汉藏佛教的交流十分活跃，众多藏传佛教高僧来到内地，如萨迦班智达、八思巴及其弟子，还有噶玛噶举派的噶玛拔希、宁玛派的雍敦·多吉白等各宗派的高僧活佛来到汉地，与汉地僧人进行过广泛接触，传播密教，引起了汉传佛教界对密教的重视。唐代，在汉地虽也曾流传过密教，即善无畏等开元三大士所传播的所谓东密，但到了唐末即匿迹无闻。此时，在藏传佛教的影响下，密教虽未能东山再起，但汉传佛教开始由原来的重显教轻密法而变成了显密圆融、性相

融会了。

藏地高僧在内地传播藏传佛教的同时，也受到汉传佛教的影响，并把汉传佛教传回藏地。汉藏佛教的双向传播不仅互相影响、互相借鉴，还建立了比较融洽的关系，开展了很多交流与合作，特别值得一提的是藏地高僧与汉地高僧曾合作完成了元代佛经的对勘。至元二十二年春，元世祖忽必烈命汉藏高僧进行了前所未有的汉藏佛经目录的对勘工作。其中精通佛典善于讲说的汉族高僧 15 人，精通显密二教的藏族高僧 7 人。对勘的目录底本主要以《开元释教录》为依据，藏文主要是以《西蕃大教目录》为依据。在对勘的过程中，以汉文的经典为底本，按照大小乘经律论排序与藏文佛经对勘。在藏汉佛教大师的共同努力下，经过两年多的时间，终于将 1440 部 5586 卷的佛经对勘完毕，编写出一部藏汉对勘的佛教大藏经目录，史称《至元法宝勘同总录》。“这一史无前例的学术探讨，是藏汉佛教文化的一次大规模总结，也是藏汉两民族团结合作的一座里程丰碑”。它不仅开启了汉藏佛经对勘的先河，同时，也促进了藏汉佛教的共同发展，也为汉藏佛教的进一步交流奠定了基础。

三、明清时期汉藏两地佛教交流进一步深入

明代继承了元代对西藏的政策，也极其礼遇藏传佛教，使汉藏佛教的关系更为密切，交往范围进一步扩大。仅明宣德十年，在京城各寺的法王、国师、喇嘛就多达 690 余名，慈恩寺、隆善寺、能仁寺、保庆寺、护国寺等是当时藏传佛教僧人最多的寺院。成百上千的藏传佛教高僧喇嘛来到内地，扩大了藏传佛教在汉地的影响，同时，他们也把汉传佛教文化传回藏区。特别是他们中有些人得到中央王朝的丰厚赏赐，所赏赐的物品有很多是汉地的佛像、佛经、法器等，这些汉地的佛像、经书等物品被带到藏区，客观上促进了汉藏两地佛教的文化交流。此外，藏传佛教高僧经常来内地的一些汉传佛教名山圣地朝拜，如藏密高僧促钦觉巴·南木喀坚赞大师于 1430 年到峨眉山，拜谒了五百罗汉堂和万年寺。1443 年，喀觉巴大师在普贤菩萨像前敬献贡品，发愿祈祷，并

撰写了峨眉山圣地颂辞道歌。有的甚至长期居住在这些名山大寺里，讲经说法，弘扬藏传佛教。如 1404 年，明成祖召请藏传佛教高僧哈里麻到南京，封他为大宝法王。翌年，他到五台山朝拜，在显通寺住了一年多。1414 年，明成祖封宗喀巴大弟子释迦也失为大国师，释迦也失接受封号后，离开京城直接前往五台山，朝拜文殊菩萨。他在五台山一住就是五年。在此期间，他一面修行，一面弘扬藏传佛教，曾在圆照寺为汉地僧众讲经说法。经过他的弘扬，藏传佛教在五台山逐渐兴盛起来，五台山也成为汉藏佛教界交流的圣地，一直延续到今天。释迦也失回到拉萨后，在色拉寺还建立了汉僧院（甲扎仓），供汉地僧人修学，更加深了汉藏佛教的紧密关系。1410 年，明永乐八年，中央王朝雕刻出版了《西藏大藏经·甘珠尔》，并把其中的一部赠送给宗喀巴大师，《西藏大藏经》的出版为汉藏佛教的交流又架起了一座友好的桥梁。

满族入关掌握政权后，也大力推崇藏传佛教。特别是顺治和康熙皇帝先后分别正式册封达赖喇嘛和班禅额尔德尼之封号，并规定达赖、班禅等大活佛的转世灵童，要在驻藏大臣的主持下，经过金瓶掣签后当众认定，最后报中央政府批准方能生效。在清朝皇帝的扶持和帮助下，达赖、班禅逐渐成为藏传佛教的领袖，为实施中央对西藏的政策起过积极的作用。五世、十三世达赖和六世班禅都亲率高僧大德和上层贵族朝拜清朝皇帝。汉藏佛教的交流进一步深入，特别是藏传佛教的领袖、高僧、活佛频繁来内地参拜名山胜迹，宣扬藏传佛教，如三世章嘉活佛、十三世达赖喇嘛、九世班禅大师等都曾到过五台山朝拜，六世、十世达赖喇嘛还到过峨眉山朝拜。有的藏地高僧受朝廷敕封甚至长期驻锡五台山，管理寺庙，如清顺治年间，就诏命藏传佛教高僧阿旺罗藏前往五台山，敕封为“札萨克”大喇嘛，统领五台山藏汉僧人。乾隆皇帝也曾命章嘉若必多吉驻锡五台山镇海寺，他圆寂后在寺内为他修建了精美的舍利塔。这些藏传佛教活佛、高僧到汉地朝拜、传法，不仅促进了藏传佛教在内地的传播，同时加强了汉藏两传佛教界的交流，更加密切了双方的关系。清政府还在内地大力建造藏传佛教寺院，如在北京建有雍和宫，在承德建有外八庙。清初，还将五台山原有的十座寺庙改为喇嘛庙，在这些寺庙内的主要位置供奉着格鲁派创始人宗喀巴大师像，并从蒙藏地区招聘僧人入住，最多时曾逾千人。这些藏传佛教寺庙的修建，不仅为藏传佛教的僧人们提供了宗教活动场所，也为汉地信仰藏传佛教的信徒提供了瞻仰朝拜之地。这些重大举措为汉藏佛教的交流创造了宽松的环境，提供了广阔的平台。

四、近代汉藏佛教界交流的深入和扩大

近代，随着科技的发展、交通的便利，汉藏两族人员的往来更加频繁，汉藏佛教界的交流也进一步深入和扩大。藏传佛教的高僧频繁来内地收徒传法、举办法会，引起汉地僧人学习密法的兴趣。1924 年 2 月，九世班禅大师在章嘉呼图克图等人的陪同下，乘专车来到北京，受到政府代表、蒙藏院官员、雍和宫喇嘛及民众的热烈欢迎。当时，汉传佛教领袖太虚也应邀到北京演讲《仁王护国经》，便请班禅大师设坛修法、显密双修，以求国家和平治安、消除人民灾难苦厄。班禅大师当即复函欣然同意，在雍和宫为汉满蒙藏各界全体传法。1925 年 4 月，班禅来到上海，上海佛教界举行盛大的欢迎大会，并请他说法，前来听讲的有 1000 多人。往后数年，班禅大师在内地积极地进行弘法活动，应内地缁素之请，还数次举行时轮金刚法会，足迹遍布南京、杭州及东北等地。1926 年，以修灌顶法而闻名京城的雍和宫白普仁喇嘛(1870～1927 年，名光法，字普仁，热河省东蒙古人，常住北京雍和宫)南下，各省争相邀请举行法会，他的金光明法会在华北、华中一带大受欢迎。白普仁抵达湖南时，受到 400 多人的隆重欢迎。白普仁还接受武昌佛学院的邀请，前往该院为学僧说法。1932 年，七世章嘉・罗森班殿活佛到峨眉山瞻礼普贤菩萨，举行了诵经念佛法会。这些藏传佛教高僧深入内地弘法，引起汉地僧人学习和研究密教的兴趣。近代汉传佛教高僧大勇法师就是受白普仁喇嘛的影响由学日本东密转向学习藏密的。1924 年大勇法师在北京创办藏文学院，1925 年，组织藏文学院 20 多名学生成立进藏学法团，亲自率领前往西藏。由于时局动荡、经费不继等原因，学法团只到达康区，未能如愿进藏。但他们学习藏传佛

教的心愿并没有改变，后来各自想办法或进藏区，或留康区继续学习藏文和藏传佛教。其中，成就最大的应属法尊法师。他从西藏学法回来后，翻译出大量藏传佛教典籍，并写有不少论著，为汉藏文化的交流和藏传佛教的弘扬作出了巨大贡献。从 1937 年开始，蒙藏委员会制定了《汉藏互派僧侣游学办法》，鼓励、资助汉僧前往西藏学习，藏族僧人来汉地学习。这对有志前往西藏学经的汉僧来说，是一个难得的机遇。据杨嘉铭统计，民国初期游学西藏的汉僧至少有 54 人，其中获得蒙藏委员会补助者有 29 人。汉传佛教僧人不仅热衷于密法修习，还在全国各地设有许多机构，专门从事藏传佛教教理研究、藏文经典翻译以及编辑藏汉字典等工作。如在四川重庆太虚大师创办了汉藏教理院；在北京九世班禅成立了北京密藏院，韩清净建立了三时学会；在南京欧阳渐在支那内学院开设了藏文文法课程等，藏传佛教的研习在内地一时蔚然成风，显示了内地藏传佛教的发展并非只有密咒、灌顶而已，汉传佛教界也开始重视藏传佛教的教理教义研究。

汉藏佛教的交流是随着历史的发展而发展的。佛教一直是汉藏两族1000 多年来交流和沟通的桥梁和纽带，为维护祖国统一、民族团结作出了重大贡献。加强汉藏佛教交流不仅丰富了藏传佛教的内容，使藏族文化呈现出更加绚丽斑斓的色彩，同时也为中华民族文化注入了新鲜的血液，增添了新的活力。我们透过汉藏两族宗教文化领域交流与合作的历史事实，会更充分地感受到“藏族离不开汉族，汉族也离不开藏族”的深刻内涵。2006 年 4 月，藏传佛教领袖第十一世班禅大师在江西云居山真如寺拜会了中国佛教协会会长一诚长老，并共同植下了一株“汉藏连心树”，表达了汉藏两族佛教界真心相待、友好相处、平等交流的美好愿望。愿“汉藏连心树”茁壮成长、万古长青！

学习思考题

1. 为什么说爱国是每一名佛教徒应尽的责任和义务？
2. 谈谈你所了解的佛教徒积极参与反抗外敌入侵斗争的历史故事。
3. 谈谈你所知道的汉藏佛教友好交往的历史故事。

第九章

藏传佛教的爱国主义传统

在漫长的历史发展过程中，藏传佛教形成了优良的爱国主义传统。这种爱国主义的光荣传统和崇高精神至今依然焕发着生机，并激励着当代藏传佛教界的有识之士。在维护祖国统一，加强民族团结，构建社会主义社会和谐的伟大事业中，爱国主义传统既是当代藏传佛教界广大信教群众的强大精神支柱，也是中华民族爱国主义传统的重要组成部分，需要进一步发掘、继承和弘扬。在为藏传佛教界爱国主义传统的形成和发展作出历史贡献的宗教界人士中，既包括一些爱国爱教的活佛高僧，也有普通的僧尼。他们有的为维护祖国统一作出过重要的贡献，有的为解放西藏献出了宝贵的生命，有的为加强西藏与祖国内地的政治宗教文化联系而默默尽职尽责。无论处在什么年代，无论生活在什么环境，他们始终坚守爱国主义的根本信念，把爱家乡、爱民族、爱宗教和爱祖国统一起来，从而形成了爱国爱教的优良传统。

藏传佛教界爱国爱教的优良传统，有着丰富的内涵与鲜明的时代特征，并通过这些代表性人物的思想、言论和行动展现出来。

第一节　为西藏正式纳入中央政府行政管辖作出历史贡献

公元 13 世纪中叶，西藏地方正式纳入中央政府的行政管辖。在这一伟大进程中，藏传佛教历代高僧大德，为争取和维护祖国统一作出了重要的贡献。这一时期也可以说是藏传佛教界爱国主义形成和早期发展时期。出现了一个以萨迦班智达和八思巴伯侄为代表的爱国爱教的人物群体，其中包括元朝历代帝师和本钦、帕木竹巴噶举派的领袖绛曲坚赞、噶举教派的历代活佛、萨迦教派的大乘法王、格鲁教派的大慈法王以及阐化王、辅教王、阐教王、护教王、赞善王，以及第五世达赖喇嘛和第四世班禅额尔德尼等高僧大德。

萨迦班智达贡噶坚参（1182～1251 年，以下简称萨班），是藏传佛教界历代爱国主义高僧中的先驱者，他自始至终把祖国与西藏的政治命运紧密地联系在一起。为了争取西藏早日成为祖国大家庭中的一员，为了避免战争给西藏老百姓带来灾难，他不顾高龄、体弱与路途艰辛，毅然决然地携带侄儿八思巴和恰那多吉二人，于 1244 年离开西藏，历时两年抵达凉州，于 1247 年与阔端会晤。

萨班和阔端历史性的会晤，决定了西藏正式纳入中央政府行政管辖的政治命运。此次会晤通过和谈方式把西藏的政治归属问题加以彻底解决，从而避免了战争给西藏老百姓带来的巨大灾难，利于民族利于国家。会晤后，萨班给西藏各地方政教首领写了一封信，详细阐述了此次会谈的成果，并陈明西藏归顺的政治必要性和历史发展的必然趋势，此信即著名的《萨班致蕃人书》，它是西藏成为祖国大家庭一员的历史见证。“他的这封信，受到藏族僧俗各界的欢迎和尊重、执行，成为西藏自愿参加到伟大祖国的各民族大家庭中的一份重要历史文献。”①

萨班为西藏纳入祖国统一多民族大家庭所做的贡献表明，他不仅是一位知名的学者，对西藏的传统佛教文化发展作出了特殊的贡献，而且还是一位著名的政治活动家，为西藏正式纳入中央政府的行政管辖作出了重要的历史贡献。

萨班的爱国主义思想和爱国主义精神，由他的侄儿八思巴（1235～1280 年）继承下来。八思巴不仅是萨班血统和法统上的继承者，也是他的优良爱国主义传统的继承者。八思巴一生奔波于加强元朝中央政府与西藏地方关系的政治征途上，萨班和阔端所确定的中央管理西藏地方

① 恰白·次旦平措等：《西藏通史》，拉萨：西藏古籍出版社，1996 年版，第 323 页。

的政治框架，通过八思巴的努力贯彻和切实执行，获得了丰硕的成果。后世在元朝历代皇帝和西藏历代首领的共同维护下，中央政府与西藏地方的政治关系稳步推进，获得了积极进展。

八思巴是第一位出任中央政府高级官员的西藏高僧，他不仅在藏传佛教界具有很高的权威，而且在元朝中央政府内具有很高的职位，他利用这一特殊的政教身份和政教地位，为萨迦派的发展，为西藏地方的稳定和进步，也为加强西藏地方和中央政府之间的关系发挥了别人无法替代的积极作用。元朝中央在西藏地方设立的管理十三万户的管理制度、"本钦"制度，以及户口登记、驿站设置、征兵、驻军等制度，加强了中央政府对西藏地方的行政管辖，促进了西藏的稳定和发展。

明朝时期，中央政府与西藏地方首领的交往也十分频繁，在藏传佛教界涌现出许多爱国人士，他们与中央政府之间通过互动方式保持西藏地方对中央政府的政治隶属关系。明朝中央政府还通过采取"多封众建"的扶植政策，整合西藏的区域政治势力，通过对藏传佛教首领颁赐政教名号使上层首领地位合法化。通过他们的政教影响来实施管理职能，而西藏地方的行政长官也在中央政府的支持下获得政教权力，履行职责。

公元1368年，朱元璋派遣员外郎许允德诏谕藏区僧俗首领，"举元故官赴京"，归顺明朝中央政权。与此同时，各藏区首领先后向明朝举荐了元朝时的西藏旧官100余名，明朝分别改易敕书印信，任作政教长官。明朝先后向藏传佛教界的高僧大德加封赐号，如明朝永乐皇帝迎请第五世噶玛巴黑帽系活佛得银协巴到南京，于公元1407年即藏历第七饶迥火猪年，永乐皇帝赐封他为"如来大宝法王西天大善自在佛"。[①]后来，明朝永乐皇帝又迎请萨迦派的大乘法王贡噶扎西到祖国内地，请求他传授灌顶，并赐给他诏书。公元1415年，明朝永乐皇帝赐给格鲁

① 恰白·次旦平措：《明朝对西藏高僧的封授》，载《中国西藏》，1996年第3期，第50页。

派释迦也失“万行妙明真如上胜清净般若弘照普慧辅国显教至善大慈法王”的封号。明朝中央皇帝赐给藏传佛教界高僧的封号，体现了中央政府的政治权威。同时，藏传佛教界的高僧大德接受中央的封号，既表明藏传佛教界高僧大德认同中央政府的政治权威，也体现出那个时代藏传佛教界的爱国思想和爱国特征。

明朝中央与西藏地方的政治关系，经历了从发展到巩固的新阶段。中央通过向藏传佛教界的上层人士册封政教名号来巩固中央与西藏地方的政治隶属关系。与此同时，又通过多封众建的政策，来制衡西藏内部的区域政教势力，皇帝也利用藏传佛教界人士来教化西藏信教群众，诚如学者所言：“佛教高僧往往以正面的说教作回应，表明佛教以自己的传法教化民众，使民众行善止恶，对父母尽孝，对国家尽忠来助王化于治道，促进社会安定和和谐”，从而“在政权层面上按照中央政权的要求行事，做到了‘忠修职责’、‘抚治人民’；在经济领域形成了中央与地方、内地与边疆物资的一种交流渠道；它同明朝中央政权大力发展的‘茶马互市’一同构成维护和发展统一的多民族国家格局的经济基础和重要纽带。”①

公元 1644 年，清军入关并建立了清王朝，第五世达赖喇嘛和第四世班禅额尔德尼随即派使者朝贺。公元 1651 年，顺治皇帝册封第五世达赖喇嘛罗桑嘉措“西天大善自在佛所领天下释教普通瓦赤喇怛喇达赖喇嘛”封号，并赐金印金册，由此确立了达赖喇嘛的封号和他在西藏的政教地位，这充分说明历辈“达赖喇嘛”的名号权威，是由清朝中央政府授予而确立的，而历辈达赖喇嘛的转世和坐床，则必须有清朝中央政府的册封，否则既不能得到应有的认可，也没有应有的政教地位。清朝中央政府还先后册封四世班禅为主的其他西藏活佛，使西藏及蒙古大活佛均有呼图克图等政教名号。而且，从西藏历史记载来看，享有呼图克

---

① 江平等人：《西藏佛教界的爱国主义传统》，载《中国藏学》，1996 年第 2 期，第 6 页。

图政教头衔的诸多活佛，程度不同地在维护祖国统一方面作出过突出政绩和贡献。这充分说明清朝中央政权对西藏政治行使有效的管理。而作为格鲁派政教领袖的达赖喇嘛和班禅额尔德尼，其忠于清朝中央政权的种种表现，也对信奉格鲁派的蒙古部落归顺清朝中央产生了积极的影响，对巩固和发展统一的多民族国家作出了特殊的贡献。

第二节　抵御外来侵略，维护国家主权

17世纪以后，祖国边陲的西藏面临着新的挑战，西方帝国主义通过插手西藏政治事务，来干扰和破坏中央与西藏地方的政治隶属关系。在这种新的形势下，中央与西藏地方的政治关系面临考验，需要得到进一步的巩固和加强，西藏地方反对外敌入侵、维护国家主权的问题突显出来。与此同时，藏传佛教界的爱国主义内涵和表现形式也相应的发生变化，从而使藏传佛教界的爱国传统进入第二个发展阶段。在这个历史阶段，藏传佛教界的爱国主义传统主要表现在反对外来侵略、维护祖国统一和主权完整上。这时期，先后涌现出许多爱国的藏传佛教界人士，较有代表性的人物有第四、五、六、七世班禅额尔德尼，第五、七、八世达赖喇嘛，以及摄政王第穆呼图克图、策墨林呼图克图、热振呼图克图等著名的爱国活佛。

公元1624年，葡萄牙耶稣会神父安夺德同马柯斯越过西藏阿里南面的玛那山口，在阿里的扎达县修建了西藏高原上的第一座耶稣教堂。后来，因古格王朝采取扶持天主教、打击迫害格鲁派的措施，激起了格鲁派寺院集团及广大佛教信徒的反抗。他们在1630年推翻了以赤扎西扎巴德为首的世俗封建集团的统治，并驱逐了安夺德等外国传教士。公元1628年，葡萄牙传教士卡塞拉和卡布拉尔先后到日喀则进行传教，并得到藏巴汗·丹迥旺布的欢迎和支持，在日喀则建立了一个传教会。然而，藏巴汗的行径和西方传教士的活动，再次遭到藏传佛教界高僧大德和广大信徒的反对。1630年，古格王朝因支持天主教而被暴动的僧

俗民众推翻，迫使藏巴汗收敛了对天主教的支持，1632 年，日喀则的传教会也被迫关闭。“1624 年至 1632 年期间，在阿里地区和日喀地区驱逐西方传教士、关闭传教会，是藏传佛教界同西藏人民一道，反对西方殖民势力以‘传教’方式进行渗透的斗争所取得的胜利。它起了维护祖国主权的作用。”①

公元 1774 年，东印度公司派秘书波格尔率领一探察队，打着“平等通商”的幌子进入后藏日喀则，并拜会了六世班禅额尔德尼，要求前往拉萨，但未得到班禅额尔德尼的同意。后来他又要求和西藏地方政府签订一个商约，但是拉萨派来的官员告诉他，西藏归中国皇帝管辖，没有皇帝的批准，他们不能私自做主。1811 年，英印总督再次派遣曼宁伪装成印度僧人混进拉萨，并拜见了年仅 7 岁的第九世达赖喇嘛，之后在僧俗官员中进行间谍活动，散布谣言，挑拨西藏地方政府同清朝中央的关系，被驻藏大臣和摄政第穆呼图克图驱逐出境。

除此而外，以英国为首的其他西方国家，借“贸易”、“朝佛”、“考察”等名义，派遣间谍人员频繁进入西藏。但是，第十三世达赖喇嘛和第八世班禅额尔德尼，率领众呼图克图活佛、三大寺的堪布，僧俗官员军民等给驻藏大臣呈递公禀，详陈洋人秉性不好、迫害佛教和欺骗藏人的事实，表示西藏僧俗立誓，从此不让洋人踏入西藏。该公禀实际上成为达赖喇嘛和西藏僧俗人民反对帝国主义的宣言。在西藏上下一致反对洋人入藏的坚决态度面前，帝国主义者无可奈何，只得暂时放弃从内地进入西藏的图谋。

第三节　反对分裂，捍卫祖国领土完整

从 19 世纪末至 20 世纪初，藏传佛教界的爱国主义传统进入新的发

① 江平等人：《西藏佛教界的爱国主义传统》，载《中国藏学》，1996 年第 2 期，第 6 页。

展时期。在这一时期，藏传佛教界的爱国人士坚持维护祖国统一，反对内部分裂祖国的势力，是藏传佛教界人士发扬爱国主义的集中表现。其代表人物有九世班禅额尔德尼、六世热振活佛、十一世帕巴拉活佛以及其他一大批藏传佛教界的爱国人士。

据十三世达赖喇嘛传记载：达赖喇嘛拜见慈禧太后和光绪皇帝时，提出“现在有些外道国家心怀不良，时常想要攫夺西藏地方，进行侵略，清朝政府为了保护黄教和西藏众生安全，应帮助西藏进行抵抗，保全藏地”①。在英国侵略西藏时，不仅藏传佛教界的爱国人士，而且西藏广大的僧俗群众共同反抗英帝国主义，表现出坚定维护国家主权的决心。“年仅 13 岁的十三世达赖喇嘛土登嘉措在摄政第穆呼图克图等高级僧官的辅佐支持下，表现出高昂的抗击侵略者的热情，他采取了在当时条件下力所能及的几项措施：一是每批民兵开往前线时，给每一战士摸顶，并发给一个特制的‘护身符’，以鼓舞士气；二是加派噶伦等高级官员 3 人，负责前线藏军总指挥和后方运输等事宜，命三大寺各扎仓的堪布也随同前往，以加强前线藏军的部署、指挥和后勤保障；三是下令三大寺积极组织僧兵，准备必要时开赴前线参加战斗；四是命令放咒喇嘛在布达拉宫念经放咒，诅咒英军失败；五是在布达拉宫请乃穷（护法神）降神问卜，乃穷表示既已作了就‘干到底’，以此来表达抵抗到底的坚强决心，鼓舞士气，稳定民心”②。达赖喇嘛还于 1904 年下令取缔了英国人控制的警察局，停止了英国教官对藏军的训练，封闭了英国人控制下设在江孜的贵族子弟学校。1929 年，达赖喇嘛在接见国民政府联络员刘曼卿时表示：“吾所最希求者，即中国真正和平统一”，“英人对我确有诱惑之念，但吾知主权不可失”。

同样，九世班禅额尔德尼也对西藏内部亲帝派的活动进行过坚决的

① 牙含章：《达赖喇嘛传》，北京：华文出版社，2000 年版，第 232 页。

② 江平等人：《西藏佛教界的爱国主义传统》，载《中国藏学》，1996 年第 2 期，第 6 页。

斗争。他积极参与领导了抗英战争："九世班禅额尔德尼所派代表苏康努森本堪布与噶厦所派拉丁色代本并肩指挥作战，不幸以身殉国"①。在英国人的拉拢收买面前，九世班禅额尔德尼始终坚持爱国主义立场，使英帝国主义的阴谋未能得逞。

1923年，九世班禅额尔德尼因与十三世达赖喇嘛出现纷争，被迫逃离西藏到达内地。在内地活动期间，九世班禅额尔德尼始终高举爱国主义旗帜，反对当时西藏上层当中的亲英派搞分裂活动的卖国行径，他在南京新亚细亚学会第三次会员大会上发表了题为"西藏是中国的领土"的著名讲演，表达其爱国思想和爱国热情。九世班禅额尔德尼在内地生活和活动了十五年左右的时间，足迹几乎遍及全国各地，在反对外国侵略、维护祖国统一、促进民族大团结等方面都作出过突出贡献。

1933年十三世达赖喇嘛圆寂，经过西藏大会的提名以及国民政府的批准，第五世热振呼图克图出任摄政。当时亲英派势力虽然很强大，但第五世热振活佛始终坚持爱国立场，同民国中央政府保持着密切的关系。在处理有关西藏内部的重大问题，如寻访认定第十三世达赖喇嘛的转世灵童等事宜上，第五世热振活佛主动向中央政府报告请示，按中央政府的指示进行办理，维护了祖国统一、维护了国家主权。

第五世热振活佛摄政期间，自始至终打击亲英派的分裂行径，精心办理西藏的政教事务，深得西藏僧俗群众的拥护。热振活佛虽然被亲英分子迫害，但他亲近祖国、维护团结、反对帝国主义侵略的爱国主义精神将永载史册。

第四节　拥护解放西藏，建设社会主义新西藏

新中国成立之际，中央人民政府一方面做好进军西藏的准备，另一

① 江平、李佐民、宋盈亭、辛文波、廖祖桂等：《第九世班禅额尔德尼·曲吉尼玛评传》，载《中国藏学》，1997年第3期，第13页。

方面又确立了争取和平解放西藏的方针，对西藏政教上层人士开展团结争取的工作，得到了他们的积极响应。1949年10月，第十世班禅额尔德尼首先致电毛泽东主席和朱德总司令，表示拥护中央解放西藏的政策。1950年10月，昌都强巴林寺第十一世帕巴拉活佛派代表送信给解放军，表达支持和拥护中央解放昌都的愿望。当时，已经解放和即将解放的藏区藏传佛教界的爱国人士，如四川甘孜的格达活佛、青海的喜饶嘉措大师等，分别以不同的方式表示拥护中央政府解放西藏的政策，支持维护祖国统一和民族进步的伟大事业。格达活佛（1902～1950年）更是其中杰出的代表，为西藏的解放事业献出了宝贵的生命。

早在红军长征时期，格达活佛就利用自己的身份和影响，积极宣传党和红军的政策和宗旨，组织僧俗群众筹粮筹款，做了许多有益的工作。1936年，红军西进康北，格达活佛明确表示："我作为活佛，以佛经来超度信徒的灵魂到极乐世界，而共产党领导的红军，是为穷人打天下的军队；我们信仰上虽有差异，但共同目的却为穷人"。后来格达活佛大力支援红军的事迹迅速传遍了甘孜地区。不久，朱德总司令到了甘孜，亲自到白利寺看望格达活佛，与他亲切交谈，鼓励他为藏族人民的解放而努力奋斗。红军总政委陈昌浩特地颁发布告，对格达活佛的爱国行为表示感谢并给予表彰。

新中国建立初期，西康省尚未获得解放，格达活佛秘密派出代表穿过国民党封锁线，经青海到北京，向毛主席、朱总司令献旗祝贺。1950年春，人民解放军解放康定以后，他在甘孜亲自主持召开了3000多人的群众大会，欢迎解放康定，并派代表带上礼物和亲笔信到康定欢迎人民解放军。1950年4月底，吴忠和天宝将军率领人民解放军来到甘孜县，亲自登门拜访了格达活佛，并转达了毛主席、朱总司令以及刘伯承、邓小平、贺龙、李井泉对他的问候，感谢当年他对党和红军的大力支持和帮助。党和政府给予了他极高的荣誉和信任，先后任命他为西南军政委员会委员，西康省人民政府副主席、康定军事管制委员会副主任。

1950年5月，在朱总司令的建议下，中国人民政治协商会议致电邀请格达活佛到北京参加全国政协一届三次会议。当天宝将军把这个消息告诉他时，他却说："我是非常希望见到毛主席和朱总司令的。但是目前西藏尚未获得解放，实现祖国统一的愿望还没有彻底达成，我怎么就到北京去呢？我希望先到西藏去，向拉萨三大寺以及噶厦政府里的我的朋友们宣传共产党的民族宗教政策，以我的所见所闻来说服他们回到祖国的怀抱。等到西藏和平解放以后，我再去见毛主席和朱总司令。"[①]得知格达活佛要求去西藏后，朱总司令致电劝阻，但格达活佛不改初衷，朱总司令见格达活佛主意坚定，就同意了他的要求。但嘱咐他要特别注意安全，切不可冒险前行。

7月10日，格达活佛以西南军政委员会委员、西康省人民政府副主席的身份，启程赴藏。24日到达了昌都，格达活佛拜访了昌都总管，向他阐明了共产党尊重历史和现实，按照人民的愿望，实现西藏早日回到祖国的怀抱，完成国家统一的主张。但是，噶厦不同意格达活佛进入西藏，要守军无论如何阻止格达活佛进入拉萨。但是，格达活佛始终坚持："我死也不悔，但求到拉萨一见达赖。"这引起了噶厦政府中一些上层民族分裂分子的恐惧和忌恨，他们竟丧心病狂地对格达活佛下了毒手。8月22日格达活佛在昌都圆寂，享年47岁。

格达活佛为了和平解放西藏，孤身前往西藏劝和，不幸在昌都殉职，为了维护祖国统一而献出了宝贵的生命，他成为藏传佛教界爱国爱教的一名杰出代表。与此同时，另一位爱国高僧喜饶嘉措大师也通过广播发表谈话，利用自己在西藏上层的影响，宣传党的民族宗教政策和中央人民政府和平解放西藏的方针政策，劝导西藏地方政府响应中央的号召，同中央进行和平谈判，实现西藏和平解放。

十世班禅大师同样是一位爱国爱教的宗教领袖，他把终身奉献给了西藏的解放和建设事业。在西藏和平解放以前的1950年，班禅大师即

① 《雪域之子——第五世格达活佛》，www.gzznet.com.culture.《甘孜文化》。

派计晋美等人作为他的代表，专程到西安拜见彭德怀，提出有关解放西藏办法的建议。彭德怀和习仲勋会见了计晋美一行，并热情支持班禅大师的爱国行动。1951年，第十世班禅额尔德尼率领堪布会议厅45名代表应中央政府的邀请抵达北京，配合、参与中央人民政府与西藏地方政府关于和平解放西藏办法的谈判。5月28日，十世班禅额尔德尼正式发表声明，拥护5月23日签订的《中央人民政府和西藏地方政府关于和平解放西藏办法的协议》；5月30日又致电第十四世达赖喇嘛丹增嘉措，愿意与达赖喇嘛精诚团结，共同为西藏的建设和发展出力。1954年班禅额尔德尼在北京出席第一届全国人民代表大会第一次会议，当选为全国人大常务委员；12月出席第二届中国人民政治协商会议第一次会议，当选为全国政协副主席。

1956年，十世班禅大师应邀前往印度访问，因印方负责接待的官员同流亡国外的西藏分裂主义分子相互勾结，在给班禅额尔德尼安排的车头上插着印度国旗和西藏的雪山狮子图案时，班禅大师当即正告印方官员："请你们立即在我的汽车上插上五星红旗，取掉那个雪山狮子旗。否则我将坐我们大使的车。"① 从而挫败了敌人的阴谋。

在西藏的民主改革运动中，第十世班禅额尔德尼积极赞成和主张宗教改革，他明确提出"宪法进寺庙"的主张，后来受到中央的肯定和采纳，成为指导西藏寺庙民主改革的总方针，对西藏寺庙的民主改革产生了深远的影响。"班禅大师在主持西藏自治区筹备委员会工作期间，贯彻执行宪法规定的宗教信仰自由政策，实施他所主张的寺庙民主改革的各项原则，为废除宗教寺庙的封建特权、封建压迫和剥削制度以及寺庙内部等级森严的封建管理制度，实行民主管理制度，作出了卓越的贡献。"②

---

① 《十世班禅大师轶事》，中国西藏信息中心，www. tibetinfor. com. cn。

② 江平等人：《第十世班禅额尔德尼·确吉坚赞评传》，载《中国藏学》，1997年第2期，第31页。

十世班禅大师也非常重视培养爱国爱教的藏传佛教人才的工作。班禅大师从1986年开始筹备创建“中国藏语系高级佛学院”，经中央批准，于1987年正式建院，他亲自担任佛学院院长。高级佛学院先后培养出一批又一批既有高深佛学造诣，又在政治上拥护共产党领导、拥护社会主义，坚持走爱国爱教，并具有相当科学文化知识的新型藏传佛教后继人才。十世班禅大师经常深入藏区社会，他既向信教群众讲经说法，又向藏族干部群众宣传党的民族政策、宗教政策、统战政策，并以他的亲身体验，向藏族群众现身说法，阐明这些政策的正确性，号召人们热爱共产党。十世班禅大师的口头禅是“没有共产党就没有我班禅的今天”，他始终积极宣传党的各项政策，维护党的形象和威信。“文化大革命”刚结束，班禅大师回顾自己曲折的经历时，说道：“无论批判斗争还是监狱生活，都没有使我对共产党的信任和热爱有过丝毫动摇”[①]。第十世班禅额尔德尼始终坚守“四热爱原则”，即热爱共产党、热爱祖国、热爱本民族、热爱自己信仰的宗教。

1989年1月，十世班禅大师离京赴藏，去参加经中央批准、由他亲自主持修建的第五世至第九世班禅大师合葬灵塔及祀殿——班禅东陵扎什南捷开光大典。1月23日主持召开各藏区知名人士座谈会，24日同宗教界各派人士座谈。在两个座谈会上，班禅大师就贯彻执行党的民族、宗教政策，贯彻执行民族区域自治法，完善和充实民族区域自治制度，搞好改革开放，社会主义现代化建设事业，反对分裂祖国的一切言行，维护藏区的社会稳定和安定团结，维护祖国统一和民族团结等重大问题，发表了长篇讲话。1989年1月28日，十世班禅大师因操劳过度，在扎什伦布寺他的新宫德钦格桑颇章圆寂，享年51岁。

第十世班禅额尔德尼在世时，邓小平同志说过“你是我们国家一位最好的爱国者”，十世班禅大师圆寂以后，我们党和国家给予他高度评

---

① 江平等人：《第十世班禅额尔德尼·确吉坚赞评传》，载《中国藏学》，1997年第2期，第33页。

价，称他是伟大的爱国主义者、著名国务活动家、中国共产党的忠诚朋友、藏传佛教的杰出领袖。第十世班禅大师是藏传佛教界爱国爱教的典范。

在社会主义现代化建设的伟大事业中，西藏和其他藏区的活佛和高僧也发挥了积极的作用，如坚持爱国爱教，积极推动宗教与社会主义社会相适应的嘉木样活佛、珠康活佛，协助政府解决边界和草山纠纷的贡唐仓活佛，以及在西藏教育领域作出过贡献的东噶活佛、才旦夏茸活佛等。

总之，藏传佛教界的爱国主义优良传统，有着深厚的历史和思想基础：1. 从元朝册封萨迦派的首领八思巴为帝师以来，爱国传统已有700多年的继承和发展史。西藏一大批藏传佛教界人士继承和发扬这一传统的爱国主义思想传统，历代藏传佛教界上层人士接受中央政府册封的各类政教名号，在获得合法权利的同时，也切实履行了自己的职责，积极维护中央权威，并逐渐形成“倾心内向”、“捍卫国土”的爱国主义传统。2. 在长期的历史发展过程中，由于中央政府的支持和西藏地方的积极配合，藏族和汉族、藏族和其他兄弟民族的宗教文化交流取得了可喜的成绩，最终形成了藏族文化和汉族文化你中有我、我中有你，水乳交融的良好局面，文化上的紧密相连，形成巨大凝聚力，造就了爱国主义传统的继承和发扬。3. 祖国内地和西藏之间经济联系紧密，逐渐形成巨大的向心力量，并同全国各族的命运连接在一起，“在边疆少数民族上层代表人士中常常把它叫作‘倾心内向’，[①] 也就是神圣爱国主义的向心力”。4. 近代以来中国各个民族之间在反对外来侵略、维护国家统一的斗争中结下的深情厚谊把藏汉各族人民的命运更加紧密地联系在一起。

① 江平等人：《西藏佛教界的爱国主义传统》，载《中国藏学》，1996年第2期，第6页。

学习思考题

1. 试述藏传佛教界爱国主义传统形成的历史过程和主要表现。
2. 谈谈你所了解的藏传佛教爱国人士。
3. 如何理解爱国和爱教是一致的，在实际生活中如何做到爱国爱教？

第十章

藏传佛教适应社会主义社会的新发展

西藏和平解放以来，西藏和其他藏区发生了翻天覆地的历史性巨变。实现了民主改革，实施了民族区域自治制度，完成了社会主义改造，开展了社会主义建设，实行了改革开放，正在从加快发展走向跨越式发展，从基本稳定走向长治久安，努力建设小康西藏、平安西藏、和谐西藏。任何经历过新旧社会鲜明对比的人，对上述历史性进步和变化，都会有切身的感受和体会。

第一节　藏传佛教的面貌发生了历史性变化

西藏和平解放以来，在坚持爱国进步、反对分裂倒退的斗争中，藏传佛教随着社会主义社会的脚步，也迈出了前进的步伐，发生了重大的变化。第一步是民主改革，废除了宗教封建特权和剥削压迫制度，实现了政教分离；第二步是开展了寺庙爱国主义教育，依法管理宗教事务，遏制了达赖利用宗教进行的分裂活动。

一、宗教赖以存在的根源发生了很大变化

宗教的长期性是由其根源存在的长期性决定的。社会主义制度的建立、改革开放的深入和社会主义市场经济的发展，使宗教存在的自然根源、社会根源、认识根源和心理根源发生了很大变化。与以往相比，一个重要的变化是："在社会主义条件下，随着剥削制度和剥削阶级的消灭，宗教存在的阶级根源已经基本消失。"在西藏和其他藏区，经过民主改革，推翻了政教合一的封建农奴制度，在境内藏传佛教存在的阶级

根源已经基本消失，但是流亡境外的农奴主残余势力利用宗教进行渗透的问题仍然存在。

二、藏传佛教的政治面貌发生了变化

经过宗教制度的民主改革，藏传佛教不再是封建农奴主阶级利用的工具。藏传佛教界爱国人士拥护党的领导，拥护社会主义制度，成为爱国统一战线的重要组成部分。特别是1997年以来，根据中央的总体部署，在藏传佛教寺庙集中力量开展爱国主义教育和依法加强管理工作，取得了显著成绩。通过坚持不懈的努力，党和政府抓住了反分裂斗争的关键环节，实现了藏传佛教工作由乱到治的重大转折，促进了反分裂斗争由被动应急转为主动治理，使西藏和其他藏区社会局势持续保持基本稳定的良好局面，为加快发展创造了良好的社会环境。

三、宗教方面的矛盾主要属于人民内部矛盾

在摆脱了剥削阶级和境外敌对势力的控制和利用以后，信教群众与不信教群众、信仰不同宗教的群众在政治、经济上的根本利益是一致的。在社会主义时期，宗教方面的矛盾已经主要属于人民内部矛盾。同时，也要看到，在宗教领域，仍然存在着反对达赖集团利用宗教进行分裂活动的敌我性质的斗争和复杂的国际环境。

四、藏传佛教社会作用中的积极面得到支持和鼓励

在社会主义社会，宗教的社会作用仍有两重性。社会主义社会为发挥宗教的积极因素、抑制消极因素创造了有利的条件和环境，使藏传佛教社会作用中的积极面得到支持和鼓励、消极面得到约束和抑制。

五、藏传佛教走向与社会主义社会相适应的正确方向

西藏和平解放以来，藏传佛教通过自身的改革和进步，已经开始走向与社会主义社会更加适应的正确方向。宗教与社会主义社会相适应将是一个长期的过程，需要党和政府积极引导，也需要宗教界自身的不断努力。

藏传佛教在社会根源、政治面貌、矛盾性质、社会作用和发展方向等上述五个方面发生变化和进步，尽管只是开始，却是藏传佛教在1000多年的发展过程中所发生的带有重大历史意义的变化。这种历史性进步，奠定了藏传佛教与社会主义社会相适应的政治基础和宗教自身的基础。

在肯定历史性进步的同时，还要清醒地看到，藏传佛教在自身的发展中仍然存在着一些突出问题。例如，少数寺庙、僧尼仍迷恋于过去的封建特权，一些寺庙插手教育、干预基层政权和司法的现象有所抬头；一些寺庙民主管理机构不健全，规章制度没有得到落实；一些寺庙规模无序扩张，同时又有一些寺庙在以寺养寺方面面临困难；有的地方境内外非法认定活佛现象屡禁不止；高层次的经师缺乏，学衔制度有待完善；藏传佛教在内地传播存在混乱无序的情况；有的利用宗教从事敛财、迷信等非法活动；有的甚至扩散达赖集团的主张，进行违法活动，影响社会稳定。这些问题必须高度重视，分别情况，切实解决，绝不能放任自流。这是贯彻宗教政策、依法加强管理、抵御境外渗透、积极引导宗教与社会主义社会相适应的题中应有之义，是新世纪新阶段藏传佛教工作要解决的现实问题。

第二节　社会主义社会为藏传佛教的进步创造了有利的社会环境

在讲到积极引导宗教与社会主义社会相适应时，全国人大常委、中国佛教协会副会长、中国藏语系高级佛学院院长嘉木样活佛提出：关键是要搞清楚什么是社会主义，然后再谈和社会主义社会相适应。社会主义社会是人类历史的一个发展阶段。按照生产力水平发展状况的不同，人类可以分为五个阶段，即原始社会、奴隶社会、封建社会、资本主义社会、社会主义社会（共产主义社会）。中国当前处于社会主义社会阶段。西藏是中国的一部分，建立和实行的也是社会主义制度。与它之前的任何社会相比，社会主义社会是人类最美好的社会。例如，在建立新中国之前，中国始则处于封建社会，由于西方列强的入侵，沦为半封建半殖民地社会，解放以后才实现了人民当家做主人的社会主义社会。西藏和平解放以后，在社会制度上从封建农奴制社会，即奴隶社会向封建社会的过渡期，或者是封建社会的前期，跨越了封建社会后期和整个资本主义阶段，直接过渡到社会主义社会。

社会主义社会为藏传佛教的进步创造了有利的社会环境：

一、政教分离

政教分离是相对于政教合一而言的。政教合一，是指宗教权力和国家权力相结合的政权组织形式，它的显著特征是教权和政权集于一人之身，宗教领袖就是政权领袖。在这里，教义往往被认定为法律，宗教教义是衡量一切行为的准则。政教分离是指国家政权与宗教组织、教权与政权不是结合在一起，而是相互分离。在政教分离的社会，宗教教义不对国家权力形成干扰，一切以国家法律为准绳。

当前世界上大多数国家实行政教分离的原则，社会主义社会也以政教分离的原则立国，它的巨大优越性就是能够使各种宗教地位平等地存在。如果一个国家政权和某种宗教权力结合在一起，比如和基督教结合在一起，信奉了上帝，就可能会打击佛陀。国家政权信奉了一个宗教就会利用政权的力量去打击另一个宗教，这样的例子在历史上乃至在现代生活中并不罕见。只有政教分离才有可能实现各个宗教、各个教徒之间的真正平等；国家才可能对各种宗教都一视同仁，一碗水端平，用法律的、行政的手段平等地对待、管理各个宗教。据统计，2004 年世界上发生的每 10 起武装冲突中，就有 9 起与宗教和民族问题有关。与此形成鲜明对照的是，中国的各种宗教都能和睦相处、相安无事，这生动地体现了社会主义社会政教分离原则在对待宗教问题上的真实性、优越性。

二、法制社会

社会主义社会是一个法制的社会。我国提出了“依法治国”的理念，也就说明我国要努力实现“法治”。所谓法治是指根据国家法律治理国家。法律是一个国家的基本制度和原则，具有至高无上的权威。它要求国家任何公民在做任何事情时，都要遵守法律，不能有丝毫违反，否则将会有相应的惩罚和制裁措施。这就要求每个公民都要树立牢固的法制观念，坚持在宪法和法律的范围内活动。

与“法治”相对的是“人治”。后者是指用人来治理国家，在管理社会时，人说了算而不是依法做事。法治代替人治是历史发展的基本趋势，也是现代文明社会的基本特征。因为法治不仅比人治有更大的稳定性，而且更重要的是，法律带来的是平等观念，即法律面前，人人平等，提供了在平等基础上实现民主的法律保障。藏传佛教与社会主义社会相适应，是在这样一个法制社会中实现相适应。

三、民主社会

社会主义社会是一个民主的社会。民主，就是人民当家做主，人民是国家、社会的主人，人人有参与国事或对国事有自由发表意见的权力。与民主社会相对的是等级社会，比如封建君主制社会、一些政教合一的社会，包括旧西藏长期实行的封建农奴制社会。在这些社会里，人民不是国家的主人，人民是社会底层的受压迫者，统治人民的是一些享有特权的阶级或阶层，比如封建地主阶级，或一些政教合一的“教主”，包括旧西藏的“三大领主”等。藏传佛教与社会主义社会相适应，是在这样一个打碎等级观念、讲求民主的社会中相适应。

四、安定有序

社会主义社会是安定有序的社会，这就要求宗教，包括藏传佛教，作为社会的一个积极的、有机组成部分而存在。社会主义社会建设是包括政治、经济、文化、社会建设在内的全方位的建设，政治要稳定、经济要发展、文化要丰富、社会要和谐，都离不开宗教界的参与。我们要共同构建的和谐社会是包括宗教教职人员和广大信教群众在内的整体的、全面的和谐社会。这就要求藏传佛教用在共建和谐社会中发挥积极作用的实践，推动宗教与社会主义社会相适应。

第三节 新世纪、新阶段藏传佛教工作面临的新任务

进入新世纪新阶段，西藏和其他藏区的发展形势很好，势头很好。2005 年 9 月，在庆祝西藏自治区成立 40 周年之际，以胡锦涛同志为总书记的党中央，根据国家“十一五”规划，着眼本世纪头 20 年的战略机遇期，专门召开会议部署西藏未来的发展稳定工作，进一步加大支持力度，为西藏实现跨越式发展和长治久安指明了方向。2006 年 7 月，青藏铁路全线通车，彻底结束了西藏没有铁路的历史，为西藏今后更加繁荣地发展创造了更为有利的条件。现在，西藏和其他藏区经济发展、社会稳定、民族团结、边疆巩固、社会事业全面进步，人民生活水平不断提高，处在历史上发展、稳定的最好时期。

在新的历史条件下，在党和政府的领导和关怀下，藏传佛教工作面临着新的任务。要全面正确地贯彻党的宗教信仰自由政策，坚持政治上团结合作、信仰上互相尊重，努力使广大信教群众在拥护中国共产党的领导和社会主义制度、热爱祖国、维护祖国统一、促进社会和谐等重大问题上取得共识。要坚持依法管理宗教事务，保护合法、制止非法、打击犯罪，确保宗教活动规范有序进行。要坚持独立自主自办的原则，帮助和支持各宗教团体加强自身建设。要积极引导宗教与社会主义社会相适应，使信教群众在全面建设小康社会的宏伟目标下最大限度地团结起来。努力推进藏传佛教与社会主义社会相适应的实践，坚持爱国进步、反对分裂倒退，为实现西藏和其他藏区的跨越式发展和长治久安，为西藏和其他藏区的小康建设、平安建设、和谐社会建设作出积极贡献。

新的时代对藏传佛教僧尼也提出了新的要求。胡锦涛总书记在第 20 次全国统战工作会议上对宗教界人士提出了“三句话”的新要求，

即“政治上靠得住，学识上有造诣，品德上能服众”。这“三句话”，高瞻远瞩、语重心长，既有重要深远的意义，又符合宗教界自身的特点，有很强的针对性。藏传佛教代表人士和僧尼要认真学习、全面贯彻、努力实践。

2006年8月，全国政协副主席、中共中央统战部部长刘延东同志在视察萨迦寺的讲话中对藏传佛教僧众提出了四点要求：

一、要高举爱国主义旗帜，坚决维护祖国统一

国家统一是中华民族的最高利益，维护国家统一是我们每个公民的神圣职责和应尽的义务。古往今来，藏传佛教仁人志士始终致力于祖国统一的伟大事业，涌现出了萨迦班智达、八思巴帝师、九世和十世班禅大师、格达活佛等许许多多杰出的爱国人士，形成了藏传佛教爱国爱教的优良传统，在新的历史条件下，藏传佛教界要继续秉承和发扬这个优良传统，始终不渝地坚持中国共产党的领导，坚持社会主义制度，坚持民族区域自治制度，要坚决维护国家和人民的利益，坚决反对一切分裂势力和分裂活动，自觉维护祖国统一。

二、要护国利民，走与社会主义社会相适应的道路

任何宗教，只有与现实社会相适应才能存在；宗教活动只有与国家的富强、人民的利益结合起来才有前途，藏传佛教亦然。现阶段，国家提倡宗教与社会主义社会相适应，符合宗教自身发展的规律，有利于宗教在新的历史条件下发挥其积极作用。藏传佛教人士要把利乐众生、服务社会、造福人民作为自己的使命，努力挖掘宗教教义中积极的因素，多研究、多宣传有助于改革信教群众物质文化生活的内容。要主动接受现代文明的滋养，培养现代文明意识，不断增进与社会主义社会相适应的意识和能力。

三、要弘扬优秀传统，不断丰富和发展西藏民族文化

千百年来，西藏各族人民在独特的地理气候环境中，以其博大的胸怀、勇于探索的精神、坚忍不拔的毅力，在与各民族的广泛交流中，创造了独具特色、丰富多彩的西藏文化，藏传佛教界也为此作出了重要贡献。历史上，许多藏族文化名人、专家学者都出自藏传佛教，许多经典名著、艺术精品也出自寺院。西藏文化是中华民族文化宝库中一颗璀璨的明珠，藏传佛教文化是西藏民族文化的重要组成部分。保护和弘扬民族优秀传统文化，不仅是贯彻党和国家民族政策所需，也是建设社会主义新西藏的重要内容，藏传佛教界人士要展己所长，集思广益，深入研究藏传佛教文化中的优秀部分，广泛宣传和大力弘扬优秀传统文化，为继承、保护、发展民族优秀传统文化作出自己应有的贡献。

四、要不断加强学习和修行，努力成为一名合格的宗教人士

爱国宗教人士受到信教群众的普遍尊敬，在各个方面要为信教群众作出表率，以无愧于自己所信仰的宗教，无愧于信教群众的信任，无愧于党和国家的宗教信仰自由政策。日益丰富多变的现代社会生活，对宗教人士加强学习和自身修养提出了更高的要求，不但要学好经，更要严守戒律、名副其实。藏传佛教界人士要不断加强自我修养、自我管理，博采众长、终生学习，努力成为政治上坚定可靠、人品高尚、宗教造诣精深的好僧尼。

学习思考题

1. 西藏和平解放以来，藏传佛教的面貌发生了哪些历史性变化和进步？
2. 社会主义社会为藏传佛教的进步创造了哪些有利条件？
3. 联系实际，谈谈如何贯彻落实胡锦涛总书记对宗教界人士提出的“政治上靠得住，学识上有造诣，品德上能服众”的要求。

实践任务篇

第十一章

继续巩固和深化寺庙爱国主义教育成果

在2006年11月召开的全国藏传佛教工作座谈会上，强调要紧紧围绕构建社会主义和谐社会的战略部署，着眼于反分裂斗争和引导藏传佛教与社会主义社会相适应的需要，实行“主动治理、强基固本、依法管理、增进和谐”。会议明确提出，继续巩固和深化寺庙爱国主义教育成果，是做好今后藏传佛教工作的主要任务之一。

第一节　藏传佛教寺庙爱国主义教育取得重要进展

在2002年12月召开的全国宗教工作会议上，党中央肯定了近年来在西藏和其他藏区开展的藏传佛教寺庙爱国主义教育。会议指出：根据中央的统一部署，西藏、四川、云南、甘肃、青海五省区在藏传佛教寺庙深入开展爱国主义教育和依法加强管理工作，这是中央从维护祖国统一和民族团结的大局出发作出的一项战略性决策，是维护西藏和其他藏区长治久安的基础性工作，是反分裂斗争由被动应急转为主动治理的关键性措施。党中央从战略全局上作出的政治判断和总体评价，是对西藏和其他藏区各级党委和广大僧众的巨大鼓励和鞭策。

一、历史背景

西藏反分裂斗争的现实需要是开展寺庙爱国主义教育的根本原因。在1995年班禅转世工作中，针对流亡境外的十四世达赖违背宗教仪轨、历史定制，反对国内寻访、金瓶掣签、中央批准的程序，擅自宣布所谓“班禅转世灵童”的非法行径，西藏自治区党委果断决定对扎什伦布寺进行整顿，集中一段时间揭批达赖，开展爱国主义教育，改组民管会班子，使宗教界爱国进步力量掌握了寻访工作的领导权，保证了班禅转世工作的圆满完成。

抓住班禅转世圆满成功的有利态势和时机，根据中央第三次西藏工作座谈会精神，西藏自治区党委决定把班禅转世的成功经验运用到整个藏传佛教工作中去，对全区所有寺庙开展爱国主义教育和治理整顿工作，建立正常秩序，从源头上铲除达赖集团从事分裂渗透活动的社会基础，实现反分裂斗争由被动应急转为主动治理的战略目标。

1997、1998 年，中央两次召开了藏传佛教工作座谈会，在肯定西藏开展试点、先行一步的基础上，决定西藏和四川、青海、甘肃、云南等省藏区，在藏传佛教寺庙集中进行爱国主义教育，揭批达赖政治上的反动性和宗教上的虚伪性，打下宗教界爱国进步力量的思想、组织基础，建立藏传佛教的正常秩序，依法加强对宗教事务的管理。

二、主要进程

寺庙爱国主义教育是建国以来在藏传佛教工作上投入力量最多的一次。十年来，寺庙爱国主义教育在西藏经历了四个阶段：第一阶段从 1996 年 6 月到 1998 年底，西藏自治区对全区大小寺庙和僧尼进行全面教育清理整顿。第二阶段从 1999 年到 2000 年 7 月，对全区寺庙进行全面复查和重点整治。第三阶段从 2000 年 7 月到 2001 年底，对 100 人以上和情况复杂的重点寺庙开展法制宣传教育。第四阶段从 2001 年底至今，巩固和发展寺庙教育成果，继续深化寺庙爱国主义教育。举办了全区第一届寺庙民管会主任培训班，继续开展寺庙法制教育，对个别出现反弹的寺庙进行了重点整顿。

四川、青海、甘肃、云南四省藏区的具体做法和进程虽然不完全一样，但大体都经历了三个阶段：一是对大小寺庙和僧尼进行全面教育、清理整顿，核心是遏制达赖集团利用藏传佛教进行分裂活动的势头，掌握寺庙的领导权；二是针对全面教育整顿中出现的问题，对重点寺庙、情况复杂的寺庙进行全面复查和重点整治；三是开展法制教育，推动宪法和法律进寺庙，加强对寺庙的经常性教育。各地在实践中不断开拓思路，创新工作模式和手段，不断赋予爱国主义教育以新的内容，巩固和扩大教育成果。西藏要求寺庙教育工作只能加强、不能削弱，提出了“划清两个界限，尽到一个责任”的政策原则和工作目标；四川省集中力量开展对“五明佛学院”的清理整顿，带动全省藏区寺庙的管理，在信教群众中提倡“先修好今世再修来世”的思想，产生了积极的作用。云南省通过各种渠道加强对宗教代表人士的培养工作；甘肃省推进“法律进寺院”活动，圆满完成贡唐仓活佛转世工作；青海省以“平安寺院”建设为载体，加强对寺庙的经常性管理。各级政府大力推进广播、电视、报刊进寺院，坚持属地管理、以寺养寺，积极为寺庙解决照明、行路、吃水等实际困难，受到僧尼及信教群众的欢迎。

三、社会效益

寺庙爱国主义教育的社会效益主要表现在：

1. **僧尼和信教群众的思想认识有所提高。**引导僧尼和群众进一步认清十四世达赖在政治上的反动性和宗教上的虚伪性，认清十四世达赖进行分裂活动的本质，认清根本的政治是非；进一步认识西藏是中国不可分割的一部分和藏族在祖国民族大家庭中的历史渊源，坚定了爱国立场；进一步认识到宗教必须与社会主义社会相适应；加深了对党的民族政策、宗教政策的理解，祖国意识、政府意识、公民意识、法律意识不断增强。

2. **加强了寺庙的管理工作。**在教育整顿工作中，通过明确“属地管理”原则，对各寺庙民管会调整、整顿、充实，加强对寺庙民管会的领导，保证了大多数寺庙的领导权掌握在爱国爱教人士手中。通过建章立制、纯洁僧尼队伍、落实属地管理，废除寺庙间的封建隶属关系，藏传佛教的正常秩序开始建立。

3. **促进了西藏和其他藏区的社会稳定和经济发展。**对寺庙进行清理整顿，纯洁僧尼队伍，削弱了达赖集团在境内的社会基础，寺庙和僧尼中发生的危害国家安全的案件显著下降，促进了社会局势的稳定，为西藏和其他藏区抓住宝贵机遇、推进经济社会发展创造了良好条件。

4. **积极探索依法管理藏传佛教事务的路子。**寺庙爱国主义教育工作开展之前，有一些寺庙和僧尼游离于党的领导和政府管理之外，一些干部对宗教工作也存在模糊认识，不善于同寺庙、僧尼打交道，遇到宗教问题绕着走、踢皮球，存在不敢管、不愿管、不会管的现象。在寺庙的教育整顿工作中，干部对宗教工作的认识和政府对宗教事务的管理发生了实质性变化。实践锻炼了干部，取得了全面贯彻执行党的宗教政策、依法管理宗教事务、积极引导与社会主义社会相适应的新经验。

活佛转世工作逐步规范。到2006年底，五省区共有政府批准新转世活佛684名。坚决打击达赖集团插手活佛转世进行分裂活动，妥善处理达赖和境内外非法认定的所谓“转世活佛”。

5. **藏传佛教爱国进步力量进一步壮大。**通过各种形式，加强对藏传佛教代表人士的培养教育工作。建立党政干部联系重点寺庙和重点宗教人士制度，加强对宗教界人士的政治引导。做好爱国人士的政治安排，充分发挥他们的作用。藏传佛教高级学衔制度顺利实施，办好各级佛学院，加强对寺庙学经班的管理，初步形成僧人学经晋升体系。十一世班禅健康成长，在信教群众中的影响不断扩大。

6. **社会环境向好的方向发展。**达赖集团利用寺庙策划骚乱闹事、破坏社会稳定的活动受到了有效遏制。扭转了乱建寺庙、滥收僧尼和僧尼大量非法出入境、非法宗教活动泛滥的严重局面。在全社会广泛开展爱国主义和民族团结进步教育，形成了热爱祖国、反对分裂的良好氛围，团结稳定是福、分裂动乱是祸成为普遍共识。社会局势日趋稳定，为西藏和其他藏区的改革开放和现代化建设、为人民安居乐业、为实施西部大开发创造了良好的社会环境。

寺庙爱国主义教育抓住了西藏和其他藏区维护稳定的关键，是我们在藏传佛教领域主动治理、强基固本的重要措施。

四、基本经验

在持续十年的寺庙爱国主义教育中，西藏和其他藏区的各级党委政府，认真贯彻落实中央关于藏传佛教工作的方针政策，保持了藏传佛教总体有序，为实现社会局势稳定作出了贡献，也为今后工作积累了一些宝贵的经验。

1. **必须不断加强党对藏传佛教工作的领导。**藏传佛教具有历史的长期性和现实的广泛性，又有被达赖集团利用来从事分裂活动的政治性和特殊复杂性。藏传佛教工作既是宗教工作，也是民族工作；既是广泛的群众工作，也是特殊的人物工作；既是具体的事务工作，也是重要的政治工作。加强和改善党的领导是做好这项工作的根本保障。必须在中央和有关省区党委领导下，建立强有力的工作机制，加强各地、各部门的协调配合，形成领导统一、协作有力、各部门齐抓共管的工作格局。

2. **必须紧紧抓住爱国进步还是分裂倒退这个主要矛盾。**达赖集团利用藏传佛教进行分裂国家的活动，是藏传佛教中长期存在的主要问题，爱国进步还是分裂倒退的斗争是藏传佛教面临的主要矛盾。要把是否维护祖国统一和民族团结作为根本衡量标准，始终立足于团结、教育和争取信教群众，调动一切积极因素，孤立和打击极少数分裂主义分子。

3. **必须充分发挥爱国宗教人士的积极作用。**宗教工作的关键是壮大爱国力量。要贯彻政治上团结合作、信仰上互相尊重的方针，越是面临反分裂斗争严峻形势，越要充分发挥爱国宗教人士的作用，教育和引导他们在大是大非面前坚定地站在国家和人民的立场上，不断巩固和壮大党同宗教界的爱国统一战线。

4. **必须正确把握政策和策略。**达赖集团谋求“西藏独立”的分裂活动是打着民族、宗教的旗号，特别是利用达赖的宗教地位和影响来进行的，具有很强的欺骗性和复杂性，要求我们必须坚持正确的政策和策略。

在寺庙爱国主义教育工作中，既坚持了揭批达赖集团的分裂活动，又基本上保持了大局的稳定。同时做到这两个方面是不容易的，之所以能够基本上做到，一条重要的经验是由于基本上正确地掌握了政策和策略。

1997年召开的全国藏传佛教工作座谈会就明确指出："整顿寺庙不是整顿藏传佛教，而是整顿寺庙中存在的不符合'四个维护'的问题。"政策上始终把握集中揭批达赖在政治上的反动性和宗教上的虚伪性，揭露达赖的分裂活动，不仅祸国、祸藏，而且也是对藏传佛教本身的破坏和损害。掌握住这个政策界限，有利于争取绝大多数僧人理解、接受和参与寺庙爱国主义教育。

5. **必须全面贯彻党的宗教工作基本方针。**要保护信教群众的宗教信仰自由和正常的宗教活动，划清正常宗教活动和利用宗教从事分裂破坏活动的界限；划清群众有宗教信仰的自由和共产党员不得信仰宗教的界限。要坚持依法管理宗教事务，坚决打击利用宗教从事的分裂破坏活动，抵御境外势力特别是达赖集团利用宗教进行的渗透。要充分挖掘藏传佛教教义中的积极因素，推动藏传佛教与社会主义社会相适应。

目前，西藏和其他藏区的寺庙总体上基本稳定，十年的寺庙爱国主义教育已经取得了重要的阶段性成果。同时，我们还要清醒地看到，达赖集团的渗透破坏活动从来没有停止，他们从事的分裂活动的影响在一些寺庙中依然存在，反弹现象仍时有发生。对藏传佛教领域围绕爱国进步和分裂倒退这一主要矛盾斗争的长期性、复杂性、艰巨性，我们必须有充分的、清醒的认识。

这些实践经验，特别是寺庙爱国主义教育中的新鲜经验，带有一定的规律性，也是今后要长期遵循的基本原则。

第二节　爱国主义是“相适应”的基础和动力，必须常抓不懈

一、爱国主义教育是藏传佛教工作一项长期的基本任务

从历史上看，西藏和平解放以来宗教领域始终贯穿着维护祖国统一、反对分裂的斗争。从现实看，由于达赖集团的主要资本一是靠宗教，二是靠西方，利用宗教进行分裂活动，是达赖集团的基本手段和长期策略。这种斗争的长期性，决定了爱国主义教育在藏传佛教工作中的长期性。爱国主义教育不仅是思想教育工作，而且是包括思想教育、队伍整顿、民管会班子建设、制度建设在内的综合性的工作，不是一项短期的、临时性的任务，而是维护西藏长治久安的一项长期的、基础性的工作。根据实际情况，爱国主义教育的形式，既可以集中进行，也可以分散进行；既可以派工作组帮助开展，也可以由寺庙民主管理组织进行自我教育。

二、爱国主义是藏传佛教与社会主义社会相适应的政治基础

要巩固和深化十年寺庙爱国主义教育成果，抓住西藏和其他藏区社会局势基本稳定和贯彻2005年中央关于西藏工作的重要指示形成的全国支援西藏力度加大的有利社会政治环境，抓住机遇，乘势而上，认真贯彻全国宗教工作会议和全国藏传佛教工作座谈会精神，深入研究藏传佛教工作的规律，抓住重点，取得突破。

要进一步巩固和深化爱国主义教育成果，要在培养宗教界爱国进步力量上取得突破，要在藏传佛教的佛学思想上作出有利于爱国团结进步的阐释，要健全和完善宗教事务的管理制度、提高依法管理的水平，要发挥藏传佛教在构建和谐社会中的积极作用。

三、爱国主义教育的内容要以解决实际问题为中心

要把爱国与爱教有机地结合起来，防止政治学习和宗教生活“两张

皮”。爱国主义教育要深入，就要联系僧尼的思想实际和寺庙宗教活动的具体实际。例如，在寺庙举行宗教活动，高僧活佛向群众讲经说法时，应融入教育僧尼爱国守法、反对分裂，鼓励群众勤劳致富、守法致富、科技致富等内容。再如，现在西藏和其他藏区的重点寺庙都是旅游景点，寺庙应主动地、有意识地通过文物古迹、历史故事向国内外游客介绍民族团结、藏汉友好交往的历史事实，使游客在领略西藏自然风光、民族文化的同时，也了解西藏自古是中国不可分割的一部分的历史。

2006年全国藏传佛教工作座谈会指出，寺庙爱国主义教育作为一项长期的战略任务，必须常抓不懈。寺庙爱国主义教育工作的重点，一是要继续突出维护祖国统一反对分裂这一主线；二是要突出重点寺庙，确保寺庙领导权掌握在爱国宗教人士手中；三是要突出重点对象，主要是寺庙民管会成员、活佛、经师和学经班学员；四是要突出民管会班子建设。同时，要在全社会广泛开展思想教育活动，针对领导干部、群众、学生等不同对象，分层次开展教育，营造有利于寺庙爱国主义教育深入开展的社会氛围。在藏区寺庙维修中要体现政治导向。

维护藏区稳定，寺庙是重中之重。继续巩固和深化寺庙爱国主义教育，是引导藏传佛教与社会主义社会相适应的基础性工作，也是我们在意识形态领域对达赖集团的渗透破坏保持攻势、进行主动治理的重要措施。继续深化寺庙爱国主义教育，要突出重点。

1. **要继续突出主线。**维护祖国统一、反对分裂是寺庙爱国主义教育的主线。要使僧尼认识到爱国是藏传佛教的优良传统，是公民应尽的义务，是宗教自身存在和发展的必然要求，只有爱国，藏传佛教才能得到社会的承认和尊重，才有自己的前途。

2. **要突出重点寺庙。**对在社会上有影响的寺庙和达赖集团渗透比较严重的寺庙，要逐个摸清情况，找准问题，建立档案，拟定专门的工作方案。要集中人力、精力和时间，开展经常性教育，确保寺庙的领导权掌握在爱国宗教人士手中。这类寺庙的工作做好了，就能引导藏传佛教大的风气向好的方向转变，维护社会稳定就有了比较坚实的基础。要建立健全各级党政领导干部和统战、宗教部门干部与这些寺庙定点联系的机制，充分发挥爱国宗教界人士协助党和政府联系寺庙的作用，随时掌握动向，及时发现不稳定的因素，抓早抓小，不使问题聚集和扩散。

3. **要突出重点人物。**主要是两部分人。一部分是寺庙民管会成员、活佛和经师。这些人生活在僧尼中间，对寺庙的事务发挥着重要作用，直接影响着僧尼的思想和言行。抓好这部分人的教育，是加强寺庙控制力的关键。另一部分是学经班学员。对学经班的管理涉及众多年轻僧尼的培养，要把学经班纳入寺庙民主管理范围，建立规章制度，掌握培养方向。

4. **要突出解决民管会班子的建设问题。**要加强对民管会成员的培养教育和支持帮助，使他们在寺庙中有地位。在管理上有办法，能够发挥应有的作用。要明确寺庙民主管理的本质是对寺庙事务管理实行民主讨论、集体决定，而不是少数人说了算。要健全寺庙民主管理规章制度，充分调动僧尼参与寺庙管理的积极性，提高寺院自我教育、自我管理、自我解决问题的能力。要把依法管理同关怀支持结合起来，帮助民管会及其成员解决实际困难和问题，对先进集体和个人给予表彰和奖励，调动其工作积极性，发挥典型的带动示范效应，增强民管会成员对党和政府的向心力。

5. **要在藏区寺庙维修中体现政治导向。**目前藏传佛教寺庙要求政府投资维修的呼声很高。对于这些寺庙的维修，要求国家全部包起来是不现实的，也没有这个必要。现在国家从落实宗教政策、文物保护、旅游开发等角度，每年都投入了大量资金对一些重点寺庙进行维修，在下一步维修中，要进一步突出政治导向作用。对长期坚持爱国立场的寺庙在维修时要优先考虑。要从各个角度帮助和鼓励在反分裂斗争中站在党和政府一边的寺庙，让它们在社会上有声望、经济上得实惠，一句话，要体现爱国才有前途。

第三节 深入揭批十四世达赖政治上的反动性和宗教上的虚伪性

2001年，中央第四次西藏工作座谈会就明确提出，要揭批十四世达赖政治上的反动性和宗教上的虚伪性。这既是揭批达赖的重点内容，又是揭批达赖的政策界限。在涉及宗教的问题上，揭批的是达赖在宗教上的虚伪性，而不是揭批宗教本身。所谓虚伪性，就是指达赖打着宗教的旗号进行分裂祖国的政治活动。

十四世达赖政治上的反动性和宗教上的虚伪性表现在他的政治主张和分裂言行中。

一、政治上反动性的主要表现

1. **达赖的两面派行为促成了1959年的武装叛乱。**20世纪50年代，十四世达赖曾经表示要在中国共产党、中央人民政府和毛主席的领导下推动西藏的民主改革，但是后来的事实证明，他并没有这样做。相反，他的两面派行为，促成了1959年西藏的武装叛乱。

1951年《十七条协议》签订后，10月24日，达赖喇嘛致电中央人民政府和毛主席，表示西藏地方政府及藏族僧、俗人民一致拥护“协议”，“并在毛主席及中央人民政府领导下，积极协助人民解放军进藏部队，巩固国防，驱逐帝国主义势力出中国，保护祖国领土主权的统一”。然而，1952年7月初，达赖喇嘛通过“中间人”向美国驻印度加尔各答总领事馆传递信息，希望美国政府在有利于西藏“解放”的时机到来时，对“西藏政府”提供物质的和精神的支持。

1955年底至1956年初，四川西部的康区在土改过程中开始发生零星的叛乱。美国中央情报局向叛乱分子秘密提供帮助，把他们送往美国关岛接受训练，敦促达赖喇嘛公开表态反对中央政府。美国政府出于其全球的冷战利益，蓄意挑动和支持达赖集团从事“西藏独立”的分裂活动，把十四世达赖当作一枚棋子。

2. **达赖流亡国外之后长期从事分裂祖国的活动。**1959 年 3 月，达赖逃到西藏山南隆子宗，成立“临时政府”。流亡印度后，达赖及其追随者在境外成立所谓“西藏流亡政府”，颁布伪“宪法”，并重新组建叛乱武装，在中国边境连续进行了长达十年之久的军事袭扰活动。在以美国为首的西方反华反共势力的支持和帮助下，达赖集团在境外开通对西藏地区的藏语广播，制造和散布大量谣言，进行政治蛊惑和分裂煽动，挑唆民族仇视，鼓吹进行对抗。

3. **达赖集团的策略不断变化，但分裂祖国的本质没有改变。**1987 年 9 月，达赖在美国国会人权小组委员会发表了所谓西藏地位问题的“五点计划”。1988 年 6 月，达赖又提出了所谓解决西藏问题的“斯特拉斯堡建议”。上述“计划”和“建议”以所谓西藏历来是独立国家为前提，否认中国对西藏的主权。这些做法，理所当然地受到中央政府的拒绝。中央明确表示：“中国对西藏的主权不容否定，西藏独立不行，半独立不行，变相独立也不行。”

此后，达赖集团的策略和态度随着形势的变化而不断变化。20 世纪 80 年代末、90 年代初苏联、东欧发生剧变。1990 年 6 月，达赖对美联社记者说：“中国共产主义制度，不久将会垮台。”1990 年 9 月，达赖对荷兰记者说：“苏联的变化，给西藏获得自由带来了新的契机、新的希望，给了我们以新的勇气和力量。”1991 年 8 月，达赖在德国记者招待会上说：“中国政府现在就如快落山的太阳，中共政权末日可数，不出十年，中国必将发生类似苏联的变化。”1991 年 10 月，他在美国耶鲁大学演讲时称：“正如同波罗的海三国人民成功地重获自由，我相信西藏的同胞不久后也将如此”，“因此斯特拉斯堡声明很明显地无法再发挥作用，所以我最近宣布不再遵循那些条件。”1993 年，达赖更宣布不与“不稳定的中国政府”接触，并中断了与中央接触的既定渠道。近些年，全世界都看到中国政局持续稳定、经济快速发展，达赖方面又转换调门，重新提出要与中央政府接触。

自1987年达赖提出所谓“中间道路”以来，已经过去近20年。事实说明，达赖集团认为形势对他有利时，就中断接触，鼓吹“独立”，认为形势对他不利时，又转变策略，重提接触。但是，无论怎么变，他们企图分裂祖国的活动都没有停止，企图分裂祖国的实质都没有改变。

4. **鼓吹“大藏区”和“高度自治”的目的。**“大藏区”和“高度自治”是自20世纪80年代达赖声称放弃“西藏独立”以来提出的政治诉求。其中，“大藏区”是达赖集团的领土诉求，“高度自治”或“真正的自治”是他的政治制度诉求。

今天，中国各民族人口的分布格局是在数千年的漫长历史过程中逐步形成的，藏族人口的分布格局和藏族地区行政区划也是长期历史发展的结果。在青藏高原上，藏族、汉族和其他兄弟民族，历史上一直进行着频繁的政治、经济、文化交流和往来。近代以来，在共御外敌、争取中华民族独立和解放的长期革命斗争中，建立了休戚与共的亲密关系。在现行区划下的各兄弟民族同胞和睦相处，相濡以沫。

中国是单一制的统一的多民族国家，不是联邦制国家。这一国家制度既符合中国的国情、中国公民国家观念的历史传统，也符合现实需要，保证了中国的国家统一和社会发展。达赖想将中国结构改单一制国家为联邦制，改变中国实行民族区域自治的政治现实，实质是要推翻西藏的现行政治制度，否定中国共产党的领导，否定社会主义制度，否定民族区域自治制度，恢复他们对西藏的统治。这才是达赖鼓吹所谓“大藏区”、“高度自治”、“真正自治”的要害所在。

二、宗教上虚伪性的主要表现

1. **支持日本的奥姆真理教，把该教教主麻原彰晃认作“朋友”。**1995年3月20日，日本奥姆真理教在日本东京地铁施放毒气，残害无辜民众。10月26日，日本东京地方法院公开审判这一事件的罪魁祸首麻原彰晃，使他和该教的百余名骨干分子受到法律制裁，奥姆真理教被取缔。然而，就在身受其害的东京人民和世界爱好和平的人民愤怒谴责这一事件时，一贯标榜自己是“释迦牟尼比丘”、“人权卫士”的达赖竟然对日本共同社说：他仍认为奥姆真理教是宣传佛教教义的，世人闻之无不感到震惊。

2. **在第十世班禅额尔德尼圆寂和转世上，拒绝中央政府的善意，向中央政府发难。**1989 年初，十世班禅大师圆寂。考虑到历世达赖、班禅的历史宗教关系，经中央政府同意，中国佛教协会邀请达赖喇嘛回国参加班禅大师的追悼活动，中国佛教协会会长赵朴初亲自将邀请信交到达赖喇嘛的私人代表手中。这给达赖喇嘛提供了一个在流亡 30 年之后，同国内佛教界人士见面的良机，也为他提供了一个直接与有关方面接触、商谈结束自己的流亡生涯的契机。然而，达赖喇嘛却拒绝了这次邀请。不久后，在新的国际反华风浪中，诺贝尔和平奖委员会怀着明显的政治目的，把 1989 年诺贝尔和平奖授予达赖喇嘛。达赖和西藏分裂主义分子得到了极大的支持。此后，达赖周游世界，到处鼓吹分裂。1991 年苏联东欧剧变之后，达赖喇嘛的态度进一步变化，公开希望中国步苏联后尘解体，实现“西藏独立”的梦想。

1989 年 8 月，国务院批准组成了以中国佛教协会、佛协西藏分会领导成员和各地藏传佛教著名活佛、高僧组成的顾问班子，按宗教仪轨，如法如仪地进行十世班禅大师转世灵童的寻访工作。达赖出于分裂祖国、祸藏乱教的需要，利用国外藏胞对金瓶掣签的历史定制不甚了解的状况，公然篡改历史、造谣惑众，反对通过金瓶掣签认定转世灵童真身，擅自非法认定“班禅转世灵童”。

排除了达赖集团的干扰破坏之后，班禅转世工作得以继续进行。1995 年 11 月 29 日，经中央政府批准，在拉萨大昭寺殊胜的释迦牟尼像前，举行了金瓶掣签仪式，认定嘉黎县出生的坚赞诺布为第十世班禅转世灵童真身，由德高望重的代理甘丹赤巴波米·强巴洛珠活佛给灵童剃度，取法名为吉尊·洛桑强巴伦珠确吉杰布·白桑布（意为万众尊崇法力无边仁慈祥和的佛法之王），完成了新中国成立以来首次用金瓶掣签认定藏传佛教大活佛转世灵童真身的法定程序。在隆重的坐床典礼上，中央政治局委员、国务委员李铁映宣读了国务院同意坐床的批复，代表国务院向第十一世班禅颁授了金册金印，展示了江泽民主席题赠扎什伦布寺的“护国利民”金字匾手稿。全国佛教界高僧大德、寺院代表向新一世班禅敬献曼扎，顶礼叩拜，表达了诚心皈依和无限崇敬的心愿。

3. **利用大法会从事“西藏独立”的政治活动。**1980年以来，达赖频频举行时轮灌顶大法会，并且常常脱离宗教而大谈政治，谎称旧西藏人们如何安居乐业，掩盖人民在封建农奴制度下的苦难生活，同时诬蔑现在“西藏的宗教和文化几乎灭绝”，说什么“一切的祸根来自汉人”，“现在不能对汉人抱什么希望”，并公然鼓吹分裂：“总之，西藏绝不属于中国”，“大家放心大胆地鼓起勇气来为实现我们的大业而奋斗！”在时轮大会上使用这些完全不属于宗教的语言，进行政治鼓动。这种言行哪里是在讲经说法，分明是在利用宗教进行分裂祖国的政治活动。

4. **禁止信奉护法神，迫害信众。**藏传佛教有信奉杰钦修丹护法神的传统，历世达赖、班禅对杰钦修丹护法神也多表尊崇和供奉。但是，十四世达赖突然下令禁止供奉，称这位护法神“对西藏的根本大业不利，对达赖喇嘛的身寿不利”，还莫名其妙地给护法神扣上“亲汉”的罪名，公然发布禁令，要求寺庙、活佛和僧俗群众必须作出抉择。此后，流亡组织及下层机构纷纷发表决议和声明，利用现代媒体大造舆论，甚至派出打手，闯入寺庙、民宅，砸毁护法神神像。消息传到国内，信奉这一护法神的活佛高僧、寺庙佛堂和僧俗群众，更是一片哗然。达赖对待杰钦修丹信众的态度，哪有宗教信仰自由、各教派一律平等的味道，分明是把信仰差异，作为排斥异己、巩固其统治地位的政治手段。佛教无论大乘、小乘、显教、密教、禅宗、净土，就藏密而言，无论萨迦、宁玛、格鲁、噶举、希结、觉囊，都是佛教这棵大菩提树上的大小枝干，尽管它们各自花色不同，但它们同出于一条根，结同样的果，这一点是相同的。“花色不同”是说各教派都有各自的特点，所以泛称八万四千法。只要有利于众生，能使众生离苦得乐的法都是好法。

我们不能站在世俗的立场上为贪嗔所驱使，抬高一派，贬低一派。[1]

可见，我们与达赖集团的斗争，不是信教不信教、自治不自治的问题，而是维护祖国统一、反对分裂的问题，是一场严肃的政治斗争。信教群众只有在政治上与达赖的分裂活动彻底划清界限，坚决拥护中国共产党的领导，拥护社会主义制度，拥护民族区域自治制度，才能维护藏传佛教的正常秩序和宗教界内部的和谐稳定，维护西藏和其他藏区的民族团结、宗教和睦、社会和谐。

学习思考题

1. 联系实际谈谈参加寺庙爱国主义教育的收获和体会。
2. 如何巩固和深化寺庙爱国主义教育成果？僧尼在现实生活中，如何体现和发扬爱国主义传统？
3. 达赖在政治上的反动性和宗教上的虚伪性有哪些主要表现和危害？

① 多识·洛桑图丹琼排：《藏传佛教疑问解答120题》，四川民族出版社，2000年版，第56页。

第十二章

挖掘和弘扬佛教教义中爱国进步的思想内涵

宗教文化既是人类文化的重要组成部分，也是各民族传统文化的重要内容，在人类社会发展过程中产生了重要的影响，其中不乏积极的因素，闪光的成分。我国各宗教共同具有爱国爱教的优良传统，表明了中国宗教文化的价值观念中蕴含了广大信教群众强烈的爱国主义情感。作为中国传统文化重要组成部分的佛教经典教义，其中也蕴含着丰富的爱国进步的思想内涵。

综观佛教发展的历史，我们可以看出佛教有许多可以与社会主义社会相适应的内在因素，对于弘扬爱国主义精神、阐释与时代进步的思想、构建社会主义和谐社会等方面，具有重要的借鉴价值和积极作用。

第一节　佛教教义中蕴含的爱国思想

一、佛教的护国思想是爱国主义传统在宗教上的内在依据

在浩如烟海的佛教三藏十二部经典中，蕴含着丰富的爱国主义思想。佛陀在《仁王护国般若波罗蜜多经》、《守护国界主陀罗尼经》以及《金光明最胜王经》中的《四天王护国品》等经典中，都谈到了在国家有危难的时候如何护国的问题。特别是在《仁王护国般若波罗蜜多经》中佛陀为波斯匿王等印度十六国王，详细地讲说了护国之方法，如“我为汝等说护国法，一切国土若欲乱时，有诸灾难贼来破坏，汝等诸王应当受持、读诵此般若波罗蜜多，严饰道场置百佛像、百菩萨像、百狮子座、请百法师解说此经。于诸座前燃种种灯，烧种种香，散诸杂花，广

大供养衣服卧具，饮食汤药房舍床座一切供事。每日二时讲读此经，若王大臣比丘比丘尼优婆塞优婆夷，听受读诵如法修行灾难即灭”。[①] 这里很明确地指出在国家有难的时候，比丘比丘尼优婆塞优婆夷等所有佛教徒都应举行法会，读诵经典，参与护国救灾工作。所谓“护国”就是守护、爱护、护卫国家的意思，因此，佛教的护国思想就是现在所提倡的爱国主义精神。《梵网经》说：“若疾病、国难、贼难……应读诵讲说大乘经律，斋会求福。”[②] 在国难当头之际，佛教徒有责任有义务以自己特有的方式，如举行祈祷法会、读诵讲说大乘经律、设斋求福等宗教仪式积极参加护国救难运动。

二、佛教徒的祖国观

佛陀在其他各种经典中也经常教导弟子们对国言忠，对亲言孝，对子言慈，对友言信，守五戒，行十善，修六度万行，处处都是要人先做一个奉公守法的好公民，进而再修出世之法。我们从他的言传身教中也可以看出，他并非只管出世间的山林隐士，而是一位极度热心于济世导俗的法王，也是一位孝敬慈亲的孝子。他虽然辞亲割爱、出家修道，但当他得道成佛时，并未忘记报答亲族国恩，而特意回国探望亲属，为之说法。后来佛父净饭王病危，佛陀再度回国为父王说法送终，亲自扶棺送葬，尽了人子之责。在国家观念上，他是一位强烈的爱国者。佛陀成道之后，经常在外游化，很少回到自己的祖国迦毗罗卫。然而，当他得知自己的祖国受到外族攻击的时候，毅然前去阻止。虽然最终没能挽救祖国灭亡的命运，但他尽了作为一名国民的最大责任和努力。[③] 佛陀的这一事迹，深刻地教育着他的弟子们，也为我们热爱自己祖国作出了很好的表率。

每个人都有自己的祖国，包括佛教徒在内，祖国是自己出生的热

① 《大正藏》卷 24，840 页上。

② 《大正藏》卷 24，1008 页中。

③ 《大正藏》卷 2，690 页上，《增一阿含》卷二六等见品之二。

土，是哺育自己成长的乐园。自古以来，人们把祖国比喻为母亲，家乡的黄土割不断游子的思念，出门再远也要回家，漂流在外，最终也要回到生于斯、养于斯的祖国。克什米尔高僧释迦室利在西藏游化整整十年，得到藏族僧俗无限敬仰，但晚年仍毅然决定回到自己的故乡。公元1037年到西藏弘扬佛教、翻译经典、传播医学、兴修水利的孟加拉国高僧阿底峡尊者为西藏佛教和文化事业的发展贡献出自己毕生的精力，最后圆寂于西藏，骨灰一直埋在藏区。但是，他是孟加拉国的代表和骄傲，他的祖国人民永远怀念他。1978年，孟加拉国佛教复兴会会长维苏塔难陀大长老率团前来中国将阿底峡大师的部分骨灰迎请回国，在其家乡达卡举行了隆重的安放仪式，使这位阔别故国900多年的大师终于又回到自己祖国的怀抱。所以，祖国永远是每一个人的心灵归宿。仅有信仰而没有祖国的人，就像一片浮萍，没有根基，永远找不到自己的归宿。所以佛陀特别强调祖国和民族的荫蔽胜过一切。

三、以戒为师，国法至上

佛陀在各种戒律经典中特别强调“不做国贼，拥护国王，不漏国税，不犯国制”，做一个遵纪守法的爱国公民。所谓不做国贼就是不作卖国贼，即不可以做伤害国家社会、对不起人民群众的事情。《梵网经》说：“佛子不得为利养恶心故，通国使命军阵合会，兴师相伐杀无量众生。而菩萨不得入军中往来，况故做国贼。”[1] 意思是说，作为佛教徒不得为了名闻利养有通敌叛国和卖国的行为。换句话说，作为一个正信的佛教徒不得进行破坏祖国统一、搞分裂闹独立的活动。如果与境外分裂分子勾结，企图做危害国家的事情，此人不仅是国贼，也是佛门的罪人。所谓拥护国王，用现在的话说，就是尊敬、拥护国家领导人。《守护国界主陀罗尼经》中金刚手菩萨问佛：“诸佛常住平等三昧，等视一切众生。为何只说要尊敬、拥护国家领导人呢?”佛陀对此解释说：“诸

① 《大正藏》卷24，1005页下。

佛如来非不住于平等三昧，由平等故守护国王。善男子！譬如良医见小婴孩，身萦疾病不胜医药，乃以良药令母服之，由母服药力及于乳，其子饮乳疾病皆除。诸佛如来亦复如是，哀愍一切守护国王。……又善男子！如大龙池，龙若住时，水常盈满，鼋鼍鱼鳖水族皆安，龙若去时，水便枯涸，水性之属，皆灭无余。国王亦尔，若诸国王受持于此陀罗尼门，能令无量无数众生现在安乐长守尊贵，身坏命终得生善道。是知国主善能关闭诸恶趣门，开示人天涅槃正路，故我偏说守护国王。"① 在国家这样一个大家庭中，我们依赖国家领导人的威德领导而得以保护、成长和安乐生活，所以我们要尊敬、拥护国家领导人。《大乘本生心地观经》说："敬辅仁王，尊重如佛"②，要求我们对待仁爱的国家领导人要如同尊敬佛一样加以尊重。在《梵网经》中更进一步指出，不能随意诽谤、指责和侮辱国家领导人："若佛子以恶心故无事谤他良人、善人、法师、师僧、国王、贵人，言犯七逆十重。"③ 国家领导人是一个国家的象征和代表，如果轻易加以诽谤和诬蔑的话，国家就会失去威信，人民也会失去信心。因此，作为一个佛教徒不仅要义不容辞地维护佛教的利益，同时也要时时处处维护国家的尊严。拥护和支持国家领导人的领导，这也是每个公民应尽的责任和义务。

四、知恩报恩，报答国恩

在《大乘本生心地观经》中佛陀教导弟子们要知恩报恩，他说在世出世间中有四种恩德，需要我们去报答。这四种恩就是："1. 父母恩；2. 众生恩；3. 国王恩；4. 三宝恩。如是四恩，一切众生平等荷负。"④ 这四种恩德是一种客观存在，不管我们是否意识到，我们所有的人都在平等地蒙受这四种恩德，都在受赐于四恩。既然我们都荷负四恩，就应

① 《大正藏》卷 19，566 页上。

② 《大正藏》卷 3，298 页中。

③ 《大正藏》卷 24，1006 页上。

④ 《大正藏》卷 3，297 页上。

该知恩报恩，报效父母、师长、国家、社会乃至全人类是我们不容推诿的责任。其中报国王恩，用现代的话说，就是报国家恩。因为在古代国王是一国之主，国王就是国家的代表，所以报国王恩就等于报国家恩。现在已是21世纪的新时代，有国王的国家已经不多了，而且现在的国王和历史上的观念也有所不同。所以有人就把四恩的第三恩“国王恩”直接改为“国家恩”或“国土恩”。但无论是“国王恩”还是“国家恩”，都要求我们不要忘掉国家的恩德，作为佛教徒不仅要爱教而且要爱国。

那么，我们为什么要报国恩呢？国家对我们有什么恩德呢？首先，国家是我们赖以生存的惟一处所。如果没有国家的依托，没有社会的互助我们就无法生存，我们的衣食住行都成了问题，所以国家对我们有养育之恩德。其次，国家对我们有保护之恩。国家有法律法规、典章制度，维持社会秩序，保护我们的生命财产，大家才能安乐生活。经云：“以正法化，能使众生悉皆安乐。”如果国家没有司法体系和执法部门维护社会安全，那么我们的财产没人保护，生命也没有保障，如此我们就不能够安居乐业。再者，国家能够统领全国人民，时刻保卫祖国领土的完整，不受外敌侵犯，为我们提供安宁祥和的生活环境，我们才能够休养生息、修行办道。在近代历史上，我国的主权遭受西方列强的侵犯，国土蒙受外国侵略者的践踏，造成国家动荡不安、战争四起、灾疫横行、民不聊生。在如此的惨况之下，连基本生活都没有保障，哪有修行办道的条件？因此，作为一个佛教徒，对于安定团结、政治清明的国家都应该加倍珍惜和拥护，拥护国家就是爱国，爱国是最重要的善行之一。

此外，我们从四恩排列次序来看，国家恩列在三宝（佛教）恩前面，三宝恩放在国家恩后面，可知国家是第一位的，信教是第二位的，说明国家对于学佛的重要性。因为修道也需要安定祥和的外部环境和各种条件，所谓国泰才能民安，才有学佛修行的资粮与助缘。换句话说，有国才有教，没有国哪有教，所以爱教必须先爱国，把国家的利益看作高于一切，个人利益服从国家利益。只有这样才能报答国家的恩德，才是一个爱国爱教的佛教徒。因此，我们应该怀着感恩的心，积极参加到国家的各项建设事业中去，为“庄严国土利乐有情”而精进努力，不要把报恩的思想停留在感情上，更重要的是要用报恩的思想指导我们的行动。

总之，佛教作为一种信仰和文化，本身没有国界之分，它可以跨越国家的界限，传播到世界各地。但是作为一个佛教徒，他有自己出生的祖国，有属于自己的国籍。佛教徒只是选择了这一信仰、接受了这种文化，他没有办法选择出生的国家。作为一个僧人虽然辞亲割爱、剃发染衣、出了养育自己的父母之家，但并不意味着出国，并没有远离自己的国家邦梓，依然在自己祖国的国土上生活、修行办道、弘法利生。所以，出家僧人也是祖国大家庭中的一个公民，既是公民就有爱护国家、保卫祖国的责任和义务。

第二节　佛教教义中蕴含的进步思想

一、佛教教义中的道德思想

宗教文化中包容了许多世代相传的对人类社会发展、社会存在、人际关系都有重要价值的道德准则，对鼓励广大信教群众追求良好的道德目标有着积极的作用。

从教义方面看，佛教把“自觉、觉他、觉行圆满”或称作“自利、利他、利行圆满”这三点作为信仰的全部内容。“自觉”，用另外的表达方式又称作“自利、自度”，它与“自我净化、自我完善”是相通的。只有发挥个人对社会的各种价值和作用，才是实现“自觉”目标的惟一途径。因此，自觉后又提出了“觉他”。觉他直接体现了佛教信仰对社会的价值追求，它又称作“利他、度人”，与“净化社会、完善社会”是相通的。佛教理论认为立足于自觉、觉他，最终实现了个人和社会的极大利益和高度完善，即是“觉行圆满”的最高信仰境界。在“自觉、觉他、觉行圆满”的三个内涵中，前两个是信仰的根本立足点，也是实现社会道德和社会价值的准则，最后一个则是终极的追求目标。佛教自利、利他的思想作为佛教教义的两个基本的内涵，不但成为佛教信徒重要的价值观，也是佛门弟子要遵循的重要伦理道德准则。

善恶观的思想是藏传佛教道德思想内涵的具体体现，这种道德思想内涵是以善恶、伦理为主题的。佛教主张慈悲为怀、自净其心、利他觉他，以平和平静之心处世待人，并以平和平静之心约束自己的行为，避免粗暴和暴力，积极行善积德、扬善抑恶，在人格的成长与完善、身心的和谐与健康、道德与智慧的提升方面形成了独特的经验和优势。佛教对善恶问题除了有细致的理论认识，还制定了五戒、十善、四摄、六度等道德规范。佛教以缘起、无我、中道、智慧为核心思想，以慈悲、平等、拔苦、与乐为利生理念，以止恶、修善、自净其意为行为准则。佛教认为，人们只有把“诸恶莫做、众善奉行”的道德观；无我利生、化他无倦的人生观；诸行无常、时空无尽的宇宙观；断除烦恼、完成人格的价值观，与慈悲济世、觉悟人生、奉献人生的菩萨正行有机地结合起来，在人类社会中广泛弘扬，在现实生活中认真实践，才能使家庭和睦、社会和谐、民族团结、国家富强、世界和平。

二、佛教教义中的平等思想

佛教的平等，是指一切现象均平齐等，无本性、本质，乃至高下、浅深的差别。互相尊重和平等的思想是佛教大力弘扬和提倡的一个重要理念，是佛教作为人与人之间最高的关系准则。在实践上是以首先敬人为主的。佛教把众生视为父母、主张人人有佛性的思想，不仅对推动社会道德进步是有益的，而且还对平衡社会关系具有积极意义。平等的思想是佛教的世界观、人生观和价值观的一种直接反映。

佛教不仅强调人与人、人与其他生物的平等，还强调人与佛的平等，也特别强调宇宙间一切生命的平等。主张只要人与人之间能够保持和谐、平等，真诚相待，那么人与社会的和谐和人与自然的和谐就有了坚固的基石。只有人和，社会才能进步、安宁、幸福。平等是和谐的基础，和睦相处是和谐的保证。在慈悲平等思想的基础上，佛教首先确立了以“不杀生”作为全部戒律的首戒。基于此，和平共处也成为佛教实践主体的本质要求。佛教敬畏生命，重视人的生命和存在的价值，由此而激发人的慈悲平等心，有助于信教群众正确对待和处理人与人、人与社会、人与自然的关系，有助于人类的和谐、和睦与世界的和平。

三、佛教的出世而不弃世的思想

出世而不弃世是佛教处世的基本准则。佛教面对世俗社会的固有准则是“随顺”和“顺应时空”。纵观佛教发展历史，佛教之所以能够较好地与社会各方面和平共处，在于有相对正确的面对社会的态度和方法。佛教提出了很多适应社会的方法。佛教不仅有四谛、十二因缘等法门，教人自净其心、超出生死，而且还教诲青年、妇女、长者等“在家人”如何营生治事、持家理财、交友尊师、父严子孝，过好世俗生活，获得现世安乐、后世安乐。佛教所追求的“出世间”并非完全弃世，而是要在根据佛教自身的理想去改造世界、改造人为代表的一切有情的处境。大乘佛教的出世思想原则是“悲不弃世，智不堕世”，也就是说，要认识世界的无常苦空、虚幻不实的本质而放弃一切贪恋之心，但需要有济世度众的大慈大悲心，不能放弃苦海众生，自求彼岸的涅槃寂静。随顺世间、尊重世间法、不厌世间法等思想为佛教与现实社会相适应提供了思想基础。

此外，佛教对信教群众的心理慰藉、稳定情绪等方面的积极作用以及从事有益于社会发展的公益、慈善活动等也是需要挖掘和提倡的积极因素。

第三节　对佛教教义进行符合社会进步要求的阐释

自佛教及佛教教义产生以来，其教义先后经历了从简单到复杂的形成和发展过程。回顾佛教教义的形成及发展史，最原始的佛教教义其实是释迦牟尼圆寂以后，众弟子以佛祖在世时讲经说法的记忆整理而成的文本内容，后来在该文本基础上发展成为佛教最原始的教义版本，或者说最原始的佛学基础理论。但是，在众弟子整理佛教教义过程中，弟子个性的差异在佛祖讲经说法内容的理解上产生分歧。“在佛陀入灭以前，佛法是一味的，四圣谛或戒定慧，是平等发展的。佛陀入灭以后，由于弟子们的个性及其所处环境与时代的不同，而出现了偏重与偏轻的现象”，正因如此，佛教教义发展过程中渐渐出现了所谓的宗派差异。

与此同时，在佛教传播到世界各国各民族的过程中，同样吸纳了各地各国的文化内容，形成了具有鲜明区域特色的佛教文化，如“汉传佛教”就是在印度佛教理论基础上吸收了汉族的儒家和道家文化，而“藏传佛教”在印度佛教的基础上吸收了藏族的苯教文化等内容。因此，佛陀释迦牟尼在世的时候，其实告诫过自己的信徒“众比丘，众善知识：就像锻炼切磨鉴别真金那样，对我的言论经过鉴别进行取舍，不要因为敬仰我而加以盲从”。

综观佛教教义的形成和发展史，佛教其实并不是一成不变的僵化的教条理论，而是随着不同时代和不同区域的传播，逐渐丰富和完善了教义并具有时代和地区特点，“在现实中，人们对于佛教的解读更是千差万别，犹如盲人摸象”。在21世纪的今天，藏传佛教既要继承佛教的主流价值理论，同时也要顺应现代社会发展和现代信徒心理的需求，要做到与时俱进，只有这样，藏传佛教才能体现它的利他思想和普度众生的博大精神。同样，藏传佛教自身也在未来社会变化当中找到适合自己的发展道路。

一、人生比金还贵

在藏传佛教教义中，经常强调人身难得“人生比金还贵”的精辟观点，表达了佛教对生命的基本态度。在藏传佛教信徒当中，同样流传着既生动又带有哲理性的生命来之不易的故事：“在茫茫的海上飘荡的窟篷小木片，在海上飘荡的过程中无意套住了一只乌龟的脖子，而人生比它还来之不易”，表述了每个生命到世界上的一种缘分和造化，而且这个生命故事在藏区已是人人皆知。

但是，在藏传佛教价值认同当中，对这种来之不易的宝贵生命，往往与宗教回报紧密相连。换句话来说，藏传佛教信徒普遍认为宝贵的生命，要用到积累宗教功德的正道上，若把时间用到其他事情上则是虚度人生，包括社会层面和生活层面，这与现代社会的主流价值观似乎相违背。尤其是藏传佛教虽然视生命为宝贵，但依据佛教生命观来讲生命又是无常的，这无意中把积极的人生观与消极的生命无常论联在一起，使得藏传佛教信徒把生命当中更多的时间消耗在来世的回报上。正因为如此，藏传佛教虔诚的信徒往往放弃今世的幸福生活，把希望寄托在来世再生上，并为此而付出沉重的现实代价，甚至有些信徒因宗教信仰而倾家荡产。

其实，藏传佛教教义当中具有积极的生命观，只要与现实生活即世而出世、以人为本的思想相接轨，把宝贵的生命投入到美好的现实生活当中，这不仅对藏传佛教的信徒，还是对藏族现代社会都将会产生积极的影响。但是，这种积极的藏传佛教价值观，藏传佛教界的高僧活佛通过以教义新诠释的形式进行引导，如十世班禅大师在世时，讲经说法时字里行间渗透着的以人为本的思想内容。

二、慈悲思想善报社会

藏传佛教有一种朴素的价值观，认为“众生为母，慈悲为怀”，说明慈悲理念是藏传佛教的核心思想。在藏区，信徒几乎都相信在生命轮回当中，芸芸众生相互都曾扮演过父母的角色，正因如此，尊重每种生命其实如同尊重自己再生的父母，因为在生命轮回世界当中我们都曾相互为父母亲。这种博大的人人皆为母亲的思想，是藏传佛教信徒既朴实又慈爱的思想基础。通过这种慈悲和爱心熏陶培育了藏传佛教信徒的慈悲善心，因而，藏区可以说是洒满爱心的世界，在街上见到乞讨者，信徒顺手施舍食物，对自己有恩的动物通过放生来延长它们的生命，这些行为在藏传佛教信徒眼里是在自然不过的事情了。

但是在藏区，这些慈悲善心落实到具体行为时，往往与来世的回报思想息息相连。换句话来说，这些慈悲善心只对来世负责，而对藏区的现实社会往往并没有产生积极的影响。假若藏传佛教信徒把这些爱心善心利用好，对构建和谐的藏区社会将会产生深远的影响。正因如此，把这种慈悲和爱心善心文化进行挖掘，通过以宗教和社会人文角度进行诠释，成为构建以爱心善心为基本社会公德，培育藏区现代社会的公益精神。

在藏区，要把这种慈悲思想转化为慈善公益思想，要高僧活佛积极发挥楷模作用，通过高僧活佛的影响，热心社会公益，推广慈善事业。

三、因果报应观念的现代价值

“因果报应”既是藏传佛教的哲学思想，也是藏传佛教的伦理观念。在藏区，藏传佛教的因果报应观念已渗透到藏传佛教信徒的伦理道德和思想行为当中，正因如此，在藏区经常听到要遵守因果报应的行为准则。因果虽说是藏传佛教的哲学思想，但在藏传佛教信徒中已成为行为的规范和准则，甚至有时直接以来世报应的说法影响信徒。犹如“前世的因来看今世的果，来世何去今世做”。由于藏传佛教的因果观念是以业缘来解释的，致使人们在现实生活中事事以因果报应来验证自己行为的合理性。在藏区，信徒认为违背了业缘思想就构成了因果关系，就会以有形或者无形的方式报应到各自的身上。这种“善有善报，恶有恶报”的因果循环报应理论，影响着藏传佛教信徒的各种行为。如果藏传佛教界高僧大德引导好这类观念，对构建藏区和谐社会将会产生积极的意义。当然，因果报应的佛教思想其实包含着很多细致的内容，如报恩父母、不歧视残障群体、保护动物等。假如子女不报答父母的养育之恩，变成老人时自己的子女同样也会不赡养自己，不会孝敬自己；同样的道理，若你歧视残障群体会报应到你来世将再生为残障人士，自己杀了哪类动物来世将再生为这类动物。因此，自己造什么样的因将来就回报什么样的果。因果报应是藏传佛教规范信徒行为的伦理思想基础，对这种思想若加以正确阐释和引导，对维护藏区伦理秩序也有积极的现实意义。

四、神灵观念与生态保护

在藏区，神山圣湖已普遍演变成为最佳的旅游景点，因神山圣湖既没有受到任何污染，同时又没有受到任何人为的破坏，其原因是藏族信徒把神山圣湖作为神灵来崇拜，而且认为神山圣湖中生活着具有生命的神灵。“藏民族在雪域高原上与雪山、冰川、草原、森林、圣地、圣湖和数以万计的生灵结下了缘。藏民们历来把圣山圣湖作为佛事活动的场所，视为修持行道的理想境地。历代高僧大德们亲临圣地圣湖，开光圣地圣湖，竭力保护生态环境、细心管理圣地圣湖和朝拜圣地圣湖的生灵万物”①。宗教层面的这种神灵观念在无形中保护了这片自然环境。

在藏区，因为把神山圣湖视为神灵，信徒很忌讳污染神山圣湖及周边泉水，忌讳砍伐森林等现象，把神山圣湖周边生态保护得很好，因而目前神山圣湖周边地区往往成为生态保护最好的区域。故而，在藏区生态保护方面宗教观念起到了重要的作用，而且迄今仍发挥着积极的作用。目前，在藏区生态环境保护区域，一些标语上写着藏传佛教的内容，如“六字真言”及其他佛教经典的短文，这种观念起到了环保宣传的特殊效果。

除此而外，藏传佛教中普遍存在的惜杀生命、万物有灵、放生生命、众生母亲等宗教观念，对环境保护和动物保护方面也有正面的影响。正因为如此，在藏区我们处处看到人与动物、人与自然和谐相处的情景。外来游客看到湖中的鱼不惧怕人类、草原上的花无人采摘、山上的野兽无人猎杀等，动物与人和谐相处的情景时，往往为此而感动。

---

① 泽波、格勒主编：《横断山民族文化走廊》，中国藏学出版社，2004年版，第277页、第378页。

在藏传佛教信徒的信仰世界中，把雄伟的雪山视为神山来崇拜，把美丽的湖泊视为圣湖来供养，其既原始又带有灵性的宗教观念世代相传，把美丽的雪山和湖泊完整地保护下来。目前，神山和圣湖成为重要的旅游资源，成为人类社会共同拥有的珍贵资源。以现代眼光来看古老观念，把山山水水均视为有生命的崇拜对象，给我们延续了完整的、可持续发展的生存环境。借鉴和弘扬其中的合理因素，我们同样可以为子孙后代留下一片完整的、可持续发展的生态环境。

学习思考题

1. 佛教教义中有哪些爱国、进步的思想?
2. 佛教徒如何报国家恩、报国土恩?
3. 如何对佛教教义进行符合社会进步要求的阐释?

第十三章

加强藏传佛教爱国力量建设

胡锦涛总书记在2006年召开的第20次全国统战工作会议上，对宗教界人士提出了“政治上靠得住，学识上有造诣，品德上能服众”的新要求。联系藏传佛教的实际，建立一支符合这“三句话”要求的宗教代表人士队伍，关系到藏传佛教的健康发展，是在藏传佛教领域反对分裂、维护祖国统一的基础性工作，也是积极引导藏传佛教与社会主义社会相适应的重要举措。

第一节　加强藏传佛教爱国力量建设的重要性

一、什么是宗教界爱国力量

宗教界爱国力量，是指坚持爱国爱教的宗教界各方面力量，包括宗教信仰者、宗教组织和宗教活动场所的管理者。宗教信仰者包括宗教界代表人士、宗教教职人员、信教群众等。在社会中具有代表性、典型性，宗教教职人员是宗教的职业信仰者，其特征是具有按照宗教仪轨、历史定制而赋予的宗教身份。在信教群众中影响力较大的宗教教职人员，也称为宗教界代表人士，或称为“宗教界知名人士”，过去曾称为“宗教界上层人士”，民主改革以后一般不再用此称谓。宗教组织和宗教活动场所的管理者，是指依据共同的宗教信仰、遵照一定的制度规范结成的社会群体，即各级宗教团体的领导者和宗教活动场所，也即寺观教堂的民主管理组织的负责人。

宗教界爱国力量的建设，是指通过党和政府以及宗教界的共同努力和教育培养，提高宗教信仰者的政治素质、宗教学识和道德修养，使宗教界的各种力量成为爱国爱教的积极力量和进步力量。宗教界爱国力量建设，包括宗教界代表人士、宗教教职人员和信教群众三个方面的建设，其中信教群众的教育是基础，宗教教职人员的培训是纽带，宗教界代表人士的培养是重点。

二、加强宗教界爱国力量建设的重要性和必要性

加强宗教界爱国力量的建设，是我国宗教界一项长期的基本任务。它既是贯彻执行党的宗教方针政策，切实做好宗教工作，积极引导宗教与社会主义社会相适应，有效地保护宗教界和广大信教群众的合法权益，抵御境外敌对势力渗透的一项战略性工作，也是关系到党和政府能否对宗教事务进行规范化管理，进一步巩固和扩大党的群众基础，维护我国宗教界的团结健康稳定，共同致力于社会主义现代化建设和构建社会主义和谐社会的关键性工作。

在藏传佛教工作中，由于西藏处于同达赖集团和支持他们的国际敌对势力斗争的前沿；由于我们同达赖集团及支持他们的国际敌对势力的斗争仍然处于尖锐复杂的时期；由于达赖集团的分裂活动往往打着宗教的旗号，与我们争夺信教群众，有相当的迷惑性、欺骗性，因此，加强藏传佛教爱国力量建设，培养一支“政治上靠得住、学识上有造诣、品德上能服众”的藏传佛教代表人士队伍，更加具有重要性、紧迫性，是新世纪新阶段藏传佛教工作的重中之重。

第二节　藏传佛教爱国力量建设的目标和要求

新世纪新阶段藏传佛教爱国力量建设要符合社会发展、时代前进、文明进步的要求，适应社会主义社会和当代社会的整体环境和氛围，在政治上拥护党的领导和社会主义制度；在佛学上具足正信、严持净戒、德才兼备。

一、拥护党的领导和社会主义制度

建设有中国特色的社会主义、实现中华民族的伟大复兴，是现阶段我国各族人民的共同理想。这个共同理想集中体现了包括藏传佛教僧尼在内的全国各族工人、农民、知识分子和其他劳动者、爱国者的利益和愿望。当代藏传佛教僧尼要正确认识社会发展规律，正确认识国家的前途命运，正确认识自己的社会责任，树立在中国共产党领导下，走中国特色社会主义道路，为实现中华民族伟大复兴而奋斗的共同理想和坚定信念。

1. **坚定对中国共产党的信任。**中国共产党是中国工人阶级的先锋队，同时是中国人民和中华民族的先锋队，是中国特色社会主义事业的领导核心。中国共产党的领导地位是历史形成的，是中国人民在长期的艰苦斗争中的选择。中国共产党自诞生之日起，就把马克思主义确立为自己的指导思想，在长期的实践中，以中国化的马克思主义指导中国的革命、建设和改革，建立了巨大的历史功绩，取得了举世瞩目的伟大成就。中国共产党不负历史的重托、人民的选择，不愧为伟大、光荣、正确的党。中国共产党也曾出现过失误，党的队伍中还存在消极腐败现象，但是中国共产党是全心全意为人民服务的政党，具有敢于坚持真理、勇于修正错误的坚毅品格和博大胸怀，具有反腐倡廉的坚定决心和能力，因而能够始终保持自己的先进性。中国共产党有与时俱进的科学理论的指导，有经过实践证明了的一系列正确的路线方针政策，有亿万人民的拥护和支持，有一支集中了全民族先进分子的党员和干部队伍。在当今中国，只有中国共产党，才能领导中国人民建设有中国特色的社会主义，才能率领中国人民实现中华民族的伟大复兴。作为中国公民，藏传佛教僧尼对这一点必须要有清醒的认识。

2. **坚定走中国特色社会主义道路的信念。**社会主义制度在我国的建立，实现了中国历史上最广泛最深刻的社会变革。邓小平曾指出：“如果不搞社会主义，而走资本主义道路，中国的混乱状况就不能结束，贫困落后的状态就不能改变。”新中国成立后，中国共产党带领全国各族人民在建设社会主义的道路上进行了开创性的、艰辛的探索，取得了重大的成就，积累了丰富的经验，也遭遇了这样或那样的挫折，付出了沉重的代价。党的十一届三中全会以来，中国共产党总结我国社会主义建设的经验教训，形成了建设有中国特色社会主义的理论，开创了建设中国特色社会主义道路。改革开放以来，我国经济社会发展所取得的辉煌成就雄辩地证明，中国特色社会主义符合中国国情，符合全国各族人民的利益，是中国发展、走向富强的必由之路。

3. **坚定实现中华民族伟大复兴的信心。**中华民族是一个历史悠久的伟大民族，在数千年的历史长河中，创造了辉煌的文明，为人类发展和进步作出了举世公认的重大贡献。但是近代以来，中国沦为半殖民地半封建国家，国家积贫积弱，人民饱受磨难。为拯救民族危亡，中国人民进行了长期探索和斗争，许多志士仁人为之流血牺牲，但都没能改变中国人民的悲惨命运。中国共产党勇敢地担负起实现中华民族伟大复兴的庄严使命，团结和带领全国各族人民完成了民族独立、人民解放的历史任务，为实现民族复兴奠定了最重要的基础。社会主义制度在我国的确立，开启了在社会主义道路上实现中华民族伟大复兴的历史征程。党的十一届三中全会以后，我们找到了建设中国特色社会主义的道路，实现民族伟大复兴的事业获得了新的强大生机。新中国成立后的50多年，特别是近20多年的发展，我国社会主义建设取得了举世瞩目的巨大成就，民族伟大复兴展现出灿烂辉煌的美好前景。

二、熟悉经典，挖掘和弘扬宗教教义中的积极内容

胡锦涛总书记在接见十一世班禅时说："宗教与社会主义社会相适应，就是要自觉遵守国家法律法规，努力维护社会稳定、民族团结和祖国统一，积极弘扬宗教教义中扬善抑恶、平等宽容、扶贫济困等与社会主义社会道德要求贴近的积极内容。"这是新世纪新阶段党和政府对宗教界包括藏传佛教僧尼在内的教职人员寄予的期望。

藏传佛教历来有重视闻、思、修，讲、辩、著的精进修学的优良传统。广大僧尼特别是年青一代僧尼只有养成向学的风气，安立于僧团中奋发精进闻、思、修；实践于讲、辩、著；立足于贤、正、善，才能不

断提高自身的宗教学识修养，才能对宗教教义作出符合社会进步的解释，积极引导宗教与社会主义社会相适应，努力挖掘和弘扬宗教教义、宗教道德和宗教文化中有利于社会发展、时代进步和健康文明的内容；才能对宗教教义作出符合和谐社会要求的阐释，在构建社会主义和谐社会过程中创造新业绩。在注重全面修学佛法的同时，加强对现代科学文化知识的学习，不断更新知识，适应时代发展的要求，以自己的学识服务社会、服务众生，做符合时代要求的僧尼。

三、结合宗教界的特点，学习和实践社会主义荣辱观

时代对当代藏传佛教僧尼的素质提出了更高的要求。既要提高宗教学识水平和修持能力，又要提高政治素质、道德素质和法律素质。德才兼备，以德为先，已经成为社会评价的标准。提高政治、道德、法律素质，最根本的是要澄清是非、善恶、美丑的界限。明确坚持什么、反对什么、提倡什么、抵制什么。因此，结合宗教界的特点和实际，学习和实践社会主义荣辱观，是对僧尼“品德上能服众”的基本要求。

1. **学习社会主义荣辱观的重要意义。**胡锦涛总书记指出：“一个社会是否和谐，一个国家能否长治久安，很大程度上取决于全体社会成员的思想道德素质。”藏传佛教历来比较注重和强调僧尼自身的道德修养，贯穿于教法义理中的十善、菩提心、忏悔法、四无量．六度、各种戒律与因果报应等伦理说教，都是僧尼奉持的基本教法。修持的目的是净化心灵、提升人格和道德素养，做利他事业，从而达到人格精神圆满的佛菩萨境界。这是藏传佛教基本的伦理道德要求。做一个“品德上能服众”的当代僧尼，不仅要信守佛法之道德规范，而且要倡导和实践社会主义荣辱观。

十六届六中全会《决定》指出，社会主义荣辱观是构成社会主义核心价值体系的基本内容。社会主义荣辱观的提出，明确了我国在发展社会主义市场经济条件下的基本价值取向、道德规范和行为准则，是对与社会主义市场经济相适应、与社会主义法律规范相协调、与中华民族传统美德相承接的社会主义思想道德的系统总结，是新形势下加强社会主义思想道德建设的重要指导方针。广大寺庙僧尼是以宗教为职业的拥护社会主义、拥护祖国统一的爱国者，理应成为社会文明道德风尚的重要体现者和传承者。僧尼的道德素质如何，直接关系到僧尼在信教群众中的形象、声誉和影响，关系到藏传佛教在全国各族人民中的形象、声誉和影响。僧尼们要深入领会树立社会主义荣辱观的重大意义和深刻内涵，准确把握“八荣八耻”的基本要求，为促进良好教风和社会风气的形成与发展作出自己的努力。

2. **理解社会主义荣辱观的科学内涵。**社会主义荣辱观含义精深，它涵盖了个人、集体、国家三者之间的关系，涉及人生态度、社会风尚等方方面面，坚持了中华民族传统美德和时代精神的统一，实现了“依法治国”和“以德治国”的有机结合，体现了正确的人生观、价值观、道德观和法制观，反映了提高中华民族整体素质的根本要求。

“以热爱祖国为荣、以危害祖国为耻”，就是要树立热爱祖国的高尚情操，弘扬爱国精神，践行报国之志，以建设祖国、保卫祖国、富强祖国为最大光荣，抵制和反对损害社会主义祖国的荣誉、尊严和利益的思想和行为；“以服务人民为荣、以背离人民为耻”，就是要树立为人民服务的人生目的，心系人民、关爱他人、扶贫帮困、热心公益，通过各种形式为人民多做好事、为社会多作贡献，抵制和反对违背人民利益和愿望的思想和行为；“以崇尚科学为荣、以愚昧无知为耻”，就是要热爱科学、尊重科学，努力学习科学文化知识，按科学规律办事，抵制和反对各种违反科学的思想和行为；“以辛勤劳动为荣、以好逸恶劳为耻”，就是要尊重劳动、尊重知识、尊重人才、尊重创造，继承和发扬中华民族勤勉敬业的精神和品德，抵制和反对一切贪图安逸、厌恶劳动的思想和行为；“以团结互助为荣、以损人利己为耻”，就是要大力倡导有利于民族团结、社会进步、人民幸福的思想和精神，学会互相关心、互相爱护、互相帮助、共同进步，抵制和反对一切损害他人、危害社会的思想和行为；“以诚实守信为荣、以见利忘义为耻”，就是要将诚实守信作为自己的行为准则，作为立人之本、成人之基，在寺庙生活、宗教生活和社会生活中自觉做到恪守诚信，抵制和反对唯利是图、弄虚作假、背信弃义、不讲信誉等思想和行为；“以遵纪守法为荣、以违法乱纪为耻”，就是要自觉增强法律和纪律意识，自觉遵守法律，自觉遵守纪律，抵制和反对无视法律权威、轻视纪律规章、违法犯法、破坏纪律的思想和行为；“以艰苦奋斗为荣、以骄奢淫逸为耻”，就是要深刻认识社会主义事业现代化建设的长期性、艰巨性，始终保持谦虚谨慎、不骄不躁的作风，始终保持艰苦奋斗的作风，弘扬求真务实、自强不息的精神，抵制和反对不思进取、得过且过、贪图享乐、奢侈浪费等思想和行为。

3. **结合实际，努力实践社会主义荣辱观。**社会主义荣辱观，明确了社会主义社会中是非、善恶、美丑的界限，体现了对每个公民提高思想道德素质和法律素质的基本要求；为广大僧尼加强自身修养、锤炼优良品德，成为拥护社会主义、拥护祖国统一的爱国者，指明了方向。学习和实践社会主义荣辱观，是在藏传佛教僧尼中开展思想政治教育的重要内容，是僧尼思想品德教育的中心环节。

广大僧尼学习和实践社会主义荣辱观，要紧密结合自身的实际，体现自身的特点，从现在做起、从自己做起，从一点一滴的小事做起。要以“八荣八耻”为座右铭，时时处处对照检查自己的言行举止，在实践中领悟“八荣八耻”，自省自警、自珍自爱，在长期的实践中积累，逐步把社会主义荣辱观转化为品德操守，成为安身立命、为人处世的准则。

概而言之，新世纪新阶段藏传佛教爱国力量建设的目标和培养标准主要有三条：一是政治上乐于接受党和政府的领导，拥护社会主义制度，热爱祖国，坚持爱国主义，继承和发扬老一代藏传佛教界爱国人士的优良传统，与党和政府精诚合作；二是宗教学识上要有较高的造诣，挖掘和弘扬藏传佛教宗教教义、宗教道德和宗教文化中的积极因素，对教法义理作出符合社会发展、时代进步的解释，在构建和谐社会中发挥积极作用；三是有一定的道德素养，有良好的宗教职业者形象，在信教群众中享有较高威信，能够团结和带领广大信教群众走与社会主义社会相适应的道路。

第三节　藏传佛教爱国力量建设的途径和任务

一、积极参与藏传佛教代表人士培养工程

在中央有关部门和有关省区各级党委、政府的领导和支持下，把积极参与藏传佛教爱国人士培养工程与寺庙爱国主义教育，作为做好藏传佛教工作的主要抓手，协助党和政府制订规划，统一部署，分级实施，层层落实。在国家设立的专项培训经费的资助下，以行之有效的多种方式拓宽培养范围，制定中长期或短期的培训规划，有计划、有步骤、有目标、有要求地培养出符合时代要求的、能联系和引领广大信教群众的新一代爱国宗教界代表人士，力争在5年内，组织有影响的活佛、经师和寺庙民管会成员普遍接受一次培训。建立培养和使用相结合的培训机制，把培养教育和安排使用结合起来，要让那些在关键时刻立场坚定，敢于站出来发挥积极作用的宗教人士掌握各级宗教团体和重点寺庙的领导权。

二、建立和完善僧人学经和学位晋升制度

藏传佛教历史上形成了以寺院教育为主的培养方式，从长远发展看，需要建立适应社会主义社会和时代要求的综合性培养体系。

进一步加强中国藏语系高级佛学院建设。1987年9月1日，藏传佛教最高学府——中国藏语系高级佛学院在北京正式成立。这体现了党和政府对藏传佛教事业的关心、重视和支持，对促进藏传佛教事业的健康发展具有特殊意义和影响。正如曾任院长的十世班禅大师所说：“中国藏语系高级佛学院的成立，这在我国藏传佛教史上前所未有。尤其将活佛组织在一起学习宗教、政治、科学文化知识，更是藏传佛教在培养高级传教人才方面的一个历史性改革，它标志着藏传佛教培养活佛的教

育由经院式教学转变为现代化教学。这是一项具有深远意义的工作，它将载入我国佛教史册。”自创办以来，藏语系高级佛学院坚持以“维护祖国统一，加强民族团结，发展藏传佛教，培养懂国家法律和政策、精通佛学的爱国爱教的高级宗教人才”为目标，已开设六届佛学大专班、两届特设专业班、重点寺庙民管会主任培训班等培养教学人才、管理人才等骨干力量，取得了良好的效果。学员回到自己的寺庙或工作岗位后，把所学到的知识运用到弘法利生、护国利民的实践之中，在寺庙管理、公益事业等方面发挥了积极的作用，并取得了一定成绩。

加大投入，尽快改善省级佛学院办学条件，明确办学方针，提高办学质量。中共中央［1991］6号文件指出：“要支持和帮助爱国宗教团体办好宗教院校，有计划、有组织地培养一支热爱祖国、接受党的领导、坚持走社会主义道路、维护祖国统一和民族团结、有宗教学识，并能联系群众的宗教教职人员队伍。”2001年全国宗教工作会议指出：“宗教院校的办学方针是，努力培养和造就一支热爱祖国、接受党和政府领导、坚持走社会主义道路、维护祖国统一和民族团结、有宗教学识、立志从事宗教事业并能联系信教群众的宗教教职人员队伍。”20世纪80年代以来，有关省区先后创办了几所省级佛学院，主要承担藏传佛教活佛和骨干力量的培养教育任务，成为培养藏传佛教界爱国力量的重要基地和主要渠道。“以教学育人为中心，加强自身建设。从佛学知识、政治觉悟、道德修养三个方面，培养爱国爱教的藏传佛教界人士，帮助学员提高爱国主义和社会主义觉悟，自觉维护祖国统一、增强民族团结、反对民族分裂，树立平等意识、公民意识、法律意识和奉献意识。”新转世活佛的教育培训，是各级佛学院培养爱国爱教人才的重点。经过十多年的努力，已有众多的活佛喇嘛先后在各级佛学院学习，受到了爱国主义和社会主义的教育，得到了进步和提高。要认真总结各级佛学院办学经验，坚持政治培训和提高宗教知识相结合，院校深造、办班学习和组织参观考察相结合，把各级佛学院建设成为培养爱国宗教人士的基地。

逐步规范寺庙学经班，纳入寺庙统一管理，建立必要的规章制度。藏传佛教寺院教育已有一千多年的历史，是藏传佛教培养贯通佛教三藏高僧大德和佛门学子的重要教育资源。藏传佛教爱国力量的培养，也要重视寺院自身的教育，使每座寺院、每个尼众道场成为培养爱国爱教进步力量和合格僧尼的场所。

贯彻《藏传佛教高级学位授予办法》。从2003年起，中国藏语系高级佛学院明确了藏传佛教传统教育同现代教育、寺院教育与学院教育相结合的改革方向，建立和完善与社会主义社会相适应的藏传佛教僧人学经、学衔晋升制度。2004年9月1日，首届藏传佛教高级学衔班和学衔班在中国藏语系高级佛学院正式开学，堪称藏传佛教历史上的盛事。来自西藏、四川、青海、甘肃的36名精通和较为精通藏传佛教五部大论的活佛、僧人成为第一批学员。现已有两届藏传佛教高级学衔班的22名学员，通过辩经、讲经考试和论文答辩获得“拓然巴”高级学衔。藏传佛教高级学衔的成功授予，标志着藏传佛教高级学衔制度进一步巩固和提高，在藏传佛教高级僧才培养教育方面取得了新的成果。建立藏传佛教学衔制度，有利于培养具有一定宗教学识的爱国爱教人才，有利于促进藏传佛教各寺院宗教学业的发展，有利于藏传佛教的自身建设，有利于推进藏传佛教与社会主义社会相适应的进程。建立藏传佛教高级学衔制度，完全符合弘法利生和爱国爱教的基本原则。要继续完善藏传佛教高级学衔制度，做好藏传佛教高级学衔工作的政策衔接，建立和完善由初级、中级到高级学衔的培养授予机制和激励机制。

三、加强佛教协会自身建设

佛教协会是党和政府联系、团结、教育宗教界人士和信教群众的桥梁。各级佛教协会要在党和政府的领导下，加强自身建设。加强对教职人员和信教群众的爱国主义、社会主义和宗教法规、政策的教育。加强各级佛协领导班子、工作班子建设，积极物色和培养后备力量。建立健全各项规章制度，搞好自我管理。佛协要在政府指导下，进一步完善职能、明确任务，特别是在配合政府联系寺庙、维护正常宗教活动秩序、管理活佛转世事务、培养中青年爱国教职人员、宗教对外交流等方面发挥应有作用。各级佛协要在政府的帮助下，加强基础设施建设，改善工作条件。

藏传佛教爱国力量的培养工作要有总体规划和具体措施。把握好正确的培养方向和目标，构建多种形式的教育培训机制，有计划、有步骤、有目的地积极培养一批爱国爱教、德学兼优，能与党和政府真诚合作的符合时代要求的中青年爱国教职人员队伍。

学习思考题

1. 为什么要积极培养藏传佛教界的爱国力量？
2. 新时期藏传佛教僧尼应具备什么样的素质？
3. 如何学习和实践社会主义荣辱观？

第十四章

巩固和完善民主管理的组织和制度建设

第一节　寺庙民主管理体制的建设与完善

一、寺庙实行民主管理是西藏民主改革的必然要求和胜利成果

宗教组织是宗教信仰者进行宗教生活和宗教活动的机构、团体。宗教制度则是宗教组织的具体运行体制，体现着宗教组织的基本特征，同时又受当时社会制度的影响。宗教组织和制度的建立和发展，使宗教成为人类社会的一个组成部分；同样，社会的发展变化也必将引发宗教组织和制度的发展变化，也就是说藏传佛教组织和制度的演变，与西藏历史的演变是连结在一起的，发展方向是一致的。

在西藏长达六七百年的“政教合一”的封建农奴制社会中，藏传佛教中的不同教派加入政教联合统治机构，在意识形态上宗教居于主导地位，对西藏的政治、经济、文化以至风俗习惯、社会道德都产生过广泛的影响；同时，也受到封建农奴制度的长期腐蚀，逐渐背离了佛祖众生平等、慈悲济世等创教的宗旨，寺庙享有诸多封建特权，对贫苦僧尼和广大农牧奴实施残酷的统治和剥削，蜕变成为西藏三大领主之一。民主改革前，寺庙占有西藏全区土地的 36.8%，地租剥削占农民收获的 50%～70%，劳役剥削高达收入的四分之三，高利贷年利率达 50%～100%，大的寺庙还设有法庭、监狱和各种刑具。拉萨的色拉、哲蚌、甘丹三大寺院就占有农奴和奴隶 6 万余人，庄园 320 多个、牧场 450 多个、耕地 14 万多藏克（亩）、牲畜 11 万多头（只）；拥有高利贷粮 130

多万藏克和藏银近 100 万品（每品合 50 两），寺庙放债量占全区放债量的五分之四。寺庙内部组织严密、等级森严，寺庙的财富和权利被少数上层僧侣垄断，广大贫苦僧尼实际上是穿着僧装的农奴和奴隶。据民主改革时统计，色拉寺寺内僧众分为 12 个等级，占寺僧总数 70%的贫苦喇嘛，除支应寺内各种差役外，仍需外出打工、化缘以解决各自近半年的生活费用；少数老弱病残喇嘛，甚至流落街头，靠乞讨度日。对这种背离佛教宗旨、蜕变颓废的情况，十三世达赖在他的藏文自传中写道：贪污受贿之风从西藏政界浸入教界，各寺喇嘛不守清规，抽烟、喝酒、赌博、嫖娼……实际上已无法分清何谓政界、何谓教界，甚至连寺庙的最高职位也可以出钱买到。

1959 年西藏的民主改革，是一场彻底推翻封建农奴制度，解放包括贫苦僧尼在内的百万农奴，完成人民民主革命，开启西藏社会主义大道的历史转折。在这场西藏社会制度的伟大飞跃中，正如中央指示："取缔寺庙的封建占有，废除宗教中的封建剥削和压迫制度，是民主改革中的任务，应该完成，但人民群众正当的宗教生活必须照顾"，"必须长期坚持宗教信仰自由政策，同时把群众的注意力吸引到彻底完成民主革命和发展生产上来"。通过宗教制度改革，彻底废除寺庙管理权被极少数宗教封建领主所垄断的情况，在保留寺庙中建立民主管理组织和制度，使寺庙的管理权掌握在广大僧尼手中，成为西藏社会从封建农奴制度向社会主义制度转型时的必然要求。据西藏民主改革基本完成后的 1961 年 1 月 3 日统计表明，当时自治区保留的 553 座寺庙中，有住寺僧尼 7000 人，这些寺庙都建立起了民主管理组织和制度。

二、民主管理制度在实践中不断完善

在寺庙民主改革基本完成摧毁封建农奴制度、废除寺庙的封建特权和压迫剥削制度、贫苦僧尼优势已经树立的基础上，组建新的寺庙民主管理体制和各项制度，以取代原有的封建管理体制和制度，是巩固寺庙民主改革成果，实现贫苦僧尼当家做主的权利，团结宗教爱国人士，在中国共产党和人民政府领导下，共同做好寺庙管理工作的关键所在。为规范这一工作，西藏自治区先后制订过三个章程。

1. 1959年章程。1959年的《寺庙民主管理试行章程》共有5章27条。在第一章总则中，要求民主管理工作必须继续全面贯彻执行宗教信仰自由政策和“政治统一、信教自由、政教分离”的方针，和各教派在政治上一律平等，“各行其是，互不干涉”的原则；要求住寺僧尼必须接受中国共产党的领导，反帝、爱国、守法，维护祖国统一和民族团结，走社会主义道路，凡是具有国家公民权利的僧尼，均享受法定的公民权利和履行公民的义务，遵守政府的政策、法令。不得利用宗教干涉政治、妨碍生产建设、文教卫生事业，不得利用宗教向人民群众摊派负担和强迫人民群众进行无偿劳动，不得利用宗教恢复寺庙的封建特权、封建压迫和剥削制度。章程明确界定“寺庙是进行宗教活动的场所，因此要合理安排僧尼的宗教活动和佛学知识的学习，并适当安排僧尼政治文化、科学知识的学习”。规定寺庙民管会是“在人民政府领导下，对寺庙内部事务实行民主管理”的一级组织，应该“坚决制止和打击披着宗教外衣的反革命分子和其他犯罪分子的反革命犯罪活动”。从而明确了寺庙在新社会所处的位置和应发挥的作用，全面阐述了《宪法》所规定的宗教政策的实质内涵，明确作为住寺僧尼与从事其他职业的公民一样享有《宪法》所赋予的公民权利与应尽的公民义务，提高他们在人民政府领导下当家做主、爱国守法、团结进步的观念，从政治上、思想上为做好民主管理工作奠定基础。

章程对寺庙民主管理委员会的组织原则、组成人员、产生办法、职权任务和办事机构以及僧尼的具体权利和具体义务等作出了明确规定。《章程》对寺庙宗教习修、布施、僧尼的离寺和入寺以及寺庙的财务管理、生产生活、文物保护、治安工作也都有原则要求。

僧尼在认真学习和充分发扬民主的基础上，选举产生了各保留寺庙的民主管理组织，设置了相应的办事机构。一般中小寺庙的各项事务，多由民管会（组）成员分工直接管理，大的寺庙则在民管会下设立办公室、财经组、宗教组、学习组、生产生活组、文物管理组、治保委员会（组）等办事机构，由民管会领导分工管理或兼任组长或主任的职务。

通过对西藏自治区筹委会《寺庙民主管理试行章程》的宣传贯彻，建立了寺庙民主管理组织，制订了有关规章制度，处理了寺庙民主改革的遗留问题，纠正了一度出现的过急偏差，扩大了对宗教界爱国人士的安排，解决了寺庙正常宗教活动、佛学习修和僧尼生产生活中的具体问题，使寺庙民主管理工作初步趋向正常，维护了寺内的安定团结和正常秩序。

2. 1963 年章程。经过两年多的寺庙民主管理工作的实践和探索，在总结经验的基础上，西藏自治区筹委会对原有的《寺庙民主管理试行章程》进行了修改和补充，于 1963 年 12 月 28 日颁布了新的《寺庙民主管理试行章程》。章程仍分总则、寺庙民主管理委员会、僧尼的权利和义务、几项有关规定、附则等五章，具体条款由原章程的 27 条压缩为 25 条，但内容更加充实，提法更加科学简练，对实践中遇到的新问题做了补充。1964 年 7 月和 1966 年 3 月均以藏汉文合璧形式印刷下发。

3. 1987 年章程。随着中共十一届三中全会的召开，实行以经济建设为中心，坚持四项基本原则和坚持改革开放，西藏也随着全国进入了建设中国特色社会主义的新时期。1985 年经中央批准，由十世班禅大师于 11 月亲自主持，在扎什伦布寺进行了历时 20 个月的社会主义条件下寺庙民主管理工作的成功试点。西藏自治区统战部、民宗委和佛协分会的部分领导也应邀参加了这项工作。借鉴这次试点工作的成果，加之对其他有关寺庙的试点和探索，西藏自治区人民政府于 1987 年 8 月下发了《西藏自治区佛教寺庙民主管理章程》（试行）。这一新章程有 10 章 30 条。

章程开宗明义地指出其制订目的是："为了在社会主义条件下管好寺庙，保障公民宗教信仰自由权利，维护寺庙和住寺僧尼的合法权益，继承和发扬佛教文化，使西藏佛教进一步同社会主义相适应、相协调。"新章程体现了鲜明的时代精神，同时，要求佛教与社会主义社会相适应的提出，使其更具有前瞻性。

章程“总则”一章关于寺庙的社会属性，规定为“由国家公民中的宗教职业人员组成的群众性集体组织”，“受上一级政府宗教事务部门领导”。章程对寺庙基本职能界定为“主要是佛教的修持研习、培养佛教知识分子、从事佛教活动、传播佛教文化艺术场所，同时又是历史文物保护和旅游场所。”比之已往只讲“寺庙是进行宗教活动的场所”的提法更加实事求是，更加科学全面，既符合改革开放和市场经济的时代精神，又强调寺庙的主要职能，有利于宗教政策的全面贯彻，有利于优秀传统文化的保护和发展，有利于加强民族团结、维护祖国统一和对外斗争。

关于民主管理的基本原则要求是“寺庙的一切活动，在国家宪法、法律和政策规定范围内进行”；“坚持四项基本原则对宗教职业者的要求，组织政治学习，提高僧尼的爱国主义、社会主义觉悟”；“寺庙事务，在政府宗教事务部门的行政领导下，由寺庙僧尼自主管理”；“在维护民主改革积极成果的前提下，实行民主管理同传统教务管理相结合，除弊兴利，使之进一步与社会主义相适应、相协调”。“寺庙的各种组织和制度，应同寺庙的社会属性、基本职能相适应，有利于发挥全体住寺僧尼为社会主义两个文明建设服务的积极性”。这里明确了寺庙民管会处理内部事务中应遵守的基本原则，明确了寺内民主管理和教务管理的协调关系；特别是针对以往寺庙政治学习薄弱的实际，明确要求各寺按照四项基本原则对佛教徒的要求组织政治学习，强调提高全体僧尼的爱国主义和社会主义觉悟，章程进一步把“能坚持维护祖国统一和民族团结”作为民管会成员必备的候选条件之一。

章程关于寺庙民主管理机构计有四条，除了将民管会（组）成员的任期由以往章程规定的两年改为“每届任期三年，特殊情况可提前或延期选举”和对寺庙事务处理上要求“涉及方针政策性问题和重大措施，需由民管会（组）提出意见，经全寺僧尼大会讨论通过后，报请政府宗教事务部门批准”外，对民管会（组）成员候选人的条件更明确规定为

“1. 既懂政治又懂宗教，爱国守法，虔诚爱教；2. 能坚持维护祖国统一和民族团结；3. 能正确贯彻执行宗教政策和其他各项法律、法规和政策；4. 对寺庙管理工作热心积极，有管理才能，办事公道，僧尼信任”，这些较之以往章程的要求既明确又严格，完全符合寺庙的实际需要和社会发展的要求。

章程关于民管会（组）的基本任务，针对寺庙的社会属性和继承、保护和发展西藏优秀传统文化的需要，明确要求应该“切实抓好年轻僧尼的文化和宗教知识学习，有条件的寺庙可举办学经班，培养政治上爱国守法、宗教上有较高佛学学识的宗教职业人员”，同时要求民管会“带领住寺僧尼学习时事政策和法律知识，提高爱国主义、社会主义觉悟”；“维护寺内秩序，做好接待工作”，“种植花木，美化环境，搞好集体和个人卫生”等。

在“寺庙的管理制度”方面，章程为了堵塞寺庙经济管理上的漏洞，强调“严格财务制度，实行经济民主，定期向住寺僧尼公布经济收支情况”；“寺庙经济收入的分配，实行既适合寺庙特点又符合按劳（包括脑力劳动）付酬的原则”。在“寺庙实行自养”方面，为适应市场经济的发展，一改以往章程中“禁止寺庙经营商业”的规定，提倡“因地因寺制宜，从事力所能及的农牧林副商业”，而且提倡“举办适合寺庙特点的社会公益事业和服务业”，特别提出“有条件的寺庙可以单独或联合开办集体企业”。考虑到僧尼本身的经营能力，章程对寺办企业“允许在民管会领导下，本着自愿互利的原则，可招聘寺外人员签订合同承包经营”；同时，“经政府宗教事务部门批准，寺庙可印刷、流通佛教经典，制作销售宗教用品和宗教艺术品”。这些规定为寺庙自养开辟了广阔的门路，以求达到在政府“给予积极创造条件和扶持、帮助”下，“逐步实现自养”的目的。

章程关于“住寺僧尼”，重申“住寺僧尼享有公民的一切权利，履行公民的一切义务，住寺僧尼个人财产的所有权、继承权受法律保护，任何单位集体和个人均不得侵犯”，同时，还作出了新的规定，一是要对僧尼实行定额管理；二是将社会流散僧尼纳入附近寺庙民管会管理，为流散僧尼的管理，探索新的办法；三是规定了“非住寺僧尼经民管会（组）同意，可以在寺庙过宗教生活，但不得擅自主持寺庙的宗教活动，不得干涉寺庙管理事务”，从而既可以解决境外藏胞回国，以及一些外国人进藏期间过宗教生活的要求，又可抵制境外、国外宗教势力的渗透和干涉。

三部章程，反映了藏传佛教民主管理制度的建立和发展进程。其中的基本原则，是经过实践检验，有长远意义的。

第二节　佛教习修和学位制度的恢复与发展

一、“专门念经班”的提出和试办

20 世纪 50 年代初，毛泽东主席就和十四世达赖喇嘛、十世班禅大师谈过这个话题。1961 年初，毛主席和党中央同意班禅大师“组织 3000 僧人专门学习研究佛学经典”的建议，中央也就此事发出了有关通知。1961 年 4 月 29 日西藏自治区筹委会通过了“关于组织一批自愿研究经典的喇嘛专门研究经典和学习政治的提案”，对组织试办“专门念经班”提出了具体、明确的要求。同年下半年开始试办，拉萨的三大寺（联合举办），日喀则的扎什伦布寺、萨迦寺，山南的昌珠寺和那曲的孝登寺相继建立了 5 个佛学经典研究班，培养西藏宗教界新的知识分子。

经过一段时间的试办，1962 年 7 月中央批转西藏工委《关于继续贯彻执行宗教信仰自由政策的几项规定》的文件，对“专门念经班”试办中的问题提出明确要求，同时也对专门念经喇嘛的生活待遇问题做了明确的规定，“专门念经班”开始由试办转入推行阶段。后来，由于“文化大革命”，使这项工作中断。

二、各大中寺庙学经组织和格西学位考试的恢复

进入新时期以后，随着党的各项政策的落实和寺庙民主管理工作的

全面恢复，各大中寺庙的学经组织和教经活动重新恢复和开展。佛教修持研习活动的持续发展，培养了一批新的佛教知识分子，缓解了传承上的断代危机，同时也提出了恢复宗教学位——格西考试的要求。在各教派大中寺庙恢复学经组织和格西考试制度的基础上，1987年春又恢复了中断26年的拉萨传召大法会和考取“拉让巴”格西的活动，满足了西藏宗教界的迫切要求。但是，在1988年的传召大法会和格西考取活动即将结束时，遭到达赖集团策划的骚乱活动的破坏，此后又被迫中断。

随着对拉萨三大寺以及全区寺庙爱国主义教育和整顿工作的不断深入，在绝大多数僧尼思想觉悟得到提高、各项管理制度进一步完善，以及通过改选使民主管理组织得到调整和加强的基础上，排除了达赖集团对藏传佛教建立正常秩序的干扰和破坏，对形式作适当变通后，拉萨三大寺考取“拉让巴”格西学位的活动，于2004年恢复。

三、藏传佛教高级学衔制度的建立

为了全面解决和进一步做好藏传佛教高级学位的培养和授予工作，国家宗教事务局颁布了《藏传佛教高级学衔授予办法》。中国佛教协会成立了藏传佛教高级学衔指导委员会。为落实具体工作，指导委员会下面设置了高级学衔评审委员会以及考评委员会、资格审查委员会、论文答辩委员会等工作机构。从2004年起，在中国藏语系高级佛学院内，增设了高级学衔班和学衔班，招收藏传佛教各教派大中寺庙内已获得格西学位的僧人入院，用经院式教育和现代学院式教育相结合的方式培养深造，然后通过对显宗五部大论的辩经考核和学术论文的答辩，考评合格，通过资格审查，报经国家宗教事务局备案后，至2006年10月已授予22人“拓然巴”高级学衔。

第三节　寺庙自养与公益活动

新时期的寺庙民主管理工作，在充分发挥寺庙的宗教习修、显密传承和从事教务活动等基本社会职能的同时，结合寺庙特点，因地因寺制宜地开办一些生产经营项目和社会公益事业，既有利于发扬佛教“庄严国土、利乐有情”以及“人间佛教”（“佛法在世间，不离世间觉”）的宗旨，也有利于培养僧尼的民主精神，增强他们的主人翁责任感。寺庙逐步实现自养、减轻群众负担，是僧尼在特有环境下，尽力为经济建设中心和社会主义建设服务，使宗教更好地与社会主义社会相适应的一项重要内容。经过近 50 年的不断实践和完善，大部分寺庙都已取得了可喜成果，既有利于改善僧尼生活，又有利于树立寺庙在群众中新的形象，而且能够保证寺庙宗教习修和正常宗教活动的开展，满足信教群众宗教生活的需要。

西藏的保留寺庙，从所处地理环境和自养条件看，大体上可分为：1. 少数地处大城市，附近居民多，旅游参观人员多，自养路子多的大型寺庙，这类寺庙数量不多，但社会影响大；2. 相当一部分中型寺庙处于大的村镇附近，寺庙和僧尼数量均占一定比例，自养条件介于城市大寺和偏远小寺之间；3. 占保留寺庙多数的则是地处偏僻山村牧区，附近信教群众少，几乎没有旅游客源，经济发展滞后，自养条件较差的偏远小寺。

据西藏自治区寺庙爱国主义教育办公室 2002 年调查，寺庙自养有三种状况。一是人均收入在 3000 元以上的寺庙，有 59 座，僧尼 5000 多人，这些寺庙一般有土地、牧场、牲畜、多种经营项目、殿堂布施等收入，其中收入最多的是拉萨三大寺和日喀则扎什伦布寺；二是人均收入 1000 元左右的寺庙，有 322 座，僧人 8000 多人，有一定的布施收入，主要靠自养收入和化缘，而不靠家庭供养；三是地处边远、条件较差，主要靠僧人家庭供养的寺庙、拉康、日追，有 1283 座，僧人 2 万多人。

从实践效果看，以寺养寺的关键还在于寺庙民管会（组）领导班子的强弱。各寺分配方式也不尽相同，有按月发放加年节补助的，有半年分配一次的；而且根据僧尼在寺内所处的不同岗位和入寺时间长短而有所不同。另一方面，还有不少地处贫困县区的寺庙和自养条件差的寺庙，在自养活动上仍存在较大困难。然而从调查情况看，不论是自养效果较好的寺庙或是自养尚有困难的寺庙的僧尼生活水平，都略高于寺庙附近农牧民的生活水平。

第四节　爱国宗教团体的建设和发展

为了推进佛教徒的爱国运动，加强与全国佛教徒的联系，协助党和政府宣传、贯彻宗教信仰自由政策，1952 年 10 月，西藏致敬团团长柳霞·土登塔巴、副团长扎什伦布寺大堪布丹巴日杰、团员萨迦寺大卓尼多吉占东等借在祖国首都北京参观学习之机，参与了当时在北京的各民族佛教界知名人士虚云、喜饶嘉措、噶喇藏（内蒙古大活佛）、能海、法尊、巨赞、罗桑巴桑（五台山堪布）、陈铭枢、赵朴初、周叔迦等的共同协商，发起成立中国佛教协会。

经过数月的积极筹备，中国佛教协会成立会议于 1953 年 5 月 30 日至 6 月 3 日在北京举行，以功德林为团长的西藏佛教代表团出席了这一会议。这一由全国各地区、各民族、各宗派的佛教徒共同发起、共同参加、共同组成的全国性佛教团体，开创了中国历史的先河，体现了新中国佛教徒的大团结，体现了新中国佛教徒爱护国家、保卫世界和平的共同心愿。

会议通过的《中国佛教协会章程》规定，鉴于我国地域辽阔、民族众多、各地情况不同，除少数地区设立中国佛教协会的分支机构、受当时人民政府和中国佛教协会双重领导外，多数地区不设立中国佛教协会的分支机构，其地方佛协组织，受当地人民政府领导，可以和中国佛教协会建立联系，发生工作上的一定指导关系，但不属于上下级隶属关系。

根据这一规定，1956 年 10 月 6 日，中国佛教协会西藏分会正式成立，标志着西藏佛教进入了各教派反帝爱国、团结协作的新的历史阶段，是党的宗教信仰自由政策在西藏地方所取得的重大成就。

中国佛教协会西藏分会第二届代表会议于1960年11月26日在拉萨召开，这是西藏基本上完成平息叛乱和民主改革，推翻了“政教合一”的封建农奴制度，废除了寺庙的封建特权和压迫剥削制度，实行“政治统一、信教自由、政教分离”原则，建立了寺庙民主管理制度之后全区佛教徒代表的首次聚会。与会代表在充分肯定平叛改革伟大成果的基础上，通过回顾自身经历，畅谈了党对未叛寺庙和宗教界爱国人士在经济上进行赎买、政治上给予安排、生活上给予保障的政策的感受，稳定了思想，增强了团结，提高了对人民民主统一战线的认识和继承与发扬佛教爱国主义光荣传统的热情和信心，着重讨论了保留寺庙如何做好民主管理工作，发扬佛教“诸恶莫做，众善奉行”，“庄严国土、利乐有情”的本愿。

中国佛教协会西藏分会第三届代表会议于1963年9月20日在拉萨举行。与会代表结合西藏地区保留寺庙的情况，讨论了加强民主管理、教义学修和寺庙维修等问题，同时揭发批判了达赖1959年发动叛乱及其叛逃印度后组织流亡政府、公布伪宪法、叫嚣“西藏独立”，武装骚扰边境等一系列叛国叛教自绝于祖国和人民的罪恶活动，进一步提高了爱国主义觉悟。

到目前为止，中国佛教协会西藏分会已先后召开了7次代表会议。20世纪80年代又在西藏自治区所辖7个地市建立了佛协组织。

西藏爱国宗教团体建立和发展的50年中，在西藏自治区人民政府和中国佛教协会的领导下，高举爱国主义旗帜，效法萨迦班智达、第十世班禅大师、格达活佛、喜饶嘉措等圣哲先贤，团结和带领信教群众，积极参加1959年的平叛改革和1987年以后深入揭批达赖分裂主义政治集团的祸藏祸教罪恶行径，维护祖国统一和民族团结，维护西藏社会的稳定；努力宣传党和国家的宗教信仰自由政策，贯彻落实寺庙民主管理章程，建立民主管理机构，健全民主管理制度，提高民主管理，巩固和发展民主改革和宗教制度改革的伟大成果；努力学习《宪法》和各项法律法规，提高寺庙主人翁的思想觉悟和责任心；精进佛教经典习修，践行戒定慧，致力讲辩著，提升佛学造诣，保护宗教文物，开展佛事活动，满足信众需求；因地制宜地采取各种办法，广开自养门路，增加寺庙收入，改善僧尼生活；举办公益事业，利益有情众生，联系四众弟子，倾听群众呼声，维护合法权益，疏缓内部纠葛，发扬和敬风气，促进敦睦和谐等等方面，均取得了突出成绩，作出了积极贡献。与此同时，也为今后进一步发扬爱国主义光荣传统，坚决反对一切分裂主义言行，维护祖国统一和民族团结，拥护中国共产党的领导，拥护社会主义制度和民族区域自治制度，爱国爱教，护国利民，提高自身素质，建设平安寺庙，致力西藏的长治久安和跨越式发展，建设和谐美满的人间天堂奠定了坚实基础。

学习思考题

1. 寺庙实行民主管理的重要意义和主要原则是什么？
2. 寺庙的基本社会职能是什么？怎样发挥这些职能以造福社会、利益群众？
3. 如何以实际行动争当祖国好公民、佛门好弟子？

第十五章

开展法制教育，增强法制观念

推进法律进寺庙，开展法制教育，增强法制观念，是对藏传佛教寺庙和僧尼进行正面教育和引导的基础和重点。

第一节　增强法律意识，维护法律权威

僧尼既要具备良好的政治素质、学识素质、道德素质，也应具备基本的法律素质。提高法律素质，要了解社会主义法律的基本内容、原则和要求。

要了解我国社会主义法律的内涵。任何社会为了有秩序地进行生产和生活，都必须把各种社会活动纳入一定的规范范围内，因而必然存在着一定的行为规则以调整人们之间的相互关系。没有一定的规则，没有一定的社会调整措施，就会陷入无政府状态，社会便不可能正常存在和发展。我国的法律就是由国家制定或认可的、以国家强制力保证实施的、反映在社会主义社会物质生活条件所决定的广大人民意志的规范体系。

要了解我国社会主义法律体系。目前，我国已经初步形成了以宪法为核心的，由行政法、经济法、刑法、程序法等法律部门组成的，包含众多法律法规所构成的，具有内在联系的统一的法律体系。

要了解我国社会主义法律的运行。法律的运行是一个从创制、实施到实现的过程。这个过程主要包括立法（法律创制）、守法（法律遵守）、执法（法律执行）、司法（法律适用）等环节。法律制定是国家对权利和义务，即社会利益和负担进行的权威性分配。法律的遵守、执

行、适用则是把法定的权利和义务转化为现实的权利和义务，把文本上的法律转化为现实中的法律。依法办事包括两层含义：一是享有并行使权利，二是依法承担并履行义务。在我国，一切组织和个人都是守法的主体。我国《宪法》明确规定："一切国家机关和武装力量、各政党和各社会团体、各企业事业组织都必须遵守宪法和法律。""任何公民享有宪法和法律规定的权利，同时必须履行宪法和法律规定的义务。"

要树立社会主义法治观念。树立社会主义法治观念，关系依法治国基本方略的实施，关系社会主义法治国家建设的历史进程。要树立社会主义民主与法制观念、权利义务观念、法律面前，人人平等等基本观念，养成自觉遵纪守法、严格依法办事的习惯。

要培养社会主义法律思维方式。所谓法律思维方式，是指按照法律的规定、原理和精神，思考、分析、解决法律问题的习惯与取向。法律思维方式的特征，一是讲法律，要以法律为准绳；二是讲证据，要以证据为依据；三是讲程序，先做什么事情，后做什么事情，都要符合法律所规定的实施法律行为的方式和过程；四是讲法理，要运用法律原理和精神，为法律结论提供充分的法律论证与法律理由。

要树立和维护社会主义法律权威。法律权威是指法的不可违抗性。社会主义法律权威的树立，既有赖于国家的努力，也有赖于公民个人的努力。从国家角度来说，应当采取各种有效措施消除损害社会主义法律权威的因素。从个人角度来说，应当通过各种方式努力维护社会主义法律权威。对于公民来说，应该坚定树立法律信仰。一个人只有从内心深处真正认同、信任和信仰法律，才会自觉维护法律的权威。要积极宣传法律知识，使人们了解、熟悉和认同我国社会主义法律。敢于同违法犯罪行为作斗争，自觉维护法律权威。

第二节 了解法律制度，自觉遵守法律

在培养和提高僧尼法律素质的过程中，不仅要从一般原理角度领会

我国社会主义法制精神，而且要了解我国宪法规定的基本制度，了解与宗教有关的涉及社会公共生活的有关法律规定，掌握基本的法律知识，增强法律意识和法制观念，提高国民意识，并在实践中养成遵纪守法的习惯，增强维护法律尊严的责任感。这对于僧尼增强法治观念，维护祖国统一、民族平等、民族团结、社会安定，维护藏传佛教正常秩序，促进自身健康成长都具有重要的现实意义。

一、我国宪法的基本制度

中华人民共和国宪法是我国的根本法，是治国安邦的总章程，是保持国家统一、民族团结、经济发展、社会进步和长治久安的法律基础，是中国共产党执政兴国、团结带领全国各族人民建设中国特色社会主义的法制保证。全国各族人民，各行各业，都必须以宪法为根本的活动准则，并负有维护宪法尊严、保证宪法实施的职责。公民都要认真学习宪法，领会宪法精神，了解我国宪法规定的基本制度。

宪法具有法律的共性，但它不同于普通法，在法律体系中居于核心地位、起统帅作用，是一个国家法制的基础和核心。了解宪法的原则，对深入理解宪法，把握中国特色社会主义法律体系具有重要意义。我国宪法有以下几个基本原则：

1. **坚持党的领导原则。**中国共产党是中国特色社会主义事业的领导核心，党的领导是人民当家做主的根本保证。我国《宪法》明确规定了中国共产党在国家中的执政地位，体现了中国人民的意志。

2. **人民主权原则。**一般来说，主权是指国家的最高权力。人民主权是指国家中绝大多数人拥有国家的最高权力。我国宪法体现了人民主权原则，强调国家的一切权力属于人民。宪法通过确认我国人民民主专政的国体，保障了广大人民群众在国家中的主人翁地位；通过确认以公有制为主体、多种所有制经济共同发展的基本经济制度，为人民当家做主奠定了经济基础；通过确认人民代表大会制度的政体，为人民当家做主提供了组织保障；通过确认广大人民依照法律规定，通过各种途径和形式，管理国家事务，管理经济和文化事业，管理社会事务的权利，把人民当家做主贯彻于国家和社会生活各个领域。

3. **保障公民权利原则。**以宪法和法律保障公民的基本权利，是社会主义民主与法制发展的重要标志。宪法保护的公民权利也就是人权保障在国家根本法中的体现。人权是指人享有的人身自由和各种民主权利。我国宪法明确规定："国家尊重和保护人权。"并规定公民享有广泛的权利与自由，包括公民有参与国家政治生活的权利和自由、公民的人身自由和信仰自由、公民的社会经济文化方面的权利等。

4. **法治原则。**我国宪法明确规定实行依法治国，建设社会主义法治国家。依法治国的根本要求是"有法可依、有法必依、执法必严、违法必究"。依法治国首先是依宪治国，同时国家的法律法规也应获得普遍的服从。任何个人和组织都要在宪法和法律范围内活动，一切违法行为都应受到法律的追究，法律面前，人人平等。

5. **民主集中制原则。**我国宪法规定，中华人民共和国的国家机构实行民主集中制的原则。国家权力统一由全国人民代表大会和地方各级人民代表大会行使。全国人民代表大会和地方各级人民代表大会由民主选举产生，对人民负责，受人民监督。广大人民的共同意志通过这种民主形式集中起来并通过各种法定程序上升为国家意志。国家行政机关、审判机关、检察机关都由人民代表大会产生，对它负责，受它监督。中央和地方国家机构职权的划分及其活动，遵循在中央统一领导下，充分发挥地方的主动性、积极性的原则。

二、民族区域自治法规定的基本制度

我国是统一的多民族的社会主义国家，国家采用民族区域自治制度作为解决民族问题和处理民族关系的基本政治制度。民族区域自治制度是指在统一的祖国大家庭内，在国家的统一领导下，以少数民族聚居区为基础，建立相应的自治地方，设立自治机关，行使自治权，使实行区域自治的民族的人民实现当家做主管理本民族内部地方性事务的权利，各民族自治地方都是中华人民共和国不可分离的一部分。我国现有5个自治区，30个自治州，121个自治县（旗）。

民族区域自治法与宪法是“子法”与“母法”关系，是由宪法派生出来的。民族区域自治法第一条规定“中华人民共和国民族区域自治法，根据中华人民共和国宪法制定。”而宪法第四条第三款所规定的“各少数民族聚居的地方实行区域自治，设立自治机关，行使自治权”，“各民族自治地方都是中华人民共和国不可分离的部分”等内容比较根本、比较原则，民族区域自治法便是对宪法规定的精神的延伸和具体化。

民族区域自治法最显著的特点是在统一的祖国大家庭内，以少数民族聚居的地区为基础，建立相应的民族区域自治制度，由当地民族当家做主，管理本民族内部的地方性事务。各个民族自治区都是祖国不可分离的一部分，其自治机关是地方政权机关，同其他地方政权机关一样，必须服从党中央、国务院、全国人大的统一集中领导，不同的是享有法律赋予的自治权利。民族自治地方的自治权利，最主要的是在政治上享有民族平等权利，自己管理本民族内部地方性事务的权利。

1. 民族区域自治法的内容

民族自治地方是国家统一领导下的行政区域。民族自治地方是中华人民共和国不可分离的组成部分，其自治机关是中央人民政府统一领导下的一级地方政府。民族自治地方是建立在统一的国家领土内的行政单位，实行区域自治的民族是祖国大家庭中的一员，不能脱离中央的统一领导而搞独立。

民族区域自治必须以少数民族聚居区为基础。这种民族自治以区域为基础，是民族自治与区域自治的结合，既不同于脱离一定区域的“民族文化自治”，也不同于离开少数民族的“地方自治”，而是以少数民族聚居区为基础的民族自治。对于散居的少数民族，国家同时采取了其他方法保障他们的平等权利。

民族区域自治是为了实现少数民族当家做主、管理本民族内部地方性事务的权利。民族自治机关行使自治权是少数民族聚居区实行民族区域自治制度的标志，可以说，民族自治权是民族区域自治制度的核心。民族自治地方的自治权利，最主要的是少数民族在政治上享有民族平等权利，自己管理本民族内部地方性事务的权利。

2. 党和国家为实施民族区域自治制度制定的一系列政策和法律

维护和发展各民族平等、团结、互助的关系，保障少数民族的合法权益。禁止对任何民族歧视和压迫，禁止破坏民族团结和制造民族分裂；反对大民族主义，也要反对地方民族主义。大汉族主义即无视中国是多民族的国家，不承认少数民族的特点，歧视少数民族，不尊重少数民族的风俗习惯等。地方民族主义即盲目排外，闭关自守，固步自封，保守落后，不愿接受其他民族的经验和帮助，过分强调民族的特殊性，而忽视民族间的平等、团结和互助。民族平等、团结和互助原则是马克思主义处理民族问题的根本原则。党一贯重视实行民族平等与加强民族团结和互助。建国后颁布的历部宪法都明确规定要维护和发展民族平等、团结和互助。

大力帮助少数民族地区发展经济和文化。由于历史原因，少数民族地区的经济文化相对较为落后，因此帮助少数民族发展经济文化教育事业、改变落后状态，既是实行民族平等、团结和互助的重要方面，也是实行民族区域自治制度的重要措施。现行宪法规定："国家根据各少数民族的特点和需要，帮助各少数民族地区加速经济和文化的发展。""国家尽一切努力，促进全国各民族的共同繁荣。"《民族区域自治法》在序言中规定："国家根据国民经济和社会发展计划，努力帮助民族自治地方加速经济和文化的发展。""必须大量培养少数民族的各级干部、各种专业人才和技术工人。"同时，还专设"上级国家机关的领导和帮助"一章，对上级国家机关帮助少数民族地区发展经济和文化做了详细的规定。

3. **贯彻民族区域自治法，维护西藏和其他藏区的稳定，加快经济社会发展**

在贯彻实施民族区域自治法时要把握两个原则：首先是维护国家统一原则。包括坚持四项基本原则，服从国家统一领导，保证宪法和法律在本地方实施，保障本地方各民族平等。第二是实事求是原则。自治机关在行使自治权时，应该充分注意和考虑本地区政治、经济和文化的特点，扬长避短，发挥地方优势，走一条结合自治地方实际情况和本民族特点的建设道路。特别要抓住确保社会稳定、加快经济发展这两件大事，坚决打击破坏祖国统一和民族团结的一切犯罪行为。在维护社会稳定的同时加快现代化建设。

三、公共生活中的法律规范

宗教存在于社会之中，而不在社会之外。一些宗教事务也涉及国家利益和社会公共利益。宗教与国家、社会、群众之间存在着一些社会公共事务。因此，僧尼也要学习、了解和遵守公共生活中的主要法律规范。为了帮助僧尼了解公共生活中的主要法律规范，这里简要介绍与僧尼关系比较密切的有关法律的基本精神和主要内容。

1. **《治安管理处罚法》的基本精神和主要内容。**《治安管理处罚法》由第十届全国人民代表大会第十七次会议于2005年8月28日通过，自2006年3月1日起施行。该法包括总则、处罚的种类和适用、违反治安管理的行为和处罚、处罚程序、执法监督、附则，共6章119条。

《治安管理处罚法》一方面规范、引导社会成员的行为，使人人懂法、守法，既实现自身的合法权益和自由，又不对他人的合法权益和自由造成侵害；另一方面规范、指导公安机关和人民警察的执法行为，在有效惩治违法行为的同时充分保障人权。

《治安管理处罚法》规定了违反治安管理的行为及处罚种类。违反治安管理的行为是指扰乱社会秩序，妨害公共安全，侵犯公民人身权利，侵犯公私财产，情节轻微尚不够刑事处罚的行为。《治安管理处罚法》第三章将“违反治安管理的行为”细分为“扰乱公共秩序、妨害公共安全、侵犯人身权利、财产权利和妨害社会管理”共 4 类，110 多种行为，对违反治安管理法律行为做了较为合理的分类，适应了社会经济发展的需要。治安管理处罚种类有警告、罚款、行政拘留、吊销公安机关发放的许可证、限期出境或者驱逐出境（对违反《治安管理处罚法》规定的外国人适用）等。行政拘留处罚，按照不同的违法行为的性质，区分为 5 日以下、5 日至 10 日、10 日至 15 日，并规定合并执行最长不超过 20 日。行政拘留适用的细分体现了对限制人身自由的处罚的慎用。

《治安管理处罚法》规定，在调查程序中，要有告知权利、表明身份、回避等程序。在传唤时间上规定，对违反治安管理行为人，公安机关传唤后应当及时询问查证，询问查证的时间不得超过 8 小时；情况复杂，依照规定可能适用行政拘留处罚的，询问查证的时间不得超过 24 小时。

《治安管理处罚法》规定，公安机关及其人民警察对治安案件的调查，应当依法进行。严禁刑讯逼供或者采用威胁、引诱、欺骗等非法手段收集证据。法律同时规定，人民警察办理治安案件有刑讯逼供行为的，依法给予行政处分；构成犯罪的，依法追究刑事责任。

2. **《集会游行示威法》的基本精神和主要内容。**1989 年 10 月 31 日第七届全国人民代表大会常务委员会第十一次会议通过的《集会游行示威法》，包括总则、集会游行示威的申请和许可、集会游行示威的举行、法律责任、附则，共 5 章 36 条。这是我国第一部专门的集会游行示威法律。国务院 1992 年颁布的《集会游行示威法实施细则》，是关于集会游行示威的行政法规。

《集会游行示威法》的基本原则：一是政府依法保障原则。对公民行使集会、游行、示威的权利，各级人民政府应当依法予以保障。二是权利义务一致原则。公民在行使集会、游行、示威权利的时候，必须遵守宪法和法律，不得反对宪法所确定的基本原则，不得损害国家、社会、集体的利益和其他公民的合法的自由和权利。三是和平进行原则。

集会、游行、示威应当和平进行，不得携带武器、管制刀具和爆炸物，不得使用暴力或煽动使用暴力。

在中华人民共和国境内举行集会、游行、示威，均适用《集会游行示威法》。该法所称集会，是指聚集于露天公共场所，发表意见、表达意愿的活动；所称游行，是指在公共道路、露天公共场所列队行进、表达共同意愿的活动；所称示威，是指在露天公共场所或者公共道路上以集会、游行、静坐等方式，表达要求、抗议或者支持、声援等共同意愿的活动。露天公共场所是指公众可以自由出入的或者凭票可以进入的室外公共场所，不包括机关、团体、企业事业组织管理的内部露天场所；公共道路是指除机关、团体、企业事业组织内部专用道路以外的道路和水路。

文娱、体育活动，正常的宗教活动，传统的民间习俗活动，不适用《集会游行示威法》。

举行集会、游行、示威，必须依照《集会游行示威法》的规定向主管机关提出申请并获得许可。集会、游行、示威的主管机关，是集会、游行、示威举行地的市、县公安局，城市公安分局；游行、示威路线经过两个以上区、县的，主管机关为所经过区、县的公安机关的共同上一级公安机关。

举行集会、游行、示威，必须有负责人。依照《集会游行示威法》需要申请的集会、游行、示威，其负责人必须在举行日期的5日前向主管机关递交书面申请。公民不得在其居住地以外的城市发动、组织、参加当地公民的集会、游行、示威。这里的居住地，是指公民常住户口所在地或者向暂住地户口登记机关办理了暂住登记并持续居住半年以上的地方。

确因突然发生的事件临时要求举行集会、游行、示威的，必须立即报告主管机关。主管机关接到报告后，应当立即审查决定许可或者不许可。

申请举行的集会、游行、示威，有下列情形之一的，不予许可：第一，反对宪法所确定的基本原则的；第二，危害国家统一、主权和领土完整的；第三，煽动民族分裂的；第四，有充分根据认定申请举行的集会、游行、示威，将直接危害公共安全或严重破坏社会秩序的。

对于依法举行的集会、游行、示威，主管机关应当派出人民警察维持交通秩序和社会秩序，保障集会、游行、示威的顺利进行。依法举行的集会、游行、示威，任何人不得以暴力、胁迫或者其他非法手段进行扰乱、冲击和破坏。集会、游行、示威应当按照许可的目的、方式、标语、口号、起止时间、地点、路线及其他事项进行。

3.**《文物保护法》的基本精神和主要内容。**文物保护法是国家对文物保护和管理的基本法律，是我国行政法的组成部分。共 8 章 33 条。

文物是人类在发展过程中遗留下来的遗物、遗迹，是人类珍贵的历史文化遗产，具有很高的科学研究价值。同时，文物是民族文化的象征，体现了一个国家和民族长期形成的共同心理素质、意识形态、生活习俗等特点，对于一个国家及其各族人民，能产生强大的凝聚力和激励作用，是向人民群众进行爱国主义教育的生动教材。

在中华人民共和国境内，只要具有历史、艺术、科学价值的文物，均受国家保护。文物所有权分国家对文物的所有权、集体和个人对文物的所有权两大类。其中，集体和个人文物的所有权是指属于集体所有和私人所有的纪念建筑物、古建筑和传世文物，其所有权受国家法律保护。不过，集体和个人所有或使用的土地，其所有权和使用权不包括地下埋葬的文物，土地的所有者和使用者只有对地下文物进行保护的义务，而没有占有和处分的权利。

对文物出口和个人携带文物出境，文物保护法规定了四个方面的内容：一是需向海关申报；二是须经鉴定并发给许可出口凭证；三是从指定的口岸运出；四是对经鉴定不能出境的文物可以征购。禁止出境的文物中专门说明 1949 年以前制作、生产的少数民族的文物，暂时一律不出口。限制出境的文物，根据文物的类别和每一类中不同品种的情况，分别划定三个界限，分别以 1795 年（清乾隆六十年）、1911 年（清宣统三年辛亥革命以前)、1949 年(中华人民共和国成立)为界。

由国家给予奖励或进行惩罚，是国家实行的一项重要政策和保护文物的重要措施之一。奖励分为精神鼓励和物质鼓励两种。惩罚分行政处罚和刑事处罚两大类。行政处罚的内容有警告、罚款、没收。至于刑事处罚，文物保护法规定了贪污或者盗窃国家文物的，走私国家禁止出口的文物或者进行文物投机倒把活动情节严重的，故意破坏国家保护的珍贵文物或者名胜古迹的，盗掘古文化遗址、古墓葬的，国家工作人员玩忽职守、造成珍贵文物损毁或流失的等五种犯罪行为追究刑事责任。1991 年 6 月 29 日，七届全国人大常委会第二十次会议通过了关于对中华人民共和国文物保护法第三十条进行修改和补充的意见，其内容包括：任何组织或者个人将收藏的国家禁止出口的珍贵文物私自出售或者私自赠送给外国人的，以走私论处；文物工作人员对所管辖的文物监守自盗的，依法从重处罚。

第三节　开展法制教育，建设平安寺院

在宗教人士中开展宪法和有关法律法规的宣传教育，要结合实际，提高法律意识，增强法制观念。近年来一些地方开展的“建设平安寺院”活动，就是行之有效的好做法、好经验。

开展建设平安寺院活动，有很强的针对性和必要性。一方面，现在寺院中的年轻僧尼，都生在新社会，成长在改革开放年代，拥护党和政府的领导、拥护社会主义制度，但是由于他们大都一直生活在比较封闭的环境中又承担着繁重的学经任务，这往往使他们以一种远离现实的特殊方式感受时代的变革。对他们来说，人生惟一重要的竞争就是考取格西学位，因此跨入佛学殿堂之后，不少人就只管埋头学经、潜心修佛，认为其他事情与我无关，既放松了佛法戒律的刻苦修行，也放松了对国家法律法规和宗教政策的了解，只知有“宗教信仰自由”，不知“宗教信仰自由”的前提条件和相关法律法规的内容。因而一旦接触社会，受

到境外势力利用宗教进行的渗透和煽动，容易作出一些与佛法戒律不相符的事，甚至会出现违法乱纪的行为。由于对佛法修养基础薄弱，对国家法律法规又不了解，使一些人在价值观方面出现种种弱点，如只讲索取、不愿奉献，急功近利、好逸恶劳，爱慕虚荣、贪图享受，没有高尚人格的追求等。另一方面，长期以来形成的寺院传统教育制度体系只重视学经而不重视法制教育。对年轻僧尼中表现出来的不良思想倾向，缺乏解决深层次问题的有效的教育机制，对僧尼中忽视基本的法律法规的学习、法制观念淡薄的问题，缺乏有效的约束机制，这些都不利于年轻僧尼的健康成长，不利于维护藏传佛教的正常秩序。

建设平安寺院的主题是增强法制观念，建设平安寺院的工作重点是加强寺院自身管理，提高寺院民管会的民主管理能力，建立健全寺院维护社会治安、国家安全等方面的管理制度和办法，形成以法律为准绳、以制度为补充，依靠制度管人管事的有效机制。建立寺院内部矛盾纠纷排查机制。以寺务公开、民主管理等形式，及时发现和解决寺内存在的各种矛盾。在制度建设中采取政府的宗教管理部门指导、宗教团体主导、寺管会设计制定，以及僧众参与、上下互动、共同促进的办法，在以法规和政策为原则，实现由广大僧尼通过民主方式给自己定制度、立规矩，建立健全寺院负责人例会制、管理责任制、学习培训制、教职人员民主评议考核制、重大宗教活动审批备案制、教职人员资格认定制、寺院工作台账制、财务月结季报制、寺务公开制、宗教信息报告制、宗教人员请销假制等。建立起自我教育、自我管理、自我约束的长效机制，不断提高管理工作的民主化、法制化、规范化、制度化水平。

通过平安寺院建设，学习宣传党的政策、形势教育和法制教育。使各寺僧众了解基本国情、省区情、地州情，懂得建设平安寺院、构建和谐社会的意义，明确“爱国、爱教、爱家乡”是一个整体概念，树立在宪法和法律、法规规定的范围内开展宗教活动的守法意识。

通过平安寺院建设，妥善解决寺院中存在的突出问题，寺院民管会组织的领导能力和民主管理、依法管理能力得到明显提高，僧人的法律意识、文化道德水平得到增强，僧人各方面的利益得到妥善协调，内部矛盾纠纷得到及时处理，增强寺院的自养能力，健全制度、加强管理，增强团结、维护稳定。

学习思考题

1. 我国宪法有哪些基本原则？
2. 如何增强法制观念，维护法律权威？
3. 你对建设平安寺院怎么理解？建设平安寺院要解决哪些突出问题？

第十六章

发挥藏传佛教在促进社会和谐方面的积极作用

社会和谐是中国特色社会主义的本质属性，是国家富强、民族振兴、人民幸福的重要保证，反映了建设富强民主文明和谐的社会主义现代化国家的内在要求，体现了全党全国各族人民的共同愿望。

第一节　社会主义和谐社会的基本含义

安顺谓和，协调为谐。社会和谐、天下大同——这是人类社会数千年的梦想和愿望。古往今来，无数圣人先哲、仁人志士提出了许多美好构想，勾勒了世界和谐、自由的美好画卷。历史的发展深刻地揭示了只有和谐的社会才是真正的社会主义社会，只有社会主义社会才能实现真正的和谐。

社会和谐是全面建设小康社会的重要目标，切实做好社会主义和谐社会的各项工作，有利于充分调动社会各方面的积极性，抓住和用好我国发展的重要战略机遇期，切实维护和促进改革发展稳定的大局，确保实现全面建设小康社会的目标。

社会和谐是中国最广大人民的根本利益所在，把构建社会主义和谐社会的各项任务落到实处，有利于进一步解决好人民群众最关心、最直接、最现实的利益问题，实现好、维护好、发展好最广大人民的根本利益。

社会主义在中国的崛起，成为20世纪最重大的历史事件之一。在中国革命、建设和改革的历史实践中，在中国共产党的正确领导下，把马克思主义基本原理与中国具体实际相结合，开辟了中国特色社会主义道路，不断深化对社会主义本质的认识，向全世界回答了什么是社会主义、怎样建设社会主义的重大理论问题。

在毛泽东为代表的中国共产党第一代领导集体的带领下，中国人民取得了新民主主义革命的胜利，建立了人民当家做主的社会主义新中国，消除了导致社会对立、产生社会不和谐的制度根源，为实现社会和谐开辟了现实途径。党的十一届三中全会以后，以邓小平同志为代表的党的第二代领导，深刻总结了新中国成立以来正反两方面的经验，把党和国家的工作重点转移到社会主义现代化建设上来，坚持以经济建设为中心，坚定不移地推进改革开放，积极推动经济发展和社会全面进步，提出“社会主义的本质是解放生产力，发展生产力，消灭剥削，消除两极分化，最终达到共同富裕。”从而科学地回答了社会主义本质这个根本问题，形成了实现我国社会和谐的中国特色社会主义正确道路，有力地促进了社会和谐。党的十三届四中全会以后，以江泽民同志为核心的党的第三代领导集体，高举邓小平理论伟大旗帜，继续推进改革开放和社会主义现代化建设，强调要在坚持以经济建设为中心的同时，大力发展社会事业，积极推动社会全面进步，极大地促进了社会主义经济建设、政治建设、文化建设、社会建设的全面发展，紧密结合新的实际，创立了“三个代表”重要思想，鲜明提出要“促进人的全面发展”，并把“社会更加和谐”作为全面建设小康社会的重要目标，孕育了构建社会主义和谐社会战略思想的最初萌芽。以胡锦涛为总书记的党中央，坚持用发展着的马克思主义指导新的实践，准确把握我国经济社会发展的阶段性特征，把构建社会主义和谐社会更加鲜明、更加突出地提到全党全国人民面前。党的十六届四中全会进一步提出了构建社会主义和谐社会的任务，把不断提高构建社会主义和谐社会更加鲜明、更加突出地提到全党全国人民面前。2005 年 2 月，胡锦涛同志正式提出了构建民主法治、公平正义、诚信友爱、充满活力、安定有序、人与自然和谐相处的社会主义和谐社会的总目标。2005 年 10 月，党的十六届五中全会把构建社会主义和谐社会明确为全面贯彻落实科学发展观必须抓好的一项重要任务，并提出了一系列工作要求和重大措施。党的十六届六中全会决定，站在时代和全局的战略高度，深刻总结我们促进社会和谐的实践经验，进一步明确了构建社会主义和谐社会在中国特色社会主义事业总体布局中的地位，强调社会和谐是中国特色社会主义的本质属性，是国家富强、民族振兴、人民幸福的重要保证。十六届六中全会通过的《中共中央关于构建社会主义和谐社会若干重大问题的决定》，开宗明义就提出“社会和谐是中国特色社会主义的本质属性”。

社会和谐是中国特色社会主义的本质属性——这是中国共产党半个多世纪艰辛探索、不懈奋斗的实践和认识成果，是总结国内外社会主义建设特别是我国社会主义建设历史经验的重要结论，是构建社会主义和谐社会的理论基础，也是新世纪新阶段中国共产党治国理政的科学理念和富民兴邦的行动纲领。

从摒弃“以阶级斗争为纲”，坚持以经济建设为中心，坚持改革开放，到明确提出社会和谐是中国特色社会主义的本质属性，把和谐写入我国社会主义现代化建设的总体目标，标志着党对社会主义社会本质认识的进一步深化。从“斗争哲学”到“和谐社会”，反映了党在指导思想上完成了从革命党到执政党的历史性转变。在革命时期，必须对反动统治者坚决斗争，不如此，就不能夺取政权，就不能实现劳动人民翻身解放当家做主的政治目标。在建设时期，必须高举构建和谐社会的旗帜，在保持社会和谐的条件下发展经济，改善人民生活，推动社会建设与经济建设、政治建设、文化建设协调发展，实现全面建设小康社会的宏伟目标。

第二节　佛教教义中蕴含的和谐思想

宗教在人类历史上的“和谐”起到了主要的维系作用，在构建社会主义和谐社会的今天，各宗教能够也应该发挥这种主要作用。

2006年在杭州举行的首届世界佛教论坛，通过了《普陀山宣言》。《宣言》中讲人类“面临困境与挑战：环境污染加剧，贫富差距拉大。飓风海啸骤起，莫名疫病流行。冲突战乱不止，恐怖袭击频仍。在和平与发展的主流之外，世有不谐，人有不和，心有不安。”《宣言》提出了“世界和谐，人人有责；和谐世界，从心开始”，“愿培植善心，发乎善行，则人心和善；愿亲情稳固，爱心充满，则家庭和乐；愿真诚沟通，平等互助，则人际和顺；愿各得其所，相安无事，则社会和睦；愿彼此欣赏，尊重包容，则文明和谐；愿将心比心，化怨为友，则世界和平”的“新六和”远景。这是佛教界的庄严承诺，也向世人表明了佛教界的决心。

纵观藏传佛教发展的历史，藏传佛教丰富了中国佛教，并已成为中华民族优秀传统思想的组成部分。藏传佛教的辩证思想、利他思想、平等思想、伦理思想、道德思想、善恶观思想、处世思想等都极大地丰富了中国传统思想文化的内涵，为引导藏传佛教从适应社会走向有益社会，走上与社会主义社会相适应道路提供了内在依据。

藏传佛教修德治学的法门为实现社会和谐提供借鉴的途径。如“四摄”法门：四摄的“摄”字有导引、摄受之义。“四摄”即布施摄、爱语摄、利行摄、同事摄。布施摄是对于钱财心重的人，用财施；对于求知心重的人，用法施，即帮助别人财物与知识，使对方情谊逐渐深厚，而达到度化对方的目的；爱语摄是随着众生的根性，以温和慈爱的言语相对，令其生欢喜心，即对待别人语言和态度要祥和，让人感到我和蔼可亲而与我接近，以达到度化对方的目的；利行摄是修菩萨道者，以身口意诸行皆有利于人，以损己利人的行为，感化众生并修佛道，即要为大众做有利的事情，以达到度人的目的；同事摄是修菩萨道者，要深入社会各阶层中，与各行各业的人相接近，做其朋友，做其同事，在契机契缘的情况下，而度化之。即学习、工作、生活要相融于大家，打成一片，不搞特殊化。菩萨济度众生，必须先行四摄法，使众生爱我敬我信我，然后方能听我劝导，修行佛道。如果僧尼能够借鉴和妥善运用，确实能达到社会安定、世界和平，人与人的相处一定能做到互助合作，共存共荣，就不会发生争执，更不会有动乱和战争。

六度法门是从生死苦恼此岸得度到涅槃安乐彼岸的六种法门，即布施、持戒、忍辱、精进、禅定、般若。布施能度悭贪，即去人的悭吝贪欲；持戒能度毁犯，即去人的违规犯法；忍辱能度瞋恚，即去人的嗔恨和暴力；精进能度懈怠，即去人的懒惰；禅定能度散乱，即去人的心猿意马、精神不定；般若能度愚痴，即去人的愚痴和无知。

八正道，即八条圣者的道法。正见、正思维、正语、正业、正命、正精进、正念、正定，所主张的就是正确的见解、正确的思维、正确的语言、正当的职业、正当的生活方式、正确的努力方向、正确的世界观、正确的定力和意志。

再如“六和”法门，即身和同住、语和无诤、意和同悦、戒和同修、利和同均、见和同解。佛教徒虽有七众（比丘、比丘尼、式叉摩那、沙弥、沙弥尼、优婆塞、优婆夷）弟子的分别，但在团体生活的原则上，有一个共同的标准，这个标准叫做六和敬。就是六种规则，能使大家在生活上互相敬重，和谐合聚，清净快乐。身和同住：大家同住在一起，必须要做到身业清净，和睦相处，不发生摩擦、打架等粗暴野蛮的举动，是身体的和平共处；语和无诤：大家同住在一起，必须要做到语业清净，即说话的语气，要谦和礼貌，悦耳可爱，不宜恶口粗声，引人不快，以致发生争吵的事件，是言语的不起争论；意和同悦：大家同住一起，必须要做到意业清净，即要有善良的用意，坦白的胸怀，有值得欢心快意的事，要大家一起和悦，不要为求个人的欢乐而不顾大众的欢乐，或把个人的快乐建筑在大众的痛苦之上，是心意的共同欣悦；戒和同修：佛教七众，各有戒律，但在大家都有共同遵守并修持的戒法，是戒律的共同遵守；利和同均：利就是大家所获得的利益，包括财利和法利。不论是经济上的财利，或知识上的法利，必须要大家公平分配，平等享受，是利益的一体均沾；见和同解：见即是意见、见地或见解。在见解思想上，必须要相同统一，不能各持己见，是见解的完全一致。

佛教徒的六和生活，不但可成为佛教团体的生活准则，也可成为普通社会一切团体的生活准则。佛教在2500多年前，就已拟出团体共同生活的原则、和平共处的要素，为我们现代社会的和睦共处提供了可资借鉴的经验。

佛教的这种与社会、与人类和谐共处的法门还可以举很多例子。无论是直接或间接，这些法门体现的都是一种和谐的精神和趋向社会和谐的良好实践途径。

然而，藏传佛教在其漫长的历史发展过程中，也表现出了其与历史前进步伐不相一致的做法，给社会带来了一定程度的影响。诸如轻今生而重来世、过分强调与世无争、知足无贪、迷信的思想等表现出了与社会主义社会不相适应、与社会主义社会不和谐的负面影响。对于这些负面影响需要做长时间的引导工作。“我们要始终保持清醒的头脑，居安思危，深刻认识我国发展的阶段性特征，科学分析影响社会和谐的矛盾的问题及其产生的原因，更加积极主动地正视矛盾、化解矛盾，最大限度地增加和谐因素，最大限度地减少不和谐因素，不断促进社会和谐。”①

当前藏传佛教与社会主义社会最大的不和谐是达赖集团企图利用信仰上的差异制造党同群众在政治上的对立，达赖特殊的宗教身份在信教群众中的影响依然存在；达赖集团加紧利用藏传佛教进行分裂祖国的活动，他们违背宗教仪轨、历史定制，阻碍藏传佛教建立正常秩序，企图否定中央权威，利用寺庙策划骚乱闹事、破坏社会稳定的活动；西方敌对势力加紧利用宗教对我进行渗透，实施西化、分化社会主义中国的战略，严重危害社会稳定和国家安全。中央提出的对达赖集团的斗争方针是“旗帜鲜明、针锋相对、主动治理、强基固本”。中央2005年12号文件进一步要求“要从历史、现实等多种角度，对达赖集团分裂主义的

① 吴邦国：《构建社会主义和谐社会的纲领性文件》，载《中共中央关于构建社会主义和谐社会若干重大问题的决定》辅导读本，人民出版社，2006年。

种种谬论进行有理有据的批驳，揭露达赖集团与其他分裂势力和敌对势力的勾结，揭批达赖破坏藏传佛教宗教仪轨和历史定制的言行，使广大干部群众进一步认清达赖在政治上的反动性和宗教上的虚伪性，提高对达赖集团分裂主义谬论的识别和抵制能力。”广大僧尼对十四世达赖在政治上的反动性和宗教上的虚伪性要有清醒的认识，要揭露达赖的分裂活动是破坏和损害藏传佛教的做法。每一个爱国僧尼，都要珍惜西藏和其他藏区宗教领域来之不易的稳定形势，防范和化解潜在的不安定因素，要坚定爱国主义立场，始终坚持中国共产党的领导，坚持社会主义制度，坚持民族区域自治制度。

第三节 藏传佛教在构建社会主义和谐社会中发挥作用的前提条件

宗教是整个社会系统中的一个子系统，而社会是一个有机体。社会在这个有机体内不会允许存在一个和自己完全不相适应的子系统。任何一个社会的组成部分，只有与社会整体基本协调一致，没有根本利害冲突时，才能得以存在和发展。从世界范围看，宗教对人类社会发展潮流有广泛的适应力，这是宗教具有顽强生命力的集中体现。

无论是汉传佛教、藏传佛教，还是南传佛教，以其传入各国和各地的历史证明，佛教以其教理的多样性和融摄性、行为规范的忍让和协和精神、处世应变的理论，善于将在世与出世、王法与佛法、戒律与伦理等相会通，因时因地作出适当的回应和解释，在与各种社会制度的磨合中求生存，从而使佛教不仅能够在不同的历史时刻和场合一次又一次地摆脱危机，而且能在与传统文化、习俗的长期会通与结合中，逐渐发展为富有鲜明特色的重要宗教之一。佛教传入中国的历史同样说明，佛教“必须适应中国古代的社会环境，必须与以皇帝为首的封建中央集权的国家相适应，与以儒家为正统的多元文化结构相适应，与以汉民族为主体的由多种民族组成的中华民族相适应，否则就难以立足，不能发展。”①

佛教在西藏传播的过程中，由于受适者生存“金律”的制约，很重视入乡随俗的问题，并在民族化、本地化的过程中进行了一系列的改革，使异质的宗教思想文化能在青藏高原生根、开花、结果，说明藏传佛教为适应社会发展需要进行了不断的自我调节。“这种适应性正是藏传佛教绵延、存在于不同的社会体制之下，至今仍然存在并按自身运动规律而发展的内因。”②

藏传佛教的终极关怀可以从两个层面来分析。在宗教层面上，是为了众生的解脱，当然也包含着人类的彻底解脱；在世俗层面上，是为了人心的安定、家庭的和睦、国家的和谐、世界的太平。藏传佛教在其形成之后也没有墨守成规，而是在民族化、本地化的过程中进行了一系列的改革，为适应社会发展需要进行了不断的自我调节，使异质的宗教思想文化能在藏区生根、开花、结果，成为藏族传统文化的重要组成部分。藏传佛教在西藏和其他藏区传播和发展的历史证明，藏传佛教将佛陀教义结合本地实际情况，使之本土化，体现出与藏族社会相协调的契理和契机精神。藏传佛教与各种社会相适应的特点，昭示着藏传佛教能够与社会主义社会相适应，能够在构建社会主义和谐社会中发挥积极作用。

藏传佛教有着与社会主义社会相适应的基本条件，同时也必须要走与社会主义社会相适应道路。这不仅符合客观历史发展的规律，也符合藏族社会发展的要求，也是藏传佛教自身存在与发展的先决条件。

在社会主义历史条件下，在不断发展变化的生产关系和生活方式面前，藏传佛教的思想、教规、教义和道德规范等都在发生着一系列变化。在新时期，藏传佛教在政治的整合功能、心理的调适功能、道德的

① 杨曾文主编：《中国佛教基础知识》，宗教出版社，1999 年。

② 《西藏宗教与社会主义发展关系研究》，西藏人民出版社，2001 年，第 179 页。

教化功能、社会的公益功能、文化的推动功能得到了空前的张扬。这些功能对建设社会主义政治文明、精神文明和物质文明，建设美好社会，构建社会主义和谐社会，都具有重要的借鉴价值。要积极挖掘藏传佛教中的积极因素，用宗教道德规范信教群众，对维护社会安定、国家统一、民族团结，都会产生积极影响。要对藏传佛教教义作出新的解释和说明，以适应发展变化着的社会。

藏传佛教与社会主义社会相适应的中心思想是提高藏传佛教信徒的爱国觉悟。思想建设的主要内容是做到四个维护：维护人民利益、维护法律尊严、维护民族团结、维护祖国统一。这是实现佛教与社会主义社会相适应的根本原则，也是基本要求。因此，充分发扬宗教教义、教规，宗教道德、文化中的某些积极因素，是团结和动员信教群众积极为社会主义事业服务、促进藏传佛教与社会主义社会相适应的重要的思想基础。这是藏传佛教在构建社会主义和谐社会中发挥作用的前提条件，只有这样藏传佛教才能在促进社会和谐方面发挥其积极作用。

在改革开放的今天，藏传佛教必须通过自身的不断改革和调整，加强自身建设，培养人才，提高素质，在佛教教义的宣传上高举“人间佛教”的旗帜，提倡“以人为本”的人本精神，重视爱国主义教育和法制教育，充分利用宗教教义、宗教道德中的积极因素为建设有中国特色的社会主义服务，只有这样，藏传佛教才能保持健康的机体和活力，弘法利生，庄严国土，利乐有情，走上与社会主义社会相适应的正确道路，才能在构建社会主义和谐社会方面发挥更大的作用。

第四节　发挥藏传佛教在促进社会和谐方面的积极作用

党的十六届六中全会通过的《中共中央关于构建社会主义和谐社会的决定》指出，要“全面贯彻党的宗教信仰自由政策，依法管理宗教事务，坚持独立自主自办的原则，积极引导宗教与社会主义社会相适应，加强信教群众与不信教群众、信仰不同宗教群众的团结，发挥宗教在促进社会和谐方面的积极作用”。社会主义和谐社会要全体人民共同建设、共同享有。共同，就包括广大宗教界人士和信教群众，既有共同参与的义务，也有共同享有的权利。促进和谐人人有责、和谐社会人人共享。《决定》肯定了宗教在促进社会和谐方面有积极作用，而且要求发挥这种积极作用。和其他宗教一样，藏传佛教在促进社会和谐方面的积极作用主要表现在以下三个方面：

1. **促进和谐的人际关系。**包括藏传佛教在内的佛教理论认为，在人与人的和谐、人与社会的和谐、人与自然的和谐中，最核心的问题是人与人之间的和谐、主张人人平等、众生平等，只要人与人之间能够保持和谐、平等，真诚相待，人与社会的和谐和人与自然的和谐就有了坚固的基石。只有人和，社会才能进步、安宁、幸福。平等是和谐的基础，和睦相处是和谐的保证。佛教主张慈悲为怀、自净其心、利他觉他，以平和平静之心处世待人，并以平和平静之心约束自己的行为，避免粗暴和暴力，积极行善积德、扬善抑恶，在人格的成长与完善、身心的和谐与健康、道德与智慧的提升方面形成了独特的经验和优势，这是藏传佛教的本义所在。藏传佛教的这一特质，在构建社会主义和谐社会的过程中，有着独特的作用，对信徒个人可提供安身立命之处，以求得心理平衡，并进而提升人的精神境界，维护着社会安定和精神生态平衡。要深入挖掘藏传佛教经典和教义中蕴藏的丰富的“和”文化的内容，作出符合时代进步要求的阐释。僧众要通过自己的言行，促进人与自我、人与人之间的和谐，加强信教群众与不信教群众、信仰不同宗教群众的团结。

2. **促进良好的道德风尚。**弘扬藏传佛教道德中的积极因素，弘扬优秀民族文化传统，倡导和谐理念，培育和谐精神，建设和谐文化，巩固社会和谐的思想道德基础。藏传佛教中有许多清规戒律，最基本的如十善法、五戒等。十善法主张不杀生、不偷盗、不邪淫、不妄语、不两舌、不恶口、不绮语、不贪、不嗔和不邪见的思想，强调了人与人和谐的重要性，并警醒众生不能做有悖人伦、有悖自然法则的恶事。佛教制定根本五戒，即不杀生、不偷盗、不邪淫、不妄语、不饮酒，要求信徒做到尊重有情生命而不杀伤，不盗取他人财物，不发生不正当的男女关系，不说欺诳骗人的话，不喝含有麻醉人性的酒。五戒中前四戒提出了一个和谐社会中做人的基本底线。此外在五戒基础上还有八戒、十戒等不同的戒律。此外，藏传佛教根据信徒的不同层次授予格聂、格聂玛、格崔、格崔玛、格隆等不同的戒别，其根据不同的层次所守护的戒种也不同。如格聂和格聂玛，即男女居士，可在家，但要守护居士五戒；格崔和格崔玛，即沙弥和沙弥尼，要出家并守护沙弥十戒；格隆，即比丘，要遵守二百五十三条戒律；格隆玛，即比丘尼，要受持三百六十四条戒律。由这些戒条衍化出三千律仪、八万细行等。所有这些，为约束信徒、引导其走向佛门正道起到了非常重要的作用。

3. **促进人与自然的和谐。**青藏高原生态环境脆弱，要弘扬藏传佛教中有关促进人与自然和谐的内容。要弘扬藏传佛教中促进人与自然和谐的内容，贯彻落实科学发展观，保护生态环境，实现西藏和其他藏区的可持续发展。藏传佛教非常重视人与大自然的和谐和平衡，提倡包括人与动物等一切有情及其周围环境的和谐，这是佛教所倡导并严格践行的基本理念。反对破坏自然环境、污染水源、侵犯野生动物，憧憬人与人平等相处、人与动物和谐共处，人与自然和谐相处。佛教重视净化人们的内心，扫除贪、嗔、痴三毒，使心灵解脱自在，去除人的占有贪欲，达到无我境界。这就要求具备普遍性的慈悲心，并将此慈悲心推广至一切有情众生，以确保生态圈的活力与社会的永续存在。佛教所主张的“国土净”就是要维护生态系统的完整性与良好的运作状态，建立和维持一个能够健全运作的社会。佛教提倡用真诚心、恭敬心、礼赞心、慈悲心合而言之就是用菩提心主导人与一切有情众生的往来、人与自然生活环境的往来、人与天地鬼神的往来。

第五节　藏传佛教在构建社会主义和谐社会中的机遇和责任

我国的社会制度和经济基础为藏传佛教在构建社会主义和谐社会作贡献方面提供了良好的机会和平台。

现阶段藏传佛教所处的社会环境是历史上最好的时期。党和政府实行宗教信仰自由政策，使宗教界上层人士成为党的政治联盟的一部分，广大信教群众的信仰自由得到法律保护。国家支持佛教界发扬佛教优良传统，弘扬教义中的积极因素，鼓励佛教界走爱国爱教道路，为国家建设服务。社会肯定宗教界人士同样是社会主义事业的建设者，这极大地调动了广大信教群众为构建社会主义和谐社会而努力奋斗的积极性和创造性。另一方面，藏传佛教界自觉主动地走与社会主义社会相适应的道路，不断加强政治、宗教思想、宗教文化、宗教道德等建设，自身建设水平得到提高，佛教优势开始发挥，佛教综合实力有所增强，这为佛教界投身构建社会主义和谐社会奠定了比较坚实的基础。

我国已进入全面建设小康社会、加快推进社会主义现代化的新的发展阶段，政治稳定、社会安定，经济快速持续发展、人民安居乐业的社会主义大环境，为藏传佛教在构建社会主义和谐社会作贡献方面提供了良好的机会和平台。建设和谐社会不仅符合经济社会发展的要求，还体现了党以人为本、执政为民的治国理念。藏传佛教继续加强自身的改革和调整，加强自身建设，培养优秀人才，提高整体素质，重视爱国主义教育和法制教育，适应当代佛教发展的需要。充分利用宗教教义、宗教道德中某些积极因素对教理教义作出符合时代进步要求的积极阐述，为建设有中国特色的社会主义服务，团结和凝聚广大信众为经济和社会发展作贡献，使藏传佛教信徒成为既有宗教信仰又有社会文明公德的公民，使藏传佛教保持健康的机体和活力，在构建和谐社会中发挥应有的作用。

为构建和实现社会主义和谐社会作贡献，藏传佛教界必须拥护党的宗教政策，自觉接受对宗教事务的依法管理，对佛教经典进行符合时代发展的阐释，要保持自己成为推动文明的健康力量，要求不断提高自己的文化素质和文化含量，增强宗教理性的睿智，坚持宗教昭示的真善美的方向，向社会提供丰富多彩的精神食粮，为社会安定与民众幸福做更多更好的事情，得到社会的欢迎。防止因循守旧、僵化衰朽、庸俗功利、腐化变质。[①] 要充分认识到藏传佛教界自身建设的重要性。没有藏传佛教界自身管理能力的有效提高和加强，没有藏传佛教界自身的健康发展，就谈不上与社会主义社会相适应，也谈不上藏传佛教为社会主义社会建设作贡献。所以，只有加强藏传佛教自身建设，藏传佛教才能更好地走与社会主义社会相适应的道路，才能为社会主义事业的繁荣昌盛和持续发展作出更大的贡献，才能为创建和谐社会作出贡献。

学习思考题

1. 社会主义和谐社会的基本含义是什么？
2. 佛教教义中有哪些和谐思想？
3. 藏传佛教在促进社会和谐方面可以发挥哪些积极作用？

---

① 牟钟鉴：《马克思主义宗教观的再认识》，载《中国民族报》，2004 年 7 月。

后　记

2006年9月，中央统战部要求中国藏学研究中心承担编写一本面向藏传佛教僧尼的爱国主义教育工作读本的任务。藏研中心党组高度重视这项工作，经过研究，决定由藏研中心宗教研究所为主承担编写任务，并邀请中央党校、中央社会主义学院、中国藏语系高级佛学院有关专家学者共同参与。藏研中心党组朱晓明书记自始至终参与了编写组的工作。

编写组组成后，认真学习中央有关西藏工作和宗教工作的重要文件、指示；与五省区统战部门联络，收集有关材料和建议；组织中央党校西藏班学员、中国藏语系高级佛学院高僧座谈；邀请知名宗教学、佛学学者讲课；运用已经进行了四年的藏研中心重点科研项目“积极引导藏传佛教与社会主义社会相适应”课题的有关成果，讨论形成了编写提纲，并分工撰写。初稿形成后，编写组进行了认真讨论、修改，先后请黄维忠、王小斌两位同志对部分书稿进行审读，西藏自治区党委统战部吴云岑、青海果洛州常委官却、藏语系高级佛学院副院长李印来及研究室南拉扎西等同志提出了修改建议，形成了征求意见稿，并再次征求有关地方和部门的意见。在有关部门和专家的意见、建议的基础上，编写组认真进行调研，了解西藏及其他藏区对编写藏传佛教爱国主义读本的要求和愿望。从各藏区反馈的信息表明，除了统战和宗教工作干部和广大僧尼外，藏区基层干部和中小学教师也迫切希望了解有关藏传佛教的政策、法规、历史和现状方面的知识，对《藏传佛教爱国主义教育工作读本》表现出强烈的兴趣。编写组根据新的情况和中央统战部有关领导同志的指示，对书稿进行修改，调整了框架结构，大幅度进行删改，请藏学研究中心总干事拉巴平措，副总干事格勒、大丹增、毕华及各研究所负责人和专家进行审阅，朱晓明书记对全书进行了统稿，并报经中央统战部审读后出版。

本书各章节的撰写者分别是：

导　论　坚持爱国进步，共建和谐社会（朱晓明）

第一章　中国共产党的宗教政策在西藏和其他藏区的实践（郑堆）

第二章　宗教信仰自由与权利义务的统一（沈桂萍）

第三章　依法管理宗教事务（豆格才让）

第四章　坚持独立自主自办，抵御境外利用宗教进行的渗透（王珍）

第五章　积极引导藏传佛教与社会主义社会相适应（王珍）

第六章　巩固和发展党同宗教界的爱国统一战线（沈桂萍、拉先加）

第七章　近代以来西藏人民维护祖国统一反对分裂的斗争（胡岩）

第八章　中国佛教界的爱国传统与汉藏佛教的交流（李学竹）

第九章　藏传佛教的爱国主义传统（达哇才仁）

第十章　藏传佛教适应社会主义社会的新发展（朱晓明、王珍）

第十一章　继续巩固和深化寺庙爱国主义教育成果（朱晓明、廉湘民）

第十二章　挖掘和弘扬佛教教义中爱国进步的思想内涵（郑堆、李学竹、达哇才仁）

第十三章　加强藏传佛教爱国力量建设（德吉卓玛）

第十四章　巩固和完善民主管理的组织和制度建设（曹自强）

第十五章　开展法制教育，增强法制观念（朱晓明、桑德）

第十六章　发挥藏传佛教在促进社会和谐方面的积极作用（郑堆）

廉湘民、张云、沈桂萍、王珍等同志参与了部分章节的编辑工作。

由于本教材编写组是一个多学科的研究群体，时间又很仓促，教材尚有待在实践中进一步充实完善。我们拟在本书的基础上，编写一本更加简明、更加适用于广大藏传佛教僧尼的藏文版读本。恳请读者在使用中从基本框架、基本观点、难点热点、实践经验、典型事例等方面，对本书提出进一步修改、补充的意见，共同努力为在新形势下继续开展和深化藏传佛教爱国主义教育提供一本观点鲜明、通俗易懂、好学好用的教材。

中国藏学研究中心宗教研究所

《藏传佛教爱国主义教育工作读本》编写组

2007 年 3 月

参考文献

《中共中央关于构建社会主义和谐社会若干重大问题的决定》辅导读本，人民出版社，2006年10月。

《邓小平文选》，人民出版社，1983年7月。

《马克思主义“四观两论”通俗读本》，中国藏学出版社，2004年。

《宗教理论若干问题研究》，民族出版社，2006年7月。

《提高构筑社会主义和谐社会的能力》，中共中央党校出版社，2005年7月。

《宗教事务条例释义》，宗教文化出版社，2005年。

《藏传佛教与社会主义社会相适应研究论文集》，中国藏学出版社，2006年。

《当代中国民族宗教问题研究》，中共中央党校出版社，1998年10月。

《爱国主义教程》，宗教文化出版社，2005年9月。

《全区寺庙爱国主义教育宣传材料》，西藏自治区寺庙爱国主义教育领导办公室编印，2002年5月。

《〈宗教事务条例〉相关的法律法规及政策手册》，宗教文化出版社，2005年12月。

《国外宗教法规汇编》，宗教文化出版社，2002年3月。

《西藏佛教发展史略》，中国藏学出版社，2005年。

《西藏地方是中国不可分割的一部分》，西藏人民出版社，1986年。

《第十世班禅额尔德尼评传》，五洲传播出版社，1988年。

《缅怀第十世班禅大师》，民族出版社，1990年。

《格达活佛》，四川民族出版社，1997年。

《论西藏政教合一制度》，民族出版社，2004年3月。

《佛教戒律学》，宗教文化出版社，1999年9月。

《中国僧官制度史》，青海人民出版社，1990年8月。

责任编辑：永红　　封面设计：李建雄

图书在版编目（CIP）数据

藏传佛教爱国主义教育工作读本/朱晓明主编．—北京：
中国藏学出版社．2007．5
ISBN 978－7－80057－859－5
Ⅰ．藏...　Ⅱ．中...　Ⅲ．①藏传佛教－爱国主义教育－研究－
中国　Ⅳ．B946．6　D635

中国版本图书馆 CIP 数据核字（2007）第 027406 号

藏传佛教爱国主义教育工作读本　　朱晓明　主编

出版　中国藏学出版社
发行　中国藏学出版社
印刷　北京隆昌伟业印刷有限公司
开本　787×1092　1/16
字数　200 千
印张　14.75
印次　2007 年 3 月第 1 版第 1 次印刷　2008 年 3 月第 1 版第 2 次印刷
印数　3001－5000 册
书号　ISBN 978－7－80057－859－5/Z·502

定价：22.00 元